国家自然科学基金(51479035)资助项目

绿色航道建设理论与技术

陈一梅　郝建新　著

东南大学出版社
SOUTHEAST UNIVERSITY PRESS
·南京·

内 容 提 要

本书将绿色航道作为一个完整的系统,从基本概念、内涵到评价、设计,再到管理养护,全面系统地阐述了绿色航道的有关理论和技术。全书共分八章,重点论述了绿色航道内涵、建设基础理论、护岸评价和技术、绿色河岸廊道营造技术、生态疏浚、辅助设施和施工技术、养护技术等。

本书系统性强,理论和实践相结合,方法和应用相统一,既适合从事水运、生态、环境等专业的科研和教学人员阅读,也适合从事航道工程建设的技术管理人员参考。

图书在版编目(CIP)数据

绿色航道建设理论与技术 / 陈一梅,郝建新著. —南京:东南大学出版社,2021.12
 ISBN 978-7-5641-9807-7

Ⅰ. ①绿⋯ Ⅱ. ①陈⋯ ②郝⋯ Ⅲ. ①航道建设-研究 Ⅳ. ①U615

中国版本图书馆 CIP 数据核字(2021)第 237006 号

责任编辑:丁 丁　　责任校对:咸玉芳　　封面设计:毕真　　责任印制:周荣虎

绿色航道建设理论与技术
Lüse Hangdao Jianshe Lilun Yu Jishu

著　　者	陈一梅　郝建新
出版发行	东南大学出版社
社　　址	南京市四牌楼 2 号(邮编:210096 电话:025-83793330)
网　　址	http://www.seupress.com
电子邮箱	press@seupress.com
经　　销	全国各地新华书店
印　　刷	江苏凤凰数码印务有限公司
开　　本	787mm×1092mm　1/16
印　　张	13
字　　数	316 千字
版　　次	2021 年 12 月第 1 版
印　　次	2021 年 12 月第 1 次印刷
书　　号	ISBN 978-7-5641-9807-7
定　　价	78.00 元

本社图书若有印装质量问题,请直接与营销部联系,电话:025-83791830。

前言

《交通强国建设纲要》提出要按照"生态优先,绿色发展"的理念,为实现生态文明建设目标提供有效支撑。在"碳达峰"和"碳中和"背景下,更要坚持绿色低碳理念,发展更全面的绿色航道建设技术。近年来,我国以绿色航道、数字航道、智能航道和感知航道为抓手,相继制定了一些建设规范和指南,全过程的绿色水运发展格局正在逐步形成。在涉及水运的绿色技术发展方面,多国制定了最新的相关战略体系,美国、英国、澳大利亚、新西兰、瑞典、日本、南非等对河流、航道工程生态建设进行了大量研究,在实践中形成了各自的河流健康评价方法,相继颁布了一系列法律条文和指南。

本书以江苏省、广东省多项内河航道建设工程科研项目为依托,以低碳经济和绿色理念为基础,在借鉴和总结以往的研究成果基础上编写而成。全书对航道绿色建设的内涵、外延、评价进行了界定和分析;对船行波作用下的内河限制性航道演变、航道全生命周期下能耗等相关理论进行了研究和拓展;对生态护岸和绿色航道的评价方法进行了系统研究;对绿色航道建设中水动力与航道结构作用机制下护岸断面、结构、构造、稳定性等进行了设计优化;对绿色河岸廊道的模式、植被选择、养护与管理等进行了系统设计;对生态疏浚的影响机理、途径、设备、修复技术等进行了论证和探讨;对以绿色航道服务区、智能航道以及以智慧工地等为特征的绿色辅助设施,低能耗施工机械和集约施工方式进行了系统总结和完善;对绿色航道的日常管理、航道水深、护岸以及航标的低碳养护技术进行了比较和优化。希望本书能填补绿色航道建设中部分领域的空白,进一步丰富航道绿色建设、低碳经济领域理论体系,并为其他行业低碳绿色发展相关研究提供一定的参考。全书共分八章,第一、六、七章由郝建新负责编写,第二章由陈一梅、郝建新共同编写,第三、四、五、八章由陈一梅负责编写。

特别要说明的是,本书的研究成果得到了江苏省交通运输厅,江苏省交通运输厅港航事业发展中心,淮安市、盐城市、扬州市港航事业发展中心,华设设计集团股份有限公司,广东省航道事务中心等单位和相关人员的帮助,在此表示诚挚的感谢。同时,感谢毛礼磊博士,马骏、史云霞、杜烈武、宋佳、杨苗苗、金莹、施文杰、王宗传、郑龙、夏峰、陈宏燕和卓斯琪等研究生在研究和试验过程中开展的有益工作。感谢孟萍萍、李鑫等在本书资料收集和整理过程中给予的协助。

本书研究工作得到了国家自然科学基金(现代船舶水动力作用下内河限制性航道断面型态响应机理研究/批准号51479035)的资助,在此表示衷心感谢。限于作者学识水平和工程经验,不妥之处在所难免,恳请专家和广大读者批评指正。

作者
2021年6月于南京

目 录

1 绪论

1.1 绿色航道建设的背景及价值 / 001
    1.1.1 绿色航道建设的绿色背景 / 001
    1.1.2 绿色航道建设的"双碳"背景 / 002
    1.1.3 绿色航道技术发展价值 / 003

1.2 绿色航道建设现状与发展趋势 / 004
    1.2.1 我国水运发展历程 / 004
    1.2.2 国内外绿色航道建设现状 / 005
    1.2.3 绿色航道建设与发展趋势 / 014

1.3 本书内容与体系 / 014

2 绿色航道建设基础理论

2.1 绿色航道的概念、内涵与特征 / 016
    2.1.1 绿色航道的概念 / 016
    2.1.2 绿色航道的内涵 / 016
    2.1.3 绿色航道的基本特征 / 017

2.2 内河限制性航道船行波 / 018
    2.2.1 船行波波列结构和频谱特征 / 018
    2.2.2 船行波最大波高及水位下降 / 020
    2.2.3 生态护岸的船行波 / 022

2.3 内河限制性航道泥沙运动与断面演变 / 024
    2.3.1 内河限制性航道泥沙运动特性 / 024
    2.3.2 航道断面形态演变 / 027

2.4 内河限制性航道全生命周期能耗 / 029
    2.4.1 全生命周期能耗过程 / 029
    2.4.2 结构物全生命周期能耗分析与计算模型 / 030
    2.4.3 疏浚工程全生命周期能耗分析 / 033

3 绿色低碳航道评价

- 3.1 绿色低碳航道评价指标体系构建方法 / 035
  - 3.1.1 绿色低碳航道评价指标体系构建的原则 / 035
  - 3.1.2 评价空间与时间范围界定 / 035
  - 3.1.3 指标体系的结构 / 036
  - 3.1.4 指标筛选方法 / 037
  - 3.1.5 评价方法 / 038
- 3.2 航道工程全生命周期各阶段绿色低碳指标体系 / 040
  - 3.2.1 航道工程决策设计阶段绿色低碳指标体系 / 040
  - 3.2.2 航道工程施工阶段绿色低碳指标体系 / 049
  - 3.2.3 航道养护管理阶段绿色低碳指标体系 / 063
- 3.3 绿色航道总体评价指标体系 / 074
  - 3.3.1 绿色航道总体评价指标的筛选 / 074
  - 3.3.2 绿色航道总体评价指标体系 / 077

4 绿色航道的护岸技术

- 4.1 概述 / 081
  - 4.1.1 绿色航道护岸特征与设计流程 / 081
  - 4.1.2 河流断面形态 / 081
- 4.2 生态型护岸 / 082
  - 4.2.1 生态护岸型式的影响因素 / 082
  - 4.2.2 设计原则及原理应用 / 084
  - 4.2.3 生态型护岸的类型 / 086
  - 4.2.4 护岸生态环境特性评价 / 087
- 4.3 装配式护岸设计 / 097
  - 4.3.1 装配式护岸 / 097
  - 4.3.2 装配式护岸设计流程 / 099
  - 4.3.3 装配式护岸稳定性计算 / 100
  - 4.3.4 装配式护岸设计注意事项 / 101
- 4.4 复合式生态型护岸设计 / 102
  - 4.4.1 复合式护岸的基本概念 / 102

4.4.2 复合式护岸结构型式 / 103

4.4.3 复合式护岸垂向高程确定 / 107

4.4.4 复合式护岸结构优化设计 / 107

4.5 绿色航道护岸技术应用实例——刘大线 / 115

4.5.1 刘大线航道自然特性 / 115

4.5.2 护岸材料选择 / 116

4.5.3 护岸结构型式 / 116

4.5.4 垂向和横向尺度确定 / 117

4.5.5 阶梯排桩护岸结构优化设计 / 123

4.5.6 现场沉降观测 / 125

5 绿色河岸廊道营造技术

5.1 概述 / 126

5.1.1 绿色河岸廊道结构 / 126

5.1.2 绿色河岸廊道特征与功能 / 126

5.2 绿色河岸廊道的总体设计 / 127

5.2.1 绿色河岸廊道设计原理 / 127

5.2.2 截污系统设计 / 128

5.2.3 护岸规划设计 / 128

5.2.4 绿化规划设计 / 128

5.2.5 生态景观与公共服务设施设计 / 129

5.2.6 人文节点设计 / 130

5.3 河岸廊道植被 / 131

5.3.1 河岸植被的功能与作用 / 131

5.3.2 常见河岸带植被及其特性 / 132

5.3.3 河岸植被恢复原则 / 135

5.3.4 河岸植被配置 / 136

5.3.5 护岸植被养护与管理 / 139

5.4 河岸廊道营造效果评估 / 139

5.4.1 评价指标选取原则 / 139

5.4.2 指标体系的框架 / 140

5.4.3 评价指标筛选及确定 / 141

5.4.4 评价方法 / 142

5.4.5 实例——通扬线高邮段河岸廊道评估 / 145

6 航道生态疏浚

6.1 航道生态疏浚的概念与内涵 / 147

 6.1.1 航道生态疏浚的概念 / 147

 6.1.2 航道生态疏浚的内涵 / 147

6.2 航道生态疏浚的实施途径 / 147

 6.2.1 确定疏浚区域物种保护区和保护带 / 147

 6.2.2 确定适宜施工期 / 148

 6.2.3 合理地选择和配备疏浚设备 / 148

 6.2.4 严格控制二次污染 / 148

 6.2.5 疏浚弃土处理与后期评估 / 148

6.3 航道生态疏浚设备与弃土处理 / 149

 6.3.1 航道生态疏浚设备 / 149

 6.3.2 航道生态疏浚土处理 / 150

6.4 航道疏浚工程的生态保护与修复措施 / 153

 6.4.1 生态环境保护措施 / 153

 6.4.2 生态修复措施 / 154

 6.4.3 疏浚工程环境监理 / 155

6.5 工程实例 / 155

 6.5.1 工程概况 / 155

 6.5.2 疏浚区底泥调查 / 156

 6.5.3 疏浚弃土处理措施 / 156

 6.5.4 施工过程中生态环境保护措施 / 157

 6.5.5 生态修复措施 / 158

 6.5.6 建立风险事故应急措施 / 158

7 绿色航道辅助设施和施工技术

7.1 绿色航道服务区设计 / 159
  7.1.1 航道服务区功能划分 / 159
  7.1.2 绿色航道服务区设计 / 160
7.2 智能航道 / 162
  7.2.1 船舶智能过闸系统 / 162
  7.2.2 航闸智能运行系统 / 163
  7.2.3 电子航道图系统 / 163
  7.2.4 航道视频监控系统 / 164
  7.2.5 航道要素感知系统 / 165
7.3 绿色航道施工辅助技术 / 166
  7.3.1 低碳施工工艺与技术 / 166
  7.3.2 内河航道桥梁顶升技术 / 167
  7.3.3 智慧工地 / 168

8 绿色航道养护技术

8.1 概述 / 171
8.2 绿色航道日常低碳养护模式 / 171
  8.2.1 日常维护观测的现状模式 / 171
  8.2.2 日常维护观测的低碳模式构建 / 172
  8.2.3 不同模式的碳排放计算与比较 / 175
8.3 航道水深低碳养护技术 / 176
  8.3.1 航道水深低碳维护思路 / 176
  8.3.2 维护性疏浚碳排放点 / 177
  8.3.3 实例分析 / 180
8.4 护岸低碳养护技术 / 184
  8.4.1 护岸破损程度分类与评定 / 184
  8.4.2 护岸加固方案碳排放分析 / 186
8.5 航标维护的低碳模式 / 192
  8.5.1 航标维护的现状模式 / 192
  8.5.2 航标维护的低碳模式构建 / 193
  8.5.3 不同模式的碳排放计算与比较 / 195

参考文献 / 196

1 绪 论

1.1 绿色航道建设的背景及价值

1.1.1 绿色航道建设的绿色背景

交通运输是国民经济中基础性、先导性、战略性产业和重要的服务性行业,必须全面贯彻落实绿色发展理念,为实现生态文明建设目标提供有效支撑。党的十九大提出"建设生态文明是中华民族永续发展的千年大计",首次将"建设美丽中国"作为社会主义现代化强国的目标之一。党的十九届五中全会强调要"守住自然生态安全边界""建设人与自然和谐共生的现代化"。

为进一步促进绿色交通发展,交通运输部于 2017 年分别颁布《关于全面深入推进绿色交通发展的意见》和《推进交通运输生态文明建设实施方案》的重要文件,要求将绿色发展理念融入交通运输发展中。中共中央、国务院分别于 2019 年、2021 年印发《交通强国建设纲要》和《国家综合立体交通网规划纲要》,强调将绿色交通作为主要发展目标和重要建设内容,要充分关注并统筹相关生态环境要素,重视工程建设与生态敏感目标的空间关系,在工程建设中要加强外部协同和内部监管。提出立足新发展阶段,贯彻新发展理念,交通运输生态文明建设面临新的形势和机遇,要按照"生态优先,绿色发展"的总要求,重点强化生态保护与修复,削减污染排放总量,促进资源节约集约利用,注重节能和低碳发展,不断提升交通运输绿色发展水平。

交通运输部 2019 年 7 月印发的《交通运输部关于推进长江航运高质量发展的意见》确立了发展绿色化、设施网络化、船舶标准化、服务品质化、治理现代化的长江航运高质量发展体系目标。近年来,多省以绿色航道、绿色船舶、绿色航运为抓手,努力推动形成绿色发展方式,着力建设长江黄金水道,建设绿色生态廊道,促进航运绿色循环低碳发展,为长江经济带经济社会发展提供更加有力的支撑。近年来,习近平总书记对推进长江经济带发展以及大运河文化带建设做出了一系列重要批示,对绿色发展提出了更高要求。

当前我国交通运输绿色发展取得明显成效,绿色发展顶层设计初步形成,"绿色交通"作为发展引领,在政策、规划、设计、建设、运营等方面深入贯彻绿色发展理念,围绕交通运输生态保护和资源集约节约利用等方面开展了大量工作,全方位、全地域、全过程绿色交通发展格局正在加速形成。水运行业新能源和清洁能源应用加快推广,持续推动大宗货物运输"公转水"。交通基础设施生态保护力度不断增强,绿色航道建设广泛推进,生态护岸、生态护滩、人工鱼礁等新材料、新技术、新结构、新工艺在航道建设工程中得到应用,航道景观与旅游融合发展加速推进。交通运输污染防治工作持续深化,船舶排放控制区政策效果明显,建立船舶排放控制区并逐步扩大覆盖范围,提高船舶排放控制区要求,支撑重点区域环境空气质量改善,行业污染物排放得到了有效控制。

1.1.2 绿色航道建设的"双碳"背景

为应对气候变化,欧、美、日、韩、中等全球130多个国家和地区提出21世纪中叶左右实现"碳中和"目标。绿色技术创新作为"碳中和"的重要驱动力,受到全球主要国家和地区的重视。近十年来,国际社会在气候中性、碳中和方面开展了很多实际行动,早日实现全球"碳达峰"和"碳中和"已成为国际社会的共识,也成为大国在气候行动中博弈的焦点。2020年,全球碳排放排名前十五位的国家中有十个已经实现"碳达峰"。在世界范围内,已经有五十多个国家宣布到21世纪中叶实现"碳中和",近一百个国家正在研究实现的目标。走绿色低碳循环发展的道路,是对传统工业化的"高碳经济"带来的二氧化碳过量排放的一种矫正。"高碳经济"在实现经济高速发展的同时,在人口数量巨大、人均收入低、能源强度大、能源结构不合理的背景下,也透支了资源和环境,而要不断降低碳排放量,也会给经济发展速度带来影响,因此经济发展和绿色低碳发展之间的关系也要进行协调平衡。

交通运输行业作为我国国民经济发展和居民生活必需的基础产业之一,碳排放占全国终端碳排放15%左右,是第三大温室气体排放部门,仅次于能源供应和工业生产部门。相关数据显示,2019年交通运输行业能源消耗约4.49亿t标准煤,占全国能源总消耗的9.24%。截至2020年底,中国碳强度较2005年降低约48.4%,非化石能源占一次能源消费比重达15.9%,超额完成2020年气候行动目标。与此同时,国内生产总值从2005年的18.23万亿元人民币增加到2020年的101.6万亿元人民币,这与我国广泛、开放地采用新技术,实现绿色、低碳、循环的高质量协同发展生态文明建设密切相关。

根据ICF《2020年中国碳价调查》报告的数据显示,全国碳排放权交易体系的价格(平均)预计将从2020年的49元/t稳步上升,到2030年将达到93元/t,并于21世纪中叶超过167元/t。另据伍德麦肯兹公司的数据,要实现全球控制温度1.5℃,碳价应在160美元/t。美国船级社发布的《低碳航运2030年展望与2050年愿景》给出了不同阶段航运的碳排放强度目标。根据克拉克森的相关研究及相关资料,我国内河水运、公路、铁路三种不同运输方式的碳排放强度、单价及单位收入的碳排放强度见表1.1。由表1.1可见,目前我国内河水运和沿海水运的碳排放强度已经低至5.3 g二氧化碳/吨公里,比2030年的8.20 g二氧化碳/吨公里降低54.7%,距离制定的2050年的4.10 g二氧化碳/吨公里目标还有一定的距离。水运的单位收入碳排放强度最低,比公路运输的单位收入碳排放强度低66.6%,比铁路运输的单位收入碳排放强度低84.8%,是相对容易减碳的行业,这体现了水运在节能减排方面的相对优势。

表1.1 不同运输方式的碳排放强度指标

指标 运输方式	g二氧化碳/吨公里	单价(元/t)	单位收入的碳排放(g/元)
内河水运	5.3	0.04	133
铁路运输	175	0.2	875
公路运输	159	0.4	398

注:上述数据会受到运输工具、运输区段、运输速度等因素影响,因此仅为粗略估算依据。

内河水运与铁路运输和公路运输存在一定程度的可替代性,水运业单位收入的碳排放强度以及单位运输量的碳排放强度都较低。因此,在"碳达峰"和"碳中和"的发展背景下,内河水运在碳排放强度上的优势可以为货物"公转水""铁转水"的交通运输结构调整提供依据。

我国是应对气候变化的《巴黎协定》达成的重要贡献者和积极践行者。实现"碳达峰"和"碳中和"是中国积极应对气候变化的重要举措。2020年12月,中央经济工作会议明确提出"双碳达标","双碳"即2030年前碳达峰、2060年前碳中和目标。2020年《中共中央关于制定国民经济和社会发展第十四个五年规划和二〇三五年远景目标的建议》提到加快推动绿色低碳发展。2021年3月,中央财经委员会第九次会议提出要把"碳达峰""碳中和"纳入生态文明建设整体布局。2021年4月30日,习近平总书记指出,"十四五"时期,我国生态文明建设进入了以降碳为重点战略方向、推动减污降碳协同增效、促进经济社会发展全面绿色转型、实现生态环境质量改善由量变到质变的关键时期。要把实现减污降碳协同增效作为促进经济社会发展全面绿色转型的总抓手,明确时间表、路线图和施工图。

"双碳达标"给我国水运行业带来了巨大挑战。航道工程是涉及公共建筑以及水运业相结合的大型工程,对建筑材料、能源、土地、岸线等资源依赖性强,对自然环境的影响程度在时间和范围上都较大。航道工程对能源、资源的消耗和生态环境保护问题已经成为生态文明社会建设中不容忽略的一个方面。这就要求航道工程建设不仅要适应航运经济发展的需要,还必须要遵循绿色低碳、生态发展的理念,利用最新的科技和管理方式,全面推进绿色低碳航道建设,把握好与环境的关系,有利于改善环境,减少河流生态的破坏。

从各运输方式总体规模的变化情况来看,航道的规模增速明显快于公路,到2035年高等级航道的规模与现状相比接近翻番。交通基础设施结构的优化,将有力支撑"公转水",公路客货运周转量占比将明显降低,对控制行业大气污染和温室气体排放具有显著作用。

同时看到,我国不同地区航道布局和发展情况千差万别,但以技术创新推动"碳达峰"和"碳中和"始终是平衡环境与发展的根本之道。在加快绿色转型,大力发展绿色低碳技术,推进资源节约集约循环利用,扩大碳汇潜力,推进水运发展的过程中,需要全面围绕绿色低碳技术创新为中心不动摇。因此,加大创新投入,促进低碳转型,走绿色水运发展之路成为必然趋势。

1.1.3 绿色航道技术发展价值

1) 理论价值

以低碳和绿色理念为基础,通过对绿色航道的内涵、外延、评价进行分析界定,对航道建设和运行过程中航道演变和生态环境影响机理进行探索,对生态护岸断面设计理论及航道全生命周期能耗开展研究,将填补绿色航道建设中部分领域的空白,进一步丰富绿色航道、低碳减排经济领域理论体系,并为其他行业绿色低碳化发展及研究提供一定的参考。

2) 实践价值

坚持低碳和绿色发展理念,继续做好绿色航道顶层设计工作。推进绿色航道发展,必须建立推进绿色发展的相关规范、政策和制度,从规划建设、航道运行、维护管理、航道保护等方面做好规划设计。通过全面统筹考虑航运、经济社会的发展需求与航道生态承载能力之间的平衡关系,充分利用绿色航道建设关键技术,持续推进绿色航道建设,实现统一和谐发展。

坚持理论指导实践,推进绿色航道建设。坚持理论创新是实现绿色航道建设的内在动力,坚持实践创新是实现绿色航道可持续发展的实现途径。推动科技创新,使用生态友好型材料,创新护岸结构和构造,营造绿色河岸廊道,进行生态疏浚和修复,都是促进环境生态改良、节约利用资源的有效手段,是实现绿色发展的重要举措。

实行低碳运维方式,实现可持续发展绿色航道建设。通过对航标设施、服务区设计、过闸及运行等辅助设施和运营及后期维护等进行数字化、智能化建设,转变运行管理方式,促进航道向绿色、低碳转型。

1.2 绿色航道建设现状与发展趋势

1.2.1 我国水运发展历程

1) 我国水运发展现状

水运是现代综合交通运输体系的重要组成部分。2015—2019年期间我国内河航道通航里程总体波动较小,2019年通航里程为12.73万km。其中:一级航道里程为1 828 km,占比为1.44%;二级航道里程为4 016 km,占比为3.16%;三级航道里程为7 975 km,占比为6.27%;四级航道里程为11 010 km,占比8.65%。2019年长江、淮河、珠江三大水系的通航里程都超过了10 000 km。其中:长江水系通航里程最长,达64 825 km;淮河水系通航里程为17 472 km;珠江水系通航里程为16 495 km。

2015年以来,内河水运建设固定资产投资规模总体呈上升趋势,2016、2017、2018年投资分别增长0.9%、3.1%、10.3%。2019年内河建设完成投资614亿元,下降2.3%。

2020年受新冠肺炎疫情和洪水、台风等恶劣天气影响较大,我国水路货运运输量呈前低后高走势。全国水路货物运输量为76.16亿t,同比下降3.3%。其中:长江干线货物通过量30.6亿t,同比增长4.4%;三峡过闸货运量1.37亿t,同比下降6.2%;珠江水系完成水路货运量13.9亿t,同比下降5.7%;长洲枢纽过闸货运量1.5亿t,同比增长4.0%。2021年上半年,全国水路货物运输量同比增长势头迅猛。

2) 我国绿色低碳水运发展历程

我国是一个人口和资源大国,大部分资源的总储量都位居世界前列,但是人均资源拥有量却严重不足。面对资源约束趋紧、环境污染严重、生态系统退化的严峻形势,近年来,党中央、国务院以科学发展观为指导,施行了一系列战略举措。

2007年政府工作报告提出"把节能降耗、保护环境和节约集约用地作为转变经济增长方式的突破口和重要抓手"。《中华人民共和国国民经济和社会发展第十一个五年规划纲要》中提出了"单位国内生产总值能源消耗降低20%"和"主要污染物排放总量减少10%"两个约束性目标。国家先后发布了一系列法律、法规:从2006年开始,国务院陆续出台了《国务院关于加强节能工作的决定》《国务院关于印发节能减排综合性工作方案的通知》《国务院批转节能减排统计监测及考核实施方案和办法的通知》等。《中华人民共和国节约能源法》已于2008年4月1日起正式施行。2012年党的十八大明确提出"坚持节约资源和保护环境的基本国策,坚持节约优先、保护优先、自然恢复为主的方针,着力推进绿色发展、循环发展、低碳发展,形成节约资源和保护环境的空间格局"。国家"十二五"规划把加快水运发展摆在重要位置。《国务院关于加快长江等内河水运发展的意见》(国发[2011]2号)提出要加大航道建设力度,建成畅通的高等级航道网;强调在航道工程建设和运行中,更加注重保护水生态环境,落实环境保护和生态补偿措施,实现内河水运绿色发展。2019年9月,中共中央、国务院印发《交通强国建设纲要》,要求各地区各部门结合实际,认真贯彻落实打造绿色高效的现代物流系。2020年《中共中央关于制定国民经济和社会发展第十四个五年规划和二〇三五年远景目标的建议》强调落实生态保护,强化绿色发展的法律和政策保障,支持绿色技术创新,推进重点行业和重要领域绿色化改造,发展绿色建筑,降低碳排放强度,支持有条件的地方率先达到碳排放峰值。2020年12月,中央经济工作会议明确提出"双碳"的目标,对我国水运的低碳、绿色发展提出了新的要求。

1.2.2 国内外绿色航道建设现状

1) 战略体系与技术规范建设现状

由于各国国情不同,主要国家和地区对绿色技术的发展也各有不同的侧重。一些国家和地区制定了绿色增长战略或交通战略等以促进绿色发展。欧盟将环境挑战视为经济发展的机遇,致力于加强欧盟经济的绿色低碳竞争力。美国作为世界第一大能源消费国,高度重视交通方面的能源技术研究和清洁能源的利用普及。2021年1月,拜登政府宣布重返《巴黎协定》并签署了《应对国内外气候危机的行政命令》,提出在全社会范围内全面加强清洁技术研发。日本作为典型的资源紧缺型国家,高度重视交通资源节约、环境保护和可持续发展,紧抓能源结构转型,大力推进绿色能源产业发展。韩国也大力推广"绿色增长"作为交通经济增长的引擎。

近年来,我国在环境保护、节能减排、绿色低碳方面颁布了多项纲要和规划,对于水运的绿色低碳建设多有涉及,强调将绿色低碳发展理念贯穿于全生命周期的航道建设和运营中,通过科学规划,构建通江达海、联网畅通、高效平安、绿色低碳的干支互通水路运输服务体系。截至2020年,江苏省、浙江省、山东省和贵州省等多个省份已开展了绿色低碳航道试点相关工作。关于绿色低碳航道、数字航道、智能航道和感知航道的科研项目相继开展,相关科研成果,比如航道信息管理系统、物联网、太阳能航标灯、航标遥控遥测技术、船闸节电技术等,尤其是以地理信息系统(GIS)、全球卫星定位系统(GPS)等为基础的航道信息化系统等大量的节能减排技术得到了快速发展。

2015年以来世界主要国家和地区在涉及水运的绿色技术发展方面都制定了相关战略体系(表1.2)。

表1.2 世界主要国家/地区的水运相关绿色战略体系

国家/地区	战略体系
欧盟	《低排放交通战略》(2016)、《2050年长期战略》(2018)、《欧洲绿色新政》(2019)、《可持续和智能交通战略》(2020)等
德国	《国家能效行动计划》(2014)、《气候保护计划2030》(2019)、《建筑能效战略》(2015)等
法国	《气候计划》(2017)、《法国国家气候变化适应计划(PNACC-2)》(2018)、《国家经济复苏计划》(2020)等
英国	《绿色未来:英国改善环境25年规划》(2018)、《清洁空气战略》(2019)、《环境2020—2025计划》(2020)等
美国	《全民清洁能源计划》(2016)、《清洁未来法案》(2021)等
日本	《革新环境技术创新战略》(2020)、《2050年碳中和绿色增长战略》(2020)等
韩国	《2030年国家温室气体减排路线图》(2019)、《绿色新政》(2020)、《2050碳中和促进战略》(2020)、《碳中和技术创新推进战略》(2021)等
中国	《可再生能源发展"十三五"规划》(2016)、《中华人民共和国国民经济和社会发展第十三个五年规划纲要》(2016)、《"十三五"节能减排综合工作方案》(2016)、《"十三五"控制温室气体排放工作方案》(2016)、《交通运输节能环保"十三五"发展规划》(2016)、《能源技术革命创新行动计划(2016—2030年)》(2016)、《关于构建市场导向的绿色技术创新体系的指导意见》(2019)、《中华人民共和国国民经济和社会发展第十四个五年规划和2035年远景目标纲要》(2021)等

中国十分重视绿色低碳技术研究,绿色技术专利产出逐年增长。从全球绿色技术领域的PCT专利(Patent Cooperation Treaty)申请量变化趋势来看,中国PCT专利申请呈现逐年上升趋势,PCT专利数量从2000年的908项增加到2020年的68720件,世界排名第一,其中涉及交通运输相关的气候减缓技术虽然占比不大,但目前已形成涵盖节能环保、清洁生产、清洁能源、生态环境、基础设施绿色升级等产业的116项绿色技术的推广目录。中国PCT专利申请呈现逐年上升趋势,主要得益于中国近年来积极倡导的绿色发展、创新和其他环保政策。

国外对于航道工程生态建设已经进行了大量研究,美国、澳大利亚、瑞典等国家相继开展了河流健康评价的研究与实践,形成了RBP(美国)、GRS(澳大利亚)、RCE(瑞典)等多种评价方法。

国内不少行业对节能减排进行了比较深入的研究,很多行业都建立了详细的节能减排指标体系和标准。如《绿色建筑评价标准》(GB/T 50378—2019)、《港口基本建设(技术改造)工程项目设计能源综合单耗评价》(JT/T 491—2003)等。目前对于绿色航道建设的研究还处于起步阶段,主要相关规范有《绿色交通设施评估技术要求第3部分:绿色航道》(JT/T 1199.3—2018)、《内河航道绿色建设技术指南》(JTS/T 225—2021)、《内河航道绿色养护技术指南》(JTS/T 320—6—2021)等。相关规范和政策还需要进一步落地实施,总结经验。

2) 航道相关生态理念发展概况

工业革命以来，人们对于航道工程设计主要强调"兴利除害"这一理念，即强调航道工程要最大限度地满足防洪、航运等需求。鉴于这样一种理念，世界上许多国家如美国、澳大利亚、荷兰、日本、韩国等在设计河流及其护岸结构时，出于经济目的，强调力求利用尽可能小的河流断面通过尽量多的水流流量。这种情势下为保证河流水流稳定及护岸结构的安全性和耐久性，护岸工程中通常采用强度高、耐久性好的结构型式（如浆砌块石、混凝土或钢筋混凝土护岸等）。然而这种设计理念没有综合考虑通航河流与周边自然生态环境的和谐统一，造成了河流岸坡的"硬化"和"白化"，导致治理后的河流与周边生态环境不协调，河流原本平衡的生态关系被打破、原有自然生态系统被破坏，从而引发了不容忽视的生态问题。硬质型护岸结构的建设对于河流健康的负面影响日益显现，引发了人们对于治河理念的反思。特别是生态学、环境学等学科的兴起，更加促使人们对于护岸理念有了新的认识，生态护岸理念日进人心。

欧美国家虽然没有明确的生态航道定义，但是很早便将生态学理念应用到了河道治理中。对于生态护岸的理念，最早可追溯到1938年德国Seifert首先提出的"亲河川整治"概念。这一理念要求对于河流的整治，在满足工程要求的同时还应使其达到接近自然状态的效果。20世纪50年代，随着对莱茵河治理工程的实施，德国正式创立了"近自然河道治理工程学"，提出河道的整治要符合植物化和生命化的原理。德国当局分析了莱茵河发生洪灾的原因，认为是原先水泥质的护岸结构限制了水体与河岸间的渗透所致。为此，德国对莱茵河进行了回归自然的改造，将水泥护岸改造为生态护岸。

英国河流的整治一贯强调"近自然"设计，故其对于相关结构的生态性建设较为重视，曾利用椰子纤维卷作为主要材料用于护岸的建设。此外，在Cole河和Skerne河的整治中，对于护岸工程的建设也主要采用柔性护坡技术与生态工程技术来进行河岸加固。英国通过总结该工程的技术经验，并系统回顾了其他类型河流生态整治的经验，编写了相应手册，强调在对河流进行整治时要将工程技术与生态恢复技术有机结合。

美国发现河流出现一系列生态问题后，为保证河岸的生态环境逐渐摒弃传统的硬质护岸，并果断对其实施拆除。与此同时对护岸工程的生态性建设则不断实施，例如在Sims Bayou河的防洪工程中，美国陆军工程兵团采用铺砌空心混凝土铰链排的型式进行护岸的设计建设，工程竣工后的监测显示这种护岸不仅有利于岸坡安全，还有助于植物的生长。到了20世纪80年代后，伴随着密苏里河、密西西比河以及基西米河生态恢复工程的实施，美国在生态护岸工程方面提出土壤生物工程技术。这种技术采用活性植物以及其他辅助材料来构筑各类边坡结构，以稳定河流坡岸和生态修复的集成工程技术。

日本在20世纪90年代初期也实施了"创造多自然型河川计划"，称之为"多自然河川工法"。该工法强调尽量利用传统工艺和当地材料治理河道，以保护河流生态环境、恢复水质、维护河流景观多样性。在护岸的建设中主要采用木材、石块或多孔隙混凝土砌块作为主要的护岸材料，在河岸构筑自然护岸或多自然型护岸，并在河岸栽种植物维持河岸生境。例如土生川的天然石护岸工程，就是采用天然石块为主材的砌石护岸。许多学者在研究河流的社会服务功能的同时，将其纳入生态航道理论框架中，提出了实现河流多方面功能的平衡。

当前我国以"生态优先、绿色发展"为理念的航道工程建设已经成为共识。但目前关于航道"生态"和"绿色"概念混用,其内涵和外延仍不清晰,由此导致建设体系亦不明确,制约了系统发展规划的提出与相关技术的发展。近年来,国内学者通过吸取国外护岸工程设计建设的先进理念和实践经验,也进行了一些研究并积极实践。上海崇明岛的杜鹃河护岸生态示范工程,利用全系列生态护岸、土壤生物工程以及复合式生物稳定技术并将其有机结合,在岸坡形成植物生态护岸。在浙江省湖嘉申线的湖州段也对生态护岸进行了积极尝试,利用石块和芦苇构筑石砌护岸。在重庆苦溪河生态治理过程中,对于护岸的设计较为注意护岸材料的选择,利用天然材料构筑多孔透水的结构型式以利于植物的生长。此外,国内其他学者如夏继红、严忠民等认为城市河流护岸的建设需要与周围环境相协调,并重点介绍了几种生态型护岸结构型式。

通过调研和分析,可以发现国内外对于护岸工程的设计理念已转向基于自然生态概念的新领域。这一理念的转变表明业界在航道整治工程中已开始重视生态环境的保护,并将生态护岸工程视为河流生态保护的重要手段。但目前护岸结构的研究和实践中,对于河岸的结构特征、功能特征以及生态过程特征等基础方面的研究较少,对河岸生态系统的内在机理缺乏足够认识。现有的通航河流生态护岸工程大多注重护岸技术本身,强调利用自然生态的护岸材料在岸坡构建生态型式,未能充分挖掘护岸工程对于河岸生态系统恢复发挥的积极作用。

3) 航道护岸生态性综合评价研究

护岸评价源于河流与河岸带的评价研究。护岸是河流、河岸带空间的一个组成单元。河流、河岸带评价研究往往将河流渠化程度、护岸型式、硬质护坡生态化率等护岸特征纳入指标体系,对研究护岸评价有借鉴参考作用。

国外关于护岸评价的研究较少,R. W. Hemphill 和 M. E. Bramley 在《河渠护岸工程:方案选择及设计导则》一书中较系统地介绍了护岸设计方案选择的导则。国内随着内河航道建设步伐加快,一些学者已展开护岸评价研究。近年来的研究主要通过建立指标体系,选择评价方法,构建模型进行评价。翁伟屏依据 Bergen 提出的生态工法设计原理,认为生态型护岸的生态环境特性的评估应从生态环境的连续性、生物的栖息性和天然材料的使用情况这三个方面入手。徐芳提出护岸型式及材料选择应遵循有效性、环境因素、经济因素三条原则。高阳、高甲荣从生态、地貌、水文三方面选取指标,采用层次分析法,合成 Channel-Wetland-Riparian Index 用于评价河溪生态。汪冬冬、杨凯在河段尺度构建指标体系,通过遥感与实地调研获取指标数据,对苏州河河岸带进行综合评价,其中护岸坡度、宽度、不透水面积率等指标能反映护岸生态环境特性。夏继红通过建立较完整的综合指标体系,应用层次分析法分配权重,采用模糊评价模型对河岸带进行综合评价。史云霞详细分析影响护岸优劣的因素,建立模糊综合评价模型,其指标多为定性指标,对生态环境特性的分析不足,评价结果受主观影响较大。许士国、石瑞花针对平原地区城市河流的特点,以浑河生态护坡工程为背景,从成本、生态景观及施工工艺三个方面,建立了基于 Topsis 的模糊多属性决策模型,但没有对影响护岸生态环境特性的因素进行具体分析。台湾学者林信辉构建了工程及栖息地环境指标体系用于评价野溪生态工法的效果,指标包括孔隙率、粗糙度、绿覆度、河溪横向构造物高度、护岸坡度、材料天然化、河床底质歧异度、流况歧异度、生物栖息地营造等,其中孔隙度、绿覆度、河溪横向构造物高度、护岸坡度实现定量采集。通过制定评分标准,计算指标得分,累加合成总分。其指标较为全面,具有一定的生态依据,但缺少对生态学理论的分析研究,指标间存在交叉重复、独立性差的缺点。

通过梳理国内外护岸评价研究进展,学者们对于护岸评价的原则和影响因素达成了一定的共识,可从工程特性、经济特性、施工特性、生态环境特性和可持续性等方面入手筛选指标。常用的评价过程包括:利用层次分析法构建指标体系并分配权重,结合模糊线性评价构建模型;或将各指标得分直接累加合成总得分(但无法客观反映指标的重要度)。护岸评价研究存在的问题包括:护岸生态环境特性的研究不足,有待深入和完善;指标采集方法不明确,多为定性评价,缺乏定量判断;河流、河岸带评价的尺度较大,笼统地考虑护岸因素,缺少具体的分析,无法有效指导护岸工程的实践。

4)航道生态护岸结构及修复技术现状

(1)国内方面

① 斜坡式干砌块石护岸

该护岸在国内护岸工程中较为常见,在长三角、珠三角等地区的航道护岸工程中均有应用。这种护岸型式地形适应性好,透水性能好,施工便捷,造价较低。但其整体性能差,水流冲刷作用下结构易松动,此外该结构对施工条件要求较高,需要干地施工。

② 石笼护岸

石笼结构透水性能良好,可主动削弱船行波以阻止其对岸坡冲刷,同时还可及时排除地下水,利于岸坡的安全稳定。另外石笼结构的柔韧性较好,对地形适应性较强并具有良好的生态性能,其内部石块间的间隙为植物的生长提供了便利条件。但该结构易受外力破坏,如船舶抛锚就会造成对网笼的破坏。目前,在连云港港疏港航道以及盐灌船闸护岸工程中已有采用。

③ 自嵌式植生挡土墙护岸

自嵌式生态景观挡土墙作为近年来新兴柔性护岸技术,在京杭运河徐扬段壁虎河口和宿迁城区段的护岸工程中得到应用。由于该结构属于柔性结构,故具有较高的适应性,此外其具有施工速度快、耐久性好、生态性好等优点。但其防撞性能相对较差,因此其适于用作复式护岸的二级挡墙。

④ 预制连锁块铺面护岸

这种护岸型式属于国外引进技术,在浙江省内河护岸工程中首先应用。这种结构利用连锁设计原理,使每个预制块被周围块体紧密相连,从而提高了结构的整体稳定性以防发生侧向移动。该护岸型式具有强度高、耐久性好、预制程度高、造价经济等优点,此外还具有一定的生态性、亲水性、景观性。

⑤ 透水型预制砼沉箱式护岸

采用预制混凝土透空箱体形成护岸挡墙,箱体内填放块石以提高结构稳定性。透空箱体的设计增加了结构的透水性,且较有利于河岸生物的生存,生态性能突出。另外该型式还具有结构简单、预制程度高、施工便利等特点。但其对地基条件要求较高,否则易产生不均匀沉降。目前,在湖嘉申线湖州段、嘉于硖线南郊河航道以及无锡市航道护岸工程中均采用了该结构型式。

⑥ 混凝土劈离块护岸

混凝土劈离块是以电炉渣等工业废料为主要材料,采用劈离工艺制作而成。该技术对于资源的可持续利用具有重要意义。以劈离块为主材的护岸结构具有预制程度高、施工简便、景观效果好、造价经济、维修方便等优点。该技术目前已在浙江嘉于硤线南郊河段航道护岸工程中得到应用。

⑦ 荣勋砌块挡墙护岸

该护岸临水侧采用荣勋砌块,墙后采用土工格栅拉连,形成加筋挡墙护岸结构。荣勋砌块挡墙护岸属于柔性生态景观性结构,生态性和景观性较好,此外该型式还具有施工简便、节约资源、预制程度高、整体性好、适应性强等特点。该型式已在浙江慈溪市长河镇护岸工程中得到应用。

⑧ 生态袋挡墙护岸

生态袋挡墙结构被称为是一种生态边坡系统。这种护岸结构具有造价经济、生态环保、植物覆盖率高、景观性好等优点。但由于其属于柔性结构,一般用作复式护岸的二级挡墙。因为其具有突出的生态性和适应性,近年来也被用于长江大堤的防护工程,甚至道路边坡的支护工程。

⑨ 植物护岸

该护岸技术是一种以植物为主要材料的集成的生态护坡技术。该技术既可单纯利用生物技术,即通过种植当地不同的植物来改善河道周边的生态环境以营造出多样性栖息地环境,又可与工程技术相结合进行岸坡防护。目前在京杭运河两淮段生态护岸、广州珠海区赤岗涌航道整治工程、上海市浦东新区机场镇生态河道示范区,均对该技术进行了相应的尝试。

(2) 国外方面

① 混凝土连锁块护岸

早在20世纪30年代,混凝土连锁块护岸就被应用在美国密西西比河上,此外在美国得克萨斯州科伯斯克里斯提航道的整治工程中也有应用。实践证明,该护岸结构除了防冲能力较强外,还具有较好的生态环保效益。近年来,在荷兰、英国以及马来西亚的部分护岸工程中对其进行了优化,把混凝土连锁块改为透空型式,并且与三维土工网技术相结合,将其覆于撒上草籽的土工网上,收到了生态性与美观性俱佳的效果。

② Soda法护岸

Soda法护岸在日本及越南均有应用,利用小木桩、竹子以及柳梢等自然生态材料编制成框架结构,并将其锚固在岸坡上,然后在坡脚处打入木桩以起到抗滑作用而保护岸坡,最后在框格中放入石块进行压载。这种护岸型式具有较强的抗冲刷性、适应性以及生态性,且经济效果较好。

③ 土工网垫草皮护岸

这种护岸型式同时利用植物根系的固土作用与土工网垫的固草防冲作用,并将这两种作用有机结合,从而形成一种新型生态护岸技术。这种护岸技术比单纯的植物护岸具有更高的抗冲性和适应性。该技术在秘鲁丛林河流的护岸工程以及荷兰的河道护岸工程中得到应用。

④ 木桩护岸

英国诺福克湖区护岸工程应用了该型式。该技术将木桩打入河中,沿河面形成直立式护岸,然后用长约 2 m 锚杆将木桩锚固于后方岸坡,并在护岸顶部设置靠泊构件。此护岸形式可抵抗中等程度船行波的影响,从而对河岸起到保护作用,与钢桩相比更具经济性和生态美观性。但由于是木质结构,一般只适用于规模较小的船系泊。

⑤ 椰子纤维卷护岸

椰子纤维卷利用椰子外皮制成,其在护岸工程中的应用类似于三维土工网,但因其可降解故生态效益更好。因此,可利用其在通航河流中为野生动植物营造生存必需的栖息地环境。目前,该技术已在英国南威尔士的布雷克诺克郡和蒙默思郡运河以及美国的部分护岸工程中得到采用。

⑥ 栅栏阶梯护岸

该型式以各种废弃木材或其他仿木桩为主要护岸材料,逐级在岸坡上设置栅栏,栅栏以上的坡面植草坪植物并配上木质的台阶,形成阶梯状的护岸形式。该护岸型式基本不受水位变化影响,具有良好的稳定性和生态性,其因阶梯式设计而具有较好的景观性与亲水性。

⑦ 木桩栅栏护岸

该型式通过在通航河流坡脚按一定间距打入木桩,将木条或木板钉在木桩上形成木桩栅栏。在美国,这种型式桩之间的联系则通过土工网或铁丝网形成栅栏。该护岸将块石或土壤填入栅栏与岸坡之间,并在其中种植植物,栅栏以上的航道岸坡种植当地植物。这种结构型式抗冲能力较差,防撞能力较弱,故不适用于大型通航河流。

⑧ 排桩护岸

尼日尔三角洲的排桩护岸,主要由两种规格的木桩组成,直径分别为 230 mm 和 90 mm。工程中将桩径较小的木桩安排于河岸附近,将较大的桩插打到离河岸稍远的河道中去以使其抗击较强的水流冲刷。各桩之间间距为 1 m,用藤条或柳条等加以联系紧密,插打深度以满足桩自身的稳定性要求为准。该种护岸型式具有较好的抗冲防撞性能,对船行波也有较好的削弱作用,可有效防止崩岸。

⑨ 树桩护岸

树桩护岸是将密集的树桩捆扎在一起来防止崩岸、抗击冲刷的生态护岸型式。这种型式是将粗大的枝干放置于坡脚,以起到防止岸坡被侵蚀的作用。该型式的经济性、稳定性、生态性、美观性都较为突出,除此之外还具有保护水质的特点。目前在美国已被应用到拉塞尔公园的沙格林河以及拉塞尔沙格林的马瑟斯河等护岸工程中。

⑩ 土壤生物工程

土壤生物工程技术是将活性植物的枝、桩等利用层栽、扦插、插打等方法固定于河道岸坡,待其存活后形成活性护岸系统。这种型式不仅可以起到传统护岸的作用,还提高了护岸生态美观的效应。美国克里克河岸的整治工程、越南广义省的香根草护岸就采用了这种技术。

⑪ 多孔质护岸

这种护岸是利用各种带孔隙的混凝土预制件,例如不规则鱼槽结构,建造形成的结构型式,较为适于动植物的生存。该型式具有强度高、抗冲刷能力强、施工方便、生态美观等优点。该技术目前在日本得到广泛应用,我国在这方面也已开展了相关研究,并取得较大进展。

根据对护岸结构的调查,未来护岸结构型式的设计应大致遵循规模最小化、外形缓坡化、内外透水化、表面粗糙化、材质自然化、成本经济化的原则。在这一趋势下,护岸结构型式将越来越多样化以满足不同护岸工程的目标需求。虽然生态型护岸的建设已逐渐兴起,但在对护岸结构型式设计的研究思路方面有所欠缺。一方面,没能对通航河流护岸型式设计的影响因素进行研究;另一方面,对于生态的理解不够深入,某些已建工程仅在传统非生态的护岸结构上添加一些生态元素便冠之以生态型护岸,未能基于护岸结构的功能展开讨论并指导护岸型式的设计。

此外,对生态型护岸结构尺度的研究也有所不足,尤其是对复式结构中的一级平台尺度(平台高程、平台宽度)确定方法的研究较少。对于一级平台尺度的确定没能形成系统的计算模型,缺乏完整的设计理论,导致在实际工程中对于一级平台尺度的确定多半是凭借工程经验来进行。

5) 航道生态疏浚技术现状

(1) 生态疏浚设备

航道疏浚是开发航道,增加和维护航道尺度的主要手段之一。在航道疏浚工程中,挖泥、装船、抛泥产生悬浮物,与此同时,疏浚泥中所含有的有机物和重金属(主要有COD、油类、Cu、Pb、Hg等)会释放到水体中,这些悬浮物及其含有的各种污染物将对河道生态环境带来不同程度的影响。为了控制因疏浚造成的二次污染,环保型疏浚或生态疏浚技术开始出现。

在环保疏浚技术发展中,环保疏浚关键设备是重要的方面,国际上比较典型的有:荷兰凯特梅尔湖疏浚采用圆盘、螺旋等三种环保绞刀;匈牙利巴拉顿湖采用IHC600绞吸船带罩式环保绞刀。这些设备在工程实施中均取得了显著效果。日本的专用环保疏浚设备,如螺旋式挖泥装置和密闭旋转斗轮挖泥设备,二者可以高浓度挖泥并且发生污浊扩散的情况极少,几乎不污染周围水域。意大利研制的气动泵挖泥船用于疏浚水下污染底泥,疏浚浓度高,可达到60%~70%,对湖底无扰动,不会污染周围水域。国际上目前还有环保型绞吸挖泥船、喷水绞刀挖泥船、射流冲淤挖泥船、气动式挖泥船、两栖式挖泥船、多功能挖泥船、半潜式挖泥船、水力挖塘机组等等特种专业挖泥设备。

值得注意的是,上述专用疏浚设备不适合疏浚大量或大面积的污染底泥。专业环保型疏浚设备常常用于松软、污染严重的污染底泥,只挖除和输送原状污染底泥而尽量不吸走更多的水,采用"高浓度疏浚法",工程费用较高。

国内在研制环保型挖泥船或挖泥设备方面刚刚起步。上海708所研制设计出了小型螺旋绞刀式挖泥船,滇池草海挖泥施工也采用了改进的绞刀,挖泥精度比普通绞刀的挖泥精度有所提高。天津航道勘察设计院研制开发了"绞吸挖泥船环保绞刀"和"绞吸挖泥船深度指示系统",并且从国外引进了国内第一艘环保型绞吸挖泥船。

(2) 疏浚土的处理

在疏浚过程中必然产生大量的疏浚底泥,在珠江三角洲每年均进行底泥疏浚,产生需要处理的底泥竟达8×10^7 m³。疏浚底泥含水率高,运输困难,污染成分不明确,如果不能得到合理的处理又会带来二次污染。因此,疏浚物乱弃将对水环境、土地资源、生物资源造成危害。疏浚土的综合利用技术,以及减量化和资源化的研究工作已经得到重视。

Canet、Chaves、Pomares 等用适当比例的底泥和土壤混合,改善了土壤的性质并应用到农业种植上。Jennifer L. Dal-ton 和 Kevin H. Gardner 用来自纽约港和泽西岛港的疏浚泥烧制了水泥熟料。德国 Muller 和 Pluquet 等人于 1994 年采用含铁离子的固化材料对不来梅港口的疏浚土进行实验。荷兰在 1989—1997 年制定了 POSW 计划,由 Vlerken 等人对疏浚土开展了从实验室到大规模的生物处理技术的研究,他们将生物降解技术分为四种:原地生物处理、填埋处置、土地处置、反应堆。美国研究者将新泽西港口的疏浚底泥经过脱水并添加助熔剂、等离子过程后转化为聚合玻璃态物质,之后进行瓷砖的制作,成功地实现了无害化和资源化处理。该工艺制作瓷砖能够使底泥中的重金属固化,防治二次污染,同时破坏疏浚底泥中的有机质,这样形成的资源化产品不会对周围环境造成污染。Kay Hamer 等在对疏浚底泥进行了完全工厂规模化的制砖实验之后指出,用底泥制砖使得 As 和重金属元素变得稳定,不会对环境产生影响。美国陆军工程兵团将疏浚泥用于海岸带湿地建设和生态修复工程的项目则遍布整个美国海岸带。

国内对疏浚土的处理也开展了各种有益尝试。许可军等利用黄河淤泥进行了制砖实验,薛世浩利用安徽省南沱河底泥进行了制砖实验,通过实验发现利用疏浚底泥制成的砖符合 MU7.5 级砖的等级要求。杨磊等用苏州河底泥作为实验原料进行底泥烧制水泥熟料实验,发现苏州河底泥可作为水泥生料的配料,此产品熟料矿物组成及水化产物与硅酸盐熟料相同,可以满足水泥产品性能的相关标准。国内对海洋疏浚土的利用、对湖区底泥疏浚土的处理开展了研究,取得了一些成果。但是,对河流航道疏浚土的利用问题研究还较少,有关文献介绍了京杭运河常州段利用碱渣和废混凝土改性淤泥质土用于路基填筑,解决了航道工程非适用土的处置问题。

6) 航道低碳养护研究现状

在国家节能减排的大背景下,提供强大运输支撑的航道在低碳养护方面也开始得到关注。国内航道养护方面的研究仅限于航道养护管理机制和模式、养护资金来源和相关的养护技术等方面,但是,航道养护的低碳模式和相应的低碳技术研究少有报道。

蔡立兴等在 2000 年总结了山东省内河航道养护管理的现状,并对现状中的不足提出对策。任忠在 2003 年研究了浙江省航道养护新机制。林莉君在 2010 年就上海市内河航道养护资金短缺问题,结合国内外内河航道养护经验,提出将航道养护内容增列到 5 年计划中来解决资金来源。邵一娟在 2010 年总结了内河航道养护中测量技术的应用,指出未来 GPS 测量系统的应用将更为广泛。刘珏等在 2013 年进行了内河航道维护水平评价研究。赵伟娜等在 2015 年研究了内河航道预防性养护管理,通过预防性养护来控制养护成本和延迟航道使用寿命。农小勇在 2015 年分析了全国较为典型的两个航道养护管理模式——长江航道管理模式和山东省航标托管试点模式,提出了新形势下航道养护管理工作的最主要目标是深化改革,进一步实现航道养护管理市场化运作。

德国的 Kuehni 等研究了基于 IT 的 e-maintenance 系统(EMS),从定期检查和各种数学模型中获得数据。结合该系统来确定德国水路网络中的相关基础设施是否需要预防性维护活动。M. Cowan 研究了通过遗传算法来改进航道网络的维护方案。L. J. Prather 等以莫农加希拉河为例,对航道长期运行和维护进行经济性分析。低碳研究方面,国外已经成熟地应用在建筑、公路等领域,Owajionyi L. Frank 研究相关的低碳问题,细致到形成低碳建筑的操作和维护手册。

1.2.3 绿色航道建设与发展趋势

多自然型河流建设方法是目前国际上比较流行的一种航道建设与环境综合整治的新方法,它把水边作为多种生物生息空间的核心,并把河流建设成尽量接近于自然的状态。在我国"双碳达标"背景下,进行绿色航道建设,必须从绿色低碳理念视角下基于全生命周期的结构生态设计、生态材料选择、绿色施工技术、生态修复理论以及低碳运营管理维护进行总体设计和研究。

1) 岸坡系统构造方法构建

航道在运行过程中需要河流岸坡与河流之间水、物质、能量的交流循环过程始终处于一个动态的平衡状态。航道护岸结构设计、材料特性与选用方法、绿色河岸廊道建设、岸坡建设都需要一定的理论指导和实践经验。因此,构建适宜的岸坡系统是建立航道有效动态平衡的有效途径。

2) 生态护坡技术规范化和标准化建设

目前生态护坡研究大多注重工程技术和生态环境保护的结合,对工程美学,即护坡工程的景观设计,还比较缺乏。比如:对不同地区河流护坡植被物种的选择、种植方式、种植季节以及种植位置进一步明确和规范。对水流变动区迎水坡脚材料选择与设计加强分析和研究。因此,生态护坡技术需要进一步规范化和标准化。

3) 航道生态环境保护与恢复指标体系研究

就目前的研究现状来看,国内有关河流生态恢复与环境评价问题的研究还处于探索阶段,尚未形成标准的指标体系。近年来航道整治工程领域已经出现了很多保护与恢复周边生态环境的技术措施,随着保护与恢复技术的日益成熟和推广应用,亟须研究并建立具有指导性且操作性强的生态环境保护与恢复指标体系,为航道的规范化建设提供理论参考和工程指导。

4) 全生命周期的低碳绿色航道建设

传统观念关注交通运输工具的减排,而不重视交通基础设施的减排。目前采用的航道建设、管理和养护模式和工艺,从根本上来说还是高碳排放的。因而,按照建设资源节约型、环境友好型交通的发展思路和要求,结合航道工程建设项目,对航道进行全生命周期的建管养一体化技术等进行研究,为绿色航道工程设计、建设与管理提供指导和参考。

1.3 本书内容与体系

本研究将绿色航道作为一个完整的生态系统,对绿色航道建设理论、评价体系、结构、材料等多个方面从定性和定量两个角度对相关概念、内涵、方法和理论进行阐释和分析。主要内容和体系如下:

1) 绿色航道建设基础理论

主要内容包括:绿色航道的概念、内涵与特征;内河限制性航道船行波;内河限制性航道泥沙运动与断面演变；内河限制性航道工程全生命周期能耗。

2) 绿色低碳航道评价

主要内容包括：绿色低碳航道评价指标体系构建方法；航道工程全生命周期各阶段绿色低碳指标体系；绿色航道总体评价指标体系。

3) 绿色航道的护岸技术

主要内容包括：绿色航道护岸特征与设计流程；生态型护岸；装配式护岸设计；复合式生态型护岸设计；绿色航道护岸技术应用实例。

4) 绿色河岸廊道营造技术

主要内容包括：绿色河岸廊道结构与特征；绿色河岸廊道的总体设计；河岸廊道植被；河岸廊道营造效果评估。

5) 航道的生态疏浚

主要内容包括：生态疏浚概念与内涵；生态疏浚的实施途径；生态疏浚设备与弃土处理；航道疏浚工程生态保护及修复措施；工程实例。

6) 绿色航道辅助设施和技术

主要内容包括：绿色航道服务区设计；智能航道；绿色航道施工辅助技术。

7) 绿色航道养护技术

主要内容包括：绿色航道日常低碳养护模式；航道水深低碳养护技术；护岸低碳养护技术；航标维护的低碳模式。

2 绿色航道建设基础理论

20世纪60年代以来,欧美国家随着工业发展出现不同程度的环境污染问题,环境相关的末端治理技术应运而生,一些国际组织提出了绿色技术的概念。绿色技术并非指某单一技术,而是包含一系列若干个技术领域或方向,其在学术上没有一个明确统一的概念,多出现在政府部门的战略规划或国际组织的一些研究报告中。

2.1 绿色航道的概念、内涵与特征

2.1.1 绿色航道的概念

绿色航道指在航道全生命周期内,以绿色低碳发展为理念,通过科学规划设计、施工建设和养护管理,在满足通航功能的基础上,兼顾水资源综合利用,最大限度控制资源占用、降低能源消耗、减少碳排放和污染物排放、保护生态环境,注重品质建设与运行效率,与资源、环境、生态、社会和谐发展的航道。

河流的社会功能主要指航运功能、泄洪功能、供水功能、净化环境功能、景观功能和文化传承功能等。河流的自然功能指在没有人类干预的情况下,河流具有的输水输沙功能、河床塑造功能、自净功能和生态功能等。

2.1.2 绿色航道的内涵

绿色航道是一个完整的系统工程,不仅包括水陆生态系统,还包括沿河经济系统及人文生活系统,要求在航道建设和运营过程中实现系统内部和系统间的均衡发展。

首先,航道的运输功能是绿色航道的基本功能,来源于水上运输的安全性和畅通性,要求航道的基础设施达到相应等级的建设标准,并具有良好的工程特性和工程质量。

其次,河流的其他社会功能—泄洪、供水、净化环境、景观和文化传承等功能的实现,要求航道建设做到统筹兼顾,构建航道周边景观系统,保护沿河文物,保护好沿河水利设施等。

再次,是航道的生态功能,来源于对生物栖息地的保护,要求在航道开发建设、运营和维护过程中,将生态工程方法与航道工程方法结合使用,减小对河流生态系统的负面影响,对原生态良好的河流尽可能恢复原生态,对受损河流尽可能在航道建设和维护中加以修复。

从次,是航道的水源功能和汇水功能,属于河流的自然功能,水源功能来源于河流地表水源和地下水补给,汇水功能则是在保证自净能力的前提下承纳工农业和城镇生活排水。要求航道岸坡体系具有行洪排涝、固坡防冲、过滤面源污染、净化水体的功能。

最后,是航道的低碳性,来源于减少航道建设与运营中的能源消耗和碳排放,主要包括航道建设与养护中使用原材料的碳排放量、机械设备的碳排放量以及各种构筑物施工过程

中的碳排放量。要求在航道建设与运营管理中注意节能、节材,采用环保节能的新材料、新结构、新技术、新工艺和低碳管理方式,实现节能减排,基本形成具有示范效应的低碳航道建设与养护管理模式。

还需要注意的问题:

(1) 关注航道工程对河流生态系统结构和功能的影响,属于自然环境范畴,同时需要考虑航道工程的社会经济属性。

(2) 传统航道工程的环境保护主要针对施工期,很少考虑长期运营过程中的环境影响。绿色航道要同时关注施工期和运营期,通过有效的规划、设计、建设和养护管理,将全生命周期的负面影响降至最小。

(3) 需要根据相应的技术标准,对各种生态要素进行全面评价。

2.1.3 绿色航道的基本特征

根据全生命周期理论,绿色航道要求在航道工程的决策设计、建设施工和养护管理各个阶段,始终贯穿"节能减排、资源保护、环境保护、生态保护"的理念,保证航道基本功能和绿色低碳性能的实现。

1) 航道与社会和谐

体现在航道的功能建设需满足人的基本需要,主要指:航道的基础设施建设必须具有良好的工程特性,达到相应等级的建设标准,保障船舶航行安全与畅通;航道建设需要预留下河阶梯和渡口,方便居民生活;保护水系,合理分布取水口和排水口,满足各方供取水需求;保护文物,构建航道沿线景观系统,实现航道与社会的和谐。

2) 航道与资源和谐

体现在航道建设与养护中:尽量少占用各类资源,包括土地、湿地、矿产等资源;减少水资源浪费,保护沿河文物;降低对能源和材料的消耗,实现对自然资源的节约。

3) 航道与环境和谐

体现在航道建设与养护的各个方面均以不破坏环境为前提,航道基础设施布置和建设与周围环境相协调,航道全生命周期做到低污染、低排放,实现航道与环境的和谐。

4) 航道与生态和谐

航道与生态和谐贯穿航道建设、运营和维护的全过程。本着"保护生态、合理开发利用河流资源"的原则,在航道建设中要保持水系的特性和活动性,保持河流结构完整、功能健全、能量和物质流动顺畅,使航道周边生态可居、景观优美,能维持河流生态系统的可持续发展,实现航道与生态的和谐。

5) 航道与低碳运输共生

全生命周期下的绿色航道建设与低排放、低能耗、低污染、高能效的船舶运输共存共生。优化的船舶经济航速可减少燃油消耗,减少温室气体的排放。合理的航速也能减少船行波对护岸的冲刷破坏,同时可持续发展的绿色航道建设也可为水路运输提供更好的航运环境和条件。

2.2 内河限制性航道船行波

内河限制性航道是指因水域狭窄、断面系数小而对船舶航行有明显限制作用的航道,具有水位变幅小、常水位持续时间长、泥沙运动弱等特点。当船舶在水面上行驶时,由于船体压力和船舶行驶速度的作用,会在其行驶路径的后方产生水面波动,即船行波。内河限制性航道中的船行波具有波高大、流速急等特点,易破坏航道环境和航道边坡,或对其他涉水建筑物造成干扰或损害。

2.2.1 船行波波列结构和频谱特征

国内外学者在船行波问题试验研究方面取得了一系列成果,主要是利用试验观测数据分析船行波波要素与其影响因素之间的关系,并建立了一系列经验公式。但对于各特定的研究区域,各经验公式考虑的影响因素不同,存在明显的局限和不足。各种船行波数值模拟方法具有各自的特点,在研究特定问题时,可根据研究需要进行选择。

1)船行波波列结构特征

由船舶航行产生的船行波系统可以分为主波(primary wave)和次波(secondary wave)两部分。图 2.1(a)所示为理想流体中沿简单楔形船体周围的水压力和流速分布示意图。在无黏性的理想流体中,浸没在水中的船体两端的压力高于平均值,船体中间的压力将低于平均值。根据伯努利方程,由船体的压力分布对应的水表面高程(波高)分布可知,在船首和船尾处水位抬高,在船体中间则形成长波槽,即水位下降,这一部分即对应船行波主波部分。船行波主波的形状与船舶速度无关,而水面高度的变化与速度平方成比例。船行波次波指的是 Kelvin 波,如图 2.1(b)所示。

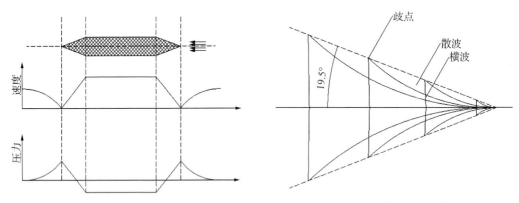

(a) 理想流体中沿简单楔形船体周围的水压力和流速分布　　(b) 船行波 Kelvin 波态

图 2.1　船行波波列

在深水中,Kelvin 波由横波和散波组成,横波的传播方向与船的行驶方向相同,散波是接近平行的一组短波,沿航向对称分布。横波与散波交点的连线称为歧点线,与航向的夹角为 19.5°。在浅水中,横波与散波的形态则由深度傅汝德数 F_h 来表征。当 $F_h<0.75$ 时,船速位于亚临界速度区;当 $0.75<F_h<1.0$ 时,船速位于跨临界速度区;当 $F_h=1$ 时,孤立波产生;当 $F_h>1.0$ 时,船速位于超临界速度区。不同速度区对应不同的船行波波态。当船速位于跨临界速度区时,散波波峰线与航线的夹角随 F_h 的增大逐渐增大至接近 90°,散波与横波合一;当船速位于超临界速度区时,横波消失,只剩下散波。散波的波峰线较长,波峰线与航线的夹角随航速的增加而逐渐减小。

东南大学通过船行波作用下的河流断面演变水槽试验(简称东大水槽试验),对不同条件航行时船舶产生的船行波特征从时间尺度对船行波波列结构进行解析,明确了船行波主波和次波特征。研究表明:船行波波列结构在时间尺度上具有相似的特征,即小幅的水位上升历时较长,较大的水位下降有剧烈的水位波动,对应船首波、船行波主波和船行波次波。试验中船舶航行产生的船行波主波频率分布范围为 $f<0.35$ Hz,具有较大的周期和波长,次波频率分布范围为 0.35 Hz$<f<1$ Hz,波动频率较高。

2)船行波频谱特征

多数船行波特性研究往往从时域出发,分析船行波在时间尺度上的波长、波高、周期等波要素特征。少数学者采用傅立叶变换方法来研究船行波在频域上的能量分布情况,但这种方法对于非线性和非平稳过程的应用会造成局部瞬态信息的缺失,存在明显的缺陷与不足。作为傅立叶变换方法的拓展和延伸,小波变换是时间-频率上的局部化分析,通过伸缩平移运算对信号逐步进行多尺度细化,达到高频处时间细分、低频处频率细分的目的,自动适应时频信号分析的要求,解决了傅立叶变换的困难之处,也被称为"数学显微镜"。

对于离散时间序列 $x_n(t)$ 来说,其连续小波变换定义为 x_n 与母小波函数 $\psi_0(\eta)$ 在缩放、平移后的卷积形式:

$$W_n(s) = \sum_{n'=0}^{N-1} x_{n'} \psi^* \left[\frac{(n'-n)\delta t}{s} \right] \tag{2.1}$$

式中:$W_n(s)$——连续小波变换函数;

η——无量纲时间参数;

$*$——表示复共轭;

n——时间平移量;

δt——时间步长;

ψ——由母小波 ψ_0 无量纲化的结果。

从本质上来说,小波变换是将函数空间内的函数表示成其在具有不同伸缩因子和平移因子的小波函数之上的投影的叠加。小波变换将一维时域函数映射到二维"时间-尺度"域上。在小波变换的实际应用中,母小波函数的选取对分析结果至关重要。目前在海浪分析中,Morlet 小波是应用最为广泛的,它是一个由高斯包络调制的复平面波,在时域和频域都具有很好的局部性,其表达式为:

$$\psi_0(\eta) = \pi^{-0.25} e^{i\omega_0 \eta} e^{-0.5\eta^2} \tag{2.2}$$

式中:ω_0——小波中心圆频率。

根据小波变换的结果,小波变换系数可分解为实部和虚部或振幅和相位,可定义振幅的平方 $|W_n(s)|^2$ 为小波变换的能量谱。同时,如果沿某一频率尺度切开小波图,在整个时间内进行平均,可得在整个时间范围内的全局小波能谱:

$$\overline{W}^2(s) = \frac{1}{N} \sum_{n=0}^{N-1} |W_n(s)|^2 \tag{2.3}$$

其中，N 为时间序列的点个数。全局小波能谱可以给出占优势的周期分量的强度信息。

东大水槽试验基于连续小波变换理论，即船舶航行引起的水位波动时间序列与 Morlet 母小波函数在缩放、平移后的卷积，获得不同工况下船行波小波能谱，明确了船行波中主波和次波的能量分布特征。研究表明：船行波小波能谱局部突出，船行波能量集中在低频主波段，对应的频率范围为 $0<f<0.35$ Hz。当其他因素相同时，船行波全局小波能量峰值随船速增大而增大、随离岸距离增大而减小，且相比于船速，同一位置处船行波全局小波能量峰值受吃水深度影响较大。

2.2.2 船行波最大波高及水位下降

1）船行波最大波高

船行波波高是船行波对岸坡破坏作用十分重要的影响因素，是破坏强度的决定性指标。一些学者通过对室内模型试验和现场实船试验数据的处理，并结合船行波相关理论推导出 H_m 的计算公式。总的来说，H_m 是与船舶几何结构、船速、航道尺度等参数相关的函数。由于 H_m 的计算公式是基于不同试验条件、试验区域和船舶数据得来的，因此各公式具有其应用范围和一定的局限性。通常，运河中船行波受船速影响显著，船行波最大波高主要取决于相对船速的大小，可由深度傅汝德数直接表示。表 2.1 列出了常见的船行波波高计算公式。

表 2.1 船行波波高公式

公式名称	船行波波高 H_m 计算公式
包瑞奇公式	$H_m = \dfrac{V_s^2}{2g}\left(0.65+3.2\dfrac{bT}{B_0 h}\right)^2\left[1+\sqrt{0.73\dfrac{L}{B}}-0.027\left(1+\sqrt{0.73\dfrac{L}{B}}\sqrt[4]{1.37B-L}\right)\right]$
库斯科夫公式	$H_m = 0.055\sqrt{\dfrac{20}{B'}}\dfrac{\sqrt{RV_s}}{2g}$
向金公式	$H_m = \dfrac{2+\sqrt{\dfrac{B}{L}}}{1+\sqrt{\dfrac{B}{L}}}H'$
柏拉宁、泊柯夫和歌士坦联合公式	$H_m = \dfrac{2.5V_s^2}{2g}\left[1-(1-4.2+S_c)^{0.5}\left(\dfrac{S_c-1}{S_c}\right)^2\right]\left[\dfrac{2+\left(\dfrac{B}{L}\right)^{0.5}}{1+\left(\dfrac{B}{L}\right)^{0.5}}\right]$
Gokhsteyn 和美国陆军工程团水道试验公式	$H_m = 0.0448V_s^2\left(\dfrac{h}{L}\right)^{0.5}\left(1-\dfrac{1}{S_c}\right)^{-2.5}$
苏联水工建筑物荷载规范公式	$H_m = 2\dfrac{V_{ck}^2}{g}\sqrt{\dfrac{\delta T}{L}}$
荷兰 Delft 水工试验所 Blaauw 公式	$H_m = \alpha_1 h\left(\dfrac{s}{h}\right)^{-0.33}\left[\dfrac{V_s}{(gh)^{0.5}}\right]^{2.67}$
1987 年国际航运协会 57 号公告公式	$H_m = h\left(\dfrac{s}{h}\right)^{-0.33}\left[\dfrac{V_s}{(gh)^{0.5}}\right]^4$

20世纪90年代,南京水利科学研究院和江苏省交通规划设计院合作在京杭大运河苏南段建立了一系列原型观测试验和相应的室内船模试验,根据试验获得的数据和结果分析,提出了应用Blaauw公式计算船行波最大波高是合适的。

2002年浙江省交通规划设计研究院与浙江省交通厅航运管理局合作开展了内河航道护岸结构优化试验研究,通过船行波现场观测和室内试验研究,得到结论:影响船行波波高的因素很多,包括船速、船型、船舶装载量、航道宽度、水深、船舶离岸距离、岸坡结构型式等。

东南大学通过船行波掀沙作用原型观测试验(简称东大掀沙原型试验),对航政艇和货船两类船舶产生的船行波波高进行量化,反映了不同船型船舶产生的船行波波高特征。研究发现,Blaauw公式可以应用于试验航段中航政艇产生的船行波最大波高预测,但无法完全适用于不同货船产生的船行波最大波高计算。根据各组次船舶产生的船行波最大波高实测值,经线性规划,推求出无量纲船行波最大波高$\frac{H_m}{h}$与$F_h^{3.8}m^{0.7}$存在线性关系,关系式如下:

$$\frac{H_m}{h}=3.1127F_h^{3.8}m^{0.7}+0.0985\quad r=0.810 \tag{2.4}$$

式中:F_h——指数取值为3.8;

h——航道水深(m);

m——指数取值为0.7。

在公式中,H_m的大小不仅取决于F_h,也受m的影响,体现了船舶几何尺度对H_m的影响,该公式可用于京杭运河通航货船产生的船行波最大波高计算。

2)船行波最大水位下降

船行波中主波和次波的显著程度可由阻塞系数m决定。m的大小对船舶航行阻力影响较大,当m越大时,船行波中主波更加显著。根据船舶航行时兴波阻力和航道尺度的限制作用,其航行速度存在一个临界值,即船舶临界航速V_l,可表示为:

$$V_l=F_{h,\sigma}\sqrt{gh} \tag{2.5}$$

式中:$F_{h,\sigma}$——临界深度傅汝德数。

可由下式计算:

$$F_{h,\sigma}=\left(2\sin\left(\frac{\arcsin(1-m)}{3}\right)\right)^{1.5} \tag{2.6}$$

掀沙原型试验中观测的通航货船,其实际吃水深度取决于载重条件。当船舶吨位相同时,随着载重的增加,航道阻塞系数的值呈增大趋势。而试验中观测的航政艇,其船型与货船不同,船舶排水体积较小,在计算阻塞系数时并不考虑。

船行波主波具有较长的周期和波长,在主波段引起显著的水位下降,采用船行波最大水位下降s_{dm}进行量化,s_{dm}定义为船行波主波段水位最低点与零水位面之间的距离。考虑到内河限制性航道中船行波的影响因素,采用船舶航速与其临界航速之比V_s/V_l描述货船产生的船行波最大水位下降特征。研究得到:当货船吨级和载重条件相同时,V_s/V_l接近于1时,船行波最大水位下降值达最大。

2.2.3 生态护岸的船行波

1) 箱体插板组合型护岸船行波

结合内河限制性航道的特点,通过优化硬质结构的竖向尺度及纵向布置,提出了一种箱体插板组合型生态护岸结构,如图 2.2 所示。这种护岸结构既能降低工程造价,又能增强其消浪性能以及临近岸坡水体的水流多样性。

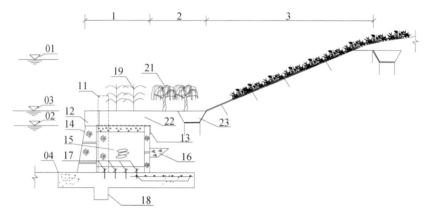

1——级硬质护岸;2—护岸平台;3—二级柔性护坡;01—最高通航水位线;02—最低通航水位线;03—常水位线;04—护岸现浇底板;11—预制钢筋混凝土插板;12—现浇混凝土压顶;13—土工布;14—预制透水钢筋混凝土箱体;15—箱内回填块石;16—碎石排水通道;17—锚固钢筋;18—底板防滑凸榫;19—芦苇;21—当地的防护植物;22—回填土;23—锚固壕。

图 2.2 箱体插板组合型护岸结构断面图

(1) 反射系数、透射系数与最大波高关系

东南大学对依托锡澄运河"四改三"航道整治工程对钢筋混凝土空箱重力式和箱体插板组合型护岸进行了结构航段现场对比试验(简称东大生态护岸试验),对货船和航政艇的不同吨位、不同装载、不同离岸距离、不同航速情况,观测一级护岸前沿和护岸平台上船行波波高,计算波浪反射系数、透射系数,研究其消浪性能。

船行波最大波高的理论计算公式采用 1987 年国际航运协会常设技术委员会秘书处颁布的 57 号通报,其建议的最大波高值(H_m)计算公式为:

$$H_m = h \left(\frac{s}{h}\right)^{-0.33} \left[\frac{V_s}{(gh)^{0.5}}\right]^4 \tag{2.7}$$

式中:h——航道水深(m);
V_s——船舶速度(m/s);
s——波高处距船舷的距离(m)。

法国学者米歇尔在 1944 年从理论上推导得波浪反射系数 K_{rf} 的计算公式:

$$K_{rf} = \frac{H_r}{H_i} = \rho \left(\frac{L_0}{H_0}\right) \sqrt{\frac{2\alpha}{\pi}} \frac{\sin^2 \alpha}{\pi} \tag{2.8}$$

式中:H_r——反射波波高(m);
H_i——入射波波高(m);
ρ——与建筑物糙率和渗透性有关的系数;

L_0——深水波长(m);

H_0——深水波高(m);

α——斜坡与水平面的交角。

从公式(2.8)可以发现,护岸的反射系数 K_{rf} 的大小,与船行波自身的波陡(H_0/L_0)和岸坡的结构特点有关。反射系数与波陡(H_0/L_0)的关系,一般来说,波陡增大,K_{rf} 会相应减小。

1980年 Mansard、Funke 和 Gaillard 应用三个波高仪和最小二乘法分析了入射波和反射波的波浪场特征,利用三点法提高了入射波和反射波的分离精度。1992年 Zelt 和 Skjelbreia 将 Mansard 的方法扩展到多点的直线阵列情况,提出了多点法。另外一些学者继续对波浪入射分离进行了研究。1993年 Frigaard 和 Brorsen、1999年 Zhu 在时域中计算分离了不规则波的入射波和反射波;1984年 Guza、1992年 Walton、1993年 Hughes、1997年 朱浪生、1999年 Klopman 和 Huntley 等利用单点法的不同波要素组合分离并计算入射波、反射波的频谱。单向不规则波的分离方法一般都能够给出较准确的反射系数以及入射波、反射波的频谱。滕斌、耿宝磊、柳淑学等人利用三点法提出了斜向波入射时入射角的计算方法:

$$\frac{[\eta_2-\eta_1 e^{ik(\Delta x_{11}\cos\alpha+\Delta y_{11}\sin\alpha)}]e^{ik\Delta y_{13}\sin\alpha}}{[\eta_3-\eta_1 e^{ik(\Delta x_{13}\cos\alpha+\Delta y_{13}\sin\alpha)}]e^{ik\Delta y_{11}\sin\alpha}}=\frac{\sin(k\Delta x_{11}\cos\alpha)}{\sin(k\Delta x_{13}\cos\alpha)} \quad (2.9)$$

式中:η_n——第 n 个波高仪测量的复波面高度;

$\Delta x_{11}=x_2-x_1$,$\Delta x_{13}=x_3-x_1$,$\Delta y_{11}=y_2-y_1$,$\Delta y_{13}=y_3-y_1$。

南京水利科学研究院对直立式护岸的水槽模型实验表明:由于格栅透空护岸的消浪作用,当船舶航行通过以后,航道内的水面更容易平稳,航道内平稳度也比其他两种护岸型式明显要好。

东南大学生态护岸实验:对于箱体和插板组合型结构,最大波高越大时,反射系数越小,透射系数越大。对实验数据进行分析:反射系数 K_{rf} 和最大波高 H_m(cm)的关系近似符合式(2.10)所示,其相关系数为 0.86。

$$K_{rf}=-0.014\ 4\ln H_m+1.159\ 5 \quad (2.10)$$

透射系数 K_t 和最大波高 H_m(cm)的关系近似符合式(2.11):

$$K_{rf}=0.098\ 7\ln H_m-0.072\ 6 \quad (2.11)$$

在最大波高相对较小的时候,反射系数较大,透射系数较小。

(2) 消浪性能

对比两种结构的消浪性能,箱体插板组合型结构的消浪性能明显优于空箱重力式结构。在船行波传播到箱体插板组合型结构护岸前沿时,除了部分反射回航道外,由于格栅结构还有一部分波浪透射到护岸平台上,反射回航道的波浪相对较少,这对维系航道内正常通航具有重要意义。

2) 植物护岸船行波

植物具有明显的消浪作用,柔性植物的摆动效应、雍水效应、波能耗散效应能有效消减船行波的能力,起到破波、挑流的作用。船行波爬高值主要取决于船行波波要素、糙率以及航道坡度等。航速的改变会改变船行波的波要素,植物的种植会改变边坡的糙度。不同植物分布密度及种植方式会对河岸糙度产生显著的影响。因此,植物的种植能够有效地增加糙率,利用植物对水流摩阻的影响,降低船行波的流速,消减船行波的波高。对植物消浪特性的研究表明,考虑根、茎、叶的植物消减波浪的能力可以用以下公式分析:

$$K_t = f(h, H_i, L, l_s, l_r, l_c, l_b, \varphi, B) \tag{2.12}$$

式中:h——水深;

H_i——入射波波高;

L——波长;

l_s——植物树干型心高度;

l_r——植物根部高度;

l_c——植物树冠型心高度;

l_b——植物叶冠的宽度;

φ——植物分布密度;

B——植物群宽度。

斜坡上非淹没柔性植物对船行波总体表现为:

(1) 植物分布密度与船行波相对爬高的关系

随植物分布密度逐渐增加,船行波的消减趋势逐渐减缓。即在一定的密度前,种植植物对船行波的消减效果十分显著,但增加至一定密度之后,再增加植物分布密度消减效果变化不明显。植物对船行波的消减存在一个最强作用区,由船行波要素和植物分布密度共同作用所决定。爬高与植物分布密度的关系总体呈现出指数函数变化趋势。

(2) 植物分布密度与船行波相对回落的关系

植物对船行波在岸坡上的回落也有显著的消减功效。回落的消减规律与爬高相似,都是随着植物分布密度增加,船行波的消减作用逐渐减缓。即低航速的函数曲线要比高航速的缓。说明相对回落也满足高航速船行波较明显的结论。同样可以发现,植物分布密度增加到一定程度后,两种航速作用下船行波的相对回落比较接近。

(3) 植物分布密度与船行波产生流速的关系

植物分布密度的增加可以显著消减船行波经过植物带时的流速。其作用规律虽不完全类似于爬高、回落,但总体上也呈现出随植物密度增加,相邻两个点流速之差的变化逐渐减缓的态势。植物对船行波产生的流速的消减可以说明,植物在碎浪、消波等方面的作用,可以有效消减船行波的能量。由此可见,合理的水生植物布置可以有效保护岸坡,消减船行波对岸坡的淘刷、侵蚀作用。

2.3 内河限制性航道泥沙运动与断面演变

2.3.1 内河限制性航道泥沙运动特性

1) 泥沙起动流速及泥沙活动区域

波浪作用下的细颗粒泥沙与粗颗粒泥沙的起动机理存在较大的差异,粗颗粒泥沙的起动以形成沙波运动为主要特征;淤泥质泥沙的起动以泥沙的卷起、悬扬为主要特征;细颗粒泥沙的起动则介于粗颗粒与淤泥质泥沙之间,以底泥的卷起、悬扬为主,同时又有部分底沙

的输移,其运动特征与泥沙颗粒粒径和颗粒级配有密切联系。窦国仁推导得出的黏性泥沙的起动流速公式为:

$$U_c = m\left[\ln\left(11\frac{h}{K_s}\right)\right]\left(\frac{\gamma_s-\gamma}{\gamma}gD+0.19\frac{gn\delta+\varepsilon_k}{D}\right)^{0.5} \quad (2.13)$$

式中:h——水深;

D——泥沙粒径;

K_s——河床粗糙度;

r——水的容重;

r_s——沙粒的容重;

g——重力加速度。

对于平整床面,当 $D\leqslant 0.5$ mm 时,$K_s=0.5$ mm,当 $D>0.5$ mm 时,$K_s=D_{50}$;根据交叉石英丝试验,$\delta=0.213\times 10^{-4}$ cm,$\varepsilon_k=2.56$ cm³/s²;m 表示泥沙起动的状态,当泥沙颗粒处于少量起动的临界状态时,$m=0.320$,窦国仁认为一般所说的起动流速相当于这种情况。当泥沙颗粒个别起动与大量起动时,m 分别为 0.265 和 0.408。

2) 船行波引起的水流速度变化

内河航道中,行船引起的水流分布如图 2.3 所示。其中,U_0 是船舶行驶速度;U_p 是螺旋桨尾流速度;U_r 是与船舶行驶方向相反的回流;U_s 是沿岸倾斜补充水流速度。

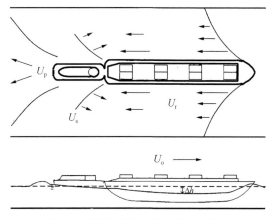

图 2.3 行船过程中引起的水流分布

螺旋尾流和沿岸倾斜补充水流的流场均十分复杂,而对沿岸水生植物影响较大的是稳定的回流。

对于船舶行驶产生的回流 U_r 的计算模型,Christian Wolter 等人通过德国水道的试验论证和参数化,提出了内河航道由于行船引起的回流速度的计算模型:

$$\frac{U_r}{U_0}=\alpha\sqrt{\frac{h_0}{h}}\,\mathrm{e}^{-\beta\frac{y}{d}} \quad (2.14)$$

式中:U_r——船行波引起的回流速度(m/s);

U_0——船舶航行速度(m/s);

d——船舶到河岸的距离(m);

y——船身到测速仪器的距离(m);

$α$、$β$——系数,必须通过试验测定。

在奥德-哈弗尔-卡纳航道进行试验测定系数 $α$、$β$,根据试验得到的数据,然后进行指数回归分析,可以得到模型中 $α$、$β$ 的值。根据试验结果,$α=2.04$,$β=2.41$,则航道引起的沿岸水流流速为:

$$U = 2.04 U_0 \sqrt{\frac{h_0}{h}} e^{-2.41 \frac{y}{d}} \tag{2.15}$$

根据东南大学掀沙试验,在试验航段没有船舶航行的水体流速很小,很难有掀沙作用。当航政艇通过试验航段时,水流流速会发生较大突变。最大的突变处,水流流速超过 0.8 m/s,此时已会发生泥沙颗粒大量起动、悬浮。部分通航船舶通过试验航段时,对水体扰动较大,在床底处掀沙作用明显,床底泥沙颗粒已起动并悬浮在水中。而其他大部分通航船舶由于船速较慢或离航道岸坡较远,对床底掀沙作用较小,但也使水流流速明显大于无船舶通过时的水流流速,会对水中的悬沙起到再悬浮作用。

3)泥沙浓度变化

船行波作用下的悬沙浓度变化具有一定的规律,在航道浅水处船行波掀沙作用更为强烈。相比于距离航道岸坡更近位置处,距离航道岸坡位置越远,航道的水深变大,这时床底的泥沙颗粒起动流速要更大。相比于普通通航货船,航政艇的速度较快,引起的船行波波高较大,掀沙作用也更为显著。船行波对航道中的泥沙作用呈现一个持续的作用,水体的悬沙浓度在试验期间基本都维持在一定的数值上。对于船舶航行密度较大的河段,船行波掀沙作用对于航道中泥沙的搬运有明显的作用。

船行波基础波系的波长和周期较长,在靠近航道岸线处底床附近的水流速度增大明显,导致底床剪切应力发生变化,直接引起床底泥沙的起动、悬浮。Göransson 的研究结果表明,由船行波引起的悬沙浓度与基础波系波高(h_D)、波周期、航道水深和船舶吃水有关。波浪作用下,床面上的泥沙颗粒在垂直方向上受到大于沙粒水下重力、粒间黏结力和薄膜水附加压力等的上举力后,沙粒就会立即进入悬浮状态。波浪作用下的床面剪切应力可表示为:

$$\tau_D = \frac{1}{2} \rho f_w u_D^2 \tag{2.16}$$

式中:τ_D——床底剪切应力;

ρ——水流密度;

f_w——波浪摩阻系数;

u_D——底部最大轨迹速度。

且该速度可表示为:

$$u_D = \frac{1}{2} h_D \sqrt{\frac{g}{h}} \tag{2.17}$$

由上述关系可得悬沙浓度与 $\frac{h_D^2}{h}$ 成正比。

船行波引起的水体悬沙浓度与船行波基础波系波高和水深存在一定的线性关系。

2.3.2 航道断面形态演变

在限制性航道中,由船舶行驶引起的船行波以及相应的水流变化明显,构成一个复杂的波流相互作用的船舶水动力系统,为航道泥沙运动和断面演变提供了重要的动力条件。船行波使航道床底泥沙颗粒发生起动,起动的泥沙颗粒发生悬浮,水体中的悬沙浓度发生改变。当船舶持续通过时,又会引起床底泥沙起动、悬浮,并使已沉淀的泥沙再次悬浮,并且随着船舶日益大型化的发展,船行波逐渐成为影响泥沙搬运的主要因素。在长期的船舶水动力作用下,限制性航道中自然的泥沙输移改变,导致了航道断面形态的改变。

1) 航道断面演变模式

江苏省内河航道水动力特征不同于天然河道,除受自然因素影响外,其受人为因素的影响更为显著,其中船舶水动力是影响河床断面演变最主要的动力因素。

东南大学通过对江苏省内河多个航段Ⅱ级～Ⅴ级航道进行固定断面多年演变和发育过程的分析研究得到:内河限制性航道断面的发育可分为抛物线型(或平底抛物线型)和U型(或V型)断面模式,见表2.2。

表2.2 京杭运河多航段航道断面演变模式

航段	航道等级	断面数量	演变模式
刘老涧至淮阴航段	Ⅱ	9	抛物线、平底抛物线型
常州航段	Ⅲ	20	抛物线型
镇江陵口先导航段	Ⅲ	7	抛物线型
盐宝线航段	Ⅳ	8	抛物线型
芜申线宜兴航段	Ⅳ	2	抛物线型
丹金溧漕河金坛航段	Ⅲ	5	抛物线型
丹金溧漕河金坛航段	Ⅴ	4	抛物线型
高东线航段	Ⅲ	6	抛物线型
盐河航段	Ⅲ	40	U、V型
刘大线航段	Ⅳ	2	V型
高东线航段	Ⅲ	2	U、V型

2) 均衡态下航道断面形态方程

当航道稳定断面在边界条件、水流泥沙条件以及船舶水动力条件年间变化较小时,基本趋于稳定的状态。考虑船舶水动力因素对河流的影响,在天然河流最小能耗率的基础上,推导出内河限制性航道的最小能耗方程,在构造内河限制性稳定航道断面形状求解的泛函极值问题的基础上,利用变分法推导出其稳定断面形状方程。

航道断面形状满足两个条件,一是边坡稳定条件,二是需要满足最小能耗条件。经推导,断面形状曲线为:

$$h(y) = \sqrt{r^2 - y^2} - \sqrt{r^2 - \left(\frac{b}{2}\right)^2}$$

(2.18)

最大点水深：

$$h_0 = r - \sqrt{r^2 - \left(\frac{b}{2}\right)^2} \tag{2.19}$$

过水断面面积：

$$A = \frac{b^2}{4}(\theta - \cot\theta) \tag{2.20}$$

平均水深：

$$\bar{h} = \frac{b}{4}(\theta - \cot\theta) \tag{2.21}$$

设计水深时的航道底宽：

$$b_s = 2y = 2\sqrt{r^2 - \left[h(y) + \sqrt{r^2 - \frac{b^2}{4}}\right]} \tag{2.22}$$

式中：y——从航道中心沿水面指向岸边的坐标；
b——最低通航水位时航道宽度；
$h(y)$——任意 y 处的水深；
u_c——船行波波速；
θ——传播角。

r 与 θ 的几何关系：

$$\sin\theta = \frac{\frac{b}{2}}{r} \tag{2.23}$$

根据 Gharbi、Valkov、Hamdi 等的研究，船行波传播速度与船舶行驶速度 V_c 及传播角 θ 有关：

$$u_c = V_c \cos\theta \tag{2.24}$$

3）航道断面河相关系

内河限制性航道断面河相关系指的是当河道处于均衡状态时，河段水动力因子与河道断面形态之间的定量因果关系，自变量可以表达为流量和来沙量的变化，因变量则反映的是断面形态因子的变化。

内河限制性航道船舶水动力要素（ψ）、运河断面形态（B、h）、河相关系指数 j 之间的因果关系可表达为：

$$\frac{B^j}{h} = f_2(\psi) \tag{2.25}$$

河宽取设计水深时的航道底宽 B_d；水深为设计水位下的断面平均水深。船舶水动力因子：

$$\psi = F_d^\alpha \eta^\beta \tag{2.26}$$

其中 α、β 的取值可通过大量测量数据进行拟合。

国内学者多沿用苏联平原河流资料得到的河相系数形式：

$$\xi = \frac{B_d^{0.5}}{h} \tag{2.27}$$

东南大学对京杭运河常州航段固定断面的综合船流量强度、船舶水动力因子与河相系数进行了 4 年的年际变化研究，从河相系数变化范围来看，大部分均在 2～4 之间波动，与天然河流（ξ 在 3～4 之间）具有相似的规律。航道断面形态的调整与船舶水动力因子之间存在高度的线性规律，表明船舶水动力是影响河床断面形态演变的一个重要因素，可表达为：

$$\frac{B_d^{0.5}}{h} = 0.199\,4 F_d^2 \eta + 1.970\,6 \tag{2.28}$$

河相关系指数（j）与船舶航行引起的水流运动强度相关，随着综合船流量强度的增强河相关系指数（j）呈减小的趋势。

2.4 内河限制性航道全生命周期能耗

2.4.1 全生命周期能耗过程

全生命周期是指具有生命体现象的有机体从出生、成长到成熟衰老直至死亡的整个过程，传统的生命周期一般有三个特征：时间性、联系性和能量交换性。生命周期概念被经济、管理、能源等领域引用并产生了一系列的评价方法。

就内河航道而言，其全生命周期是从决策设计、施工到运行维护的过程。航道设施的全生命周期可表述为从材料准备到使用寿命完结直至回收再利用的整个生命过程。因此，全生命周期评价包括工程材料准备、施工过程中半成品的加工、航道工程的施工、航道运营养护（日常养护、维修、再维修）过程以及其折旧回收过程中各个环节对生态影响、环境污染及其对能源、资源消耗的评估。

江苏内河航道以限制性人工航道为主，辅以少量的湖区航道。航道整治工程主要是疏浚工程、护岸工程、航标工程、桥梁改造及辅助设施工程等。图 2.4 为江苏内河航道整治工程分类。

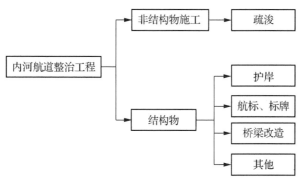

图 2.4 江苏内河航道整治工程分类

对江苏内河航道能耗和碳排放的全生命周期分析需要注意以下几点：

（1）要充分考虑工程各个环节可能产生的能量流和资源流。不仅要在前期的设计与建设中对不同的方案进行对比，还要充分考虑工程投入运营后的长远影响，即后期养护或者拆除的施工能耗。

（2）分别定性或者定量评价出每个过程中资源与能源的消耗量。

（3）航道建设阶段，除了涉及施工过程中的施工设备能耗、物料运输能耗以外，如果涉及新建结构物，就要消耗大量的原材料和自然资源，尤其是大量不可再生资源。

（4）航道运营阶段，由于航道条件改善，水上运输能力增大，使航运增长方式由粗放式向集约式转变，对原本的运输方式产生结构性影响，进而影响到水路运输相关自然资源的消耗，特别是对石油产品的消耗，引起单位运输周转量能耗的下降。

（5）桥梁工程是陆上交通的必要设施，因此，桥梁工程的能耗应列入陆路交通基础设施，不列入航道工程能耗。

江苏内河航道工程全生命过程产生的能耗主要环节如图2.5所示。

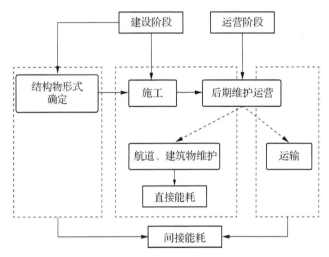

图2.5　内河航道能耗流程清单

2.4.2　结构物全生命周期能耗分析与计算模型

航道工程的结构物主要有护岸和辅助工程的航标、指示牌，这些结构物的全生命周期能耗见图2.6，主要有：建设阶段所采用材料的结构物能耗，运输材料所需的运输能耗，以及现场施工能耗；使用阶段能耗为日常养护和维修能耗；报废期拆除能耗。

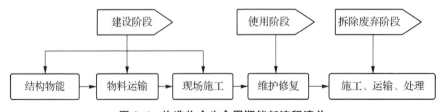

图2.6　构造物全生命周期能耗流程清单

1) 结构物建设期能耗 E_e

建设能耗 E_e 定义为消耗的原料所需的生产能耗以及工程实施阶段带来的运输能耗以及设备运行能耗的总和。建设能耗 E_e 数学模型为:

$$E_e = E_m + E_t + E_p \tag{2.29}$$

式中：E_e——工程建设阶段总能耗；

E_m——结构物能耗，指工程建筑物或者临时辅助设施建设过程中消耗的全部建筑材料的内含能量，包括从原材料获取到制成成品的全过程能量消耗；

E_t——运输能耗，指工程施工所用建筑材料从生产地到施工现场的运输能耗；

E_p——施工能耗，指建筑物施工现场的各种施工过程如大量施工和运输机械（如卡车、吊车、搅拌机等）、挖泥船、爆破机等的施工运行能耗。

(1) 结构物能耗

结构物能耗为建造工程实体所需的最初能耗，也是整个建设工程的自身内含能 E_m。内含能 E_m（embodied energy）一词是为了更好地研究建设工程中设计阶段建筑材料的能耗问题而引入的。这个概念在1979年由 Diane Serber 和 Rachard Stein 提出。1983年，维多利亚大学 Chan 和 Baird 也发表了关于内含能的报告。建筑物的内含能表征了建筑工程系统自外到内的物质材料和能量交换量的多少，是指某一建筑物在建造过程中所需要消耗的能量，而物质材料的内含能是指材料从作为原材料提炼出来到经过所有加工过程最终形成产品转化为建筑元件所消耗的能量。在工程中可以利用内含能估算出建筑系统的输入，进而对材料的经济性能做出衡量。大型项目在建设过程中需要消耗大量的资源，如土地、水、建筑材料等，内含能使我们对工程建造需要多少能源以及能源用在什么地方、能源循环所带来的利益是多少有一个清晰的理解，因此常用内含能来进行工程建造能源效率分析和节能研究。

建筑物的内含能与所用的材料种类、数量以及材料的使用周期密切相关，所以其计算模型定义为：

$$E_m = \sum_{i=1}^{n}(1+\lambda_i)\mu_i Q_{ei} e_i \tag{2.30}$$

$$\mu_i = \frac{L_b}{l_i} \tag{2.31}$$

式中：n——建筑物建造方案所用建筑材料的种类总数；

Q_{ei}——建筑物建造方案所用第 i 种建筑材料的总重量(t)；

e_i——建筑物建造方案所用第 i 种建筑材料的内含能量强度值(GJ/t)；

λ_i——建筑物建造方案所用第 i 种建筑材料的损耗系数；

μ_i——建筑物建造方案所用第 i 种建筑材料的替换周期系数；

L_b——建筑物的平均使用寿命(a)；

l_i——第 i 种建筑材料的平均使用寿命(a)。

建设工程相对于其他产品而言，由于其工程结构的种类和规格以及所用的材料相对繁杂，与大多数批量生产的产品相比，工程具有相对独立性，在具体的施工程序上缺乏固定的指标标准,并且规模一般较大。目前国内外关于大型建设工程的能耗以及环境影响的相关分析研究资料相对较少,已有的也大多针对运营期能耗,很少是针对非运营期的,在工程结构的建材能耗强度、建材消耗、水资源消耗以及其他方面的基本数据更是少之又少,这些原因都使建设工程在能耗以及环境影响评价方面面临很大的困难。

不同材料的内含能相差很多,从初级材料如砖石等,到高级精细材料如钢铁和铝材等,内含能会成倍地增长。而且不同地区由于生产水平的不同,材料的能耗强度以及建筑工程选择的材料种类都有很大的差异。所以,用于国内建设工程项目的研究资料最好源于国内的数据统计资源。如果没有本土的内含能资料,则选用相似条件地区的资料作为参考。

采用更为合理的设计方案,可以减少建筑材料的总体用量,或者采用能耗强度相对较小的物质材料,也可以很大程度地降低大型工程的建筑材料能耗。但是与此同时,不同材料的抗磨损强度和生命周期也不同,往往高内含能的材料相对坚固,需要较少的后期养护,所以不仅要考虑到最初的能源损耗,还要考虑到材料的耐久性和回收率,做到真正的长久性低耗。

(2)运输能耗

运输能耗为运送工程所需要消耗的能源,计算模型为:

$$E_t = \sum_{i=1}^{n} Q_{ti} L_i e_{ti} \tag{2.32}$$

式中:n——建筑物施工所用建筑材料的种类总数;

Q_{ti}——建筑物施工所用第 i 种建筑材料的总重量(t);

e_{ti}——建筑物施工所用第 i 种建筑材料的运输能耗强度[GJ/(t·km)];

L_i——建筑物施工所用第 i 种建筑材料的生产地距施工现场的距离(km)。

(3)施工能耗

工程项目在现场施工的不同环节中,需要动用大量的大型设备,如挖土机、起重机、疏浚船等。施工能耗主要为维持这些设备正常运行所需的油品、水资源以及电能,故将建筑物的施工能耗计算模型定义为:

$$E_p = \sum_{j=1}^{m} (\sum_{i=1}^{n} Q_{pj,i} e_{pj,i}) \tag{2.33}$$

式中:m——建筑物的施工过程总数;

n——建筑物施工所用建筑材料和施工机械的种类总数;

$Q_{pj,i}$——工程第 j 个施工过程中使用第 i 种建筑材料的总用量(t)或施工机械数量(辆);

$e_{pj,i}$——工程第 j 个施工过程中使用第 i 种建筑材料或施工机械对应的能量强度(GJ/t)。

2)结构物养护与拆除能耗

在航道运营养护期间,护岸、航标和标牌由于自然和人为因素可能出现损坏。为了保持这些结构物的功能,必须进行日常巡视检查,同时对受到破坏的结构物进行维护性修复。因此,养护能耗由日常巡视检查能耗和修复能耗组成。

巡视能耗就是巡逻船或巡逻车的能耗,这部分能耗的计算根据交通工具记录的油耗计算而来。结构物修复能耗分为结构物能耗、运输能耗和施工能耗。

如果受损结构物已经无法修复,必须拆除重建。拆除能耗主要为机械的施工能耗和运输废旧护岸材料的运输能耗。

(1) 养护能耗计算模型

$$E_{养护} = \sum_{j=1}^{m}(\sum_{i=1}^{n}Q_{i,j}e_{i,j} + Q_{i,j}l_{i,j}e'_{i,j} + Q_{i,j}e_{ti,j}) \tag{2.34}$$

式中:m——养护阶段施工过程总数;

n——养护阶段所用建筑材料的种类总数;

$Q_{i,j}$——第 j 个养护过程中第 i 种建筑材料的重量(t)或施工机械数量(辆);

$e_{i,j}$——第 j 个养护过程中第 i 种建筑材料的结构物内含能(GJ/t);

$l_{i,j}$——第 j 个养护过程中第 i 种建筑材料的运输距离(km);

$e'_{i,j}$——第 j 个养护过程中第 i 种建筑材料的运输能耗强度[GJ/(t·km)];

$e_{ti,j}$——第 j 个养护过程中第 i 种建筑材料的施工强度或施工机械需要的能耗强度(GJ/t)。

(2) 拆除能耗计算模型

$$E_e = \sum_{j=1}^{m}(\sum_{i=1}^{n}Q_{pj,i}e_{pj,i} + Q_{pj,i}L_{i,j}e_{ti,j}) \tag{2.35}$$

式中:m——建筑物的拆除过程总数;

n——建筑物拆除过程处理废弃材料的种类总数;

$Q_{pj,i}$——第 j 个拆除工程中拆除处理第 i 种建筑材料的总重量(t)或使用施工机械数量(辆);

$e_{pj,i}$——第 j 个拆除工程中拆除处理第 i 种建筑材料或施工机械需要的能量强度(GJ/t);

$e_{ti,j}$——第 j 个拆除工程中拆除产生第 i 种建筑垃圾的运输能耗强度[GJ/(t·km)];

$L_{i,j}$——第 j 个拆除工程中第 i 种建筑垃圾的拆除地距处理现场的距离(km)。

2.4.3 疏浚工程全生命周期能耗分析

疏浚工程全生命周期能耗流程清单分析如图 2.7 所示。

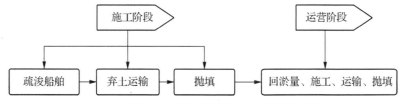

图 2.7 疏浚工程全生命周期能耗流程清单分析

由图 2.6 可知,疏浚工程全生命周期能耗主要由疏浚船舶能耗、弃土运输能耗组成,计

算公式如下:

$$E_s = \sum_{i=1}^{n}(m_i e_i + m_i l_i e_{ti}) \qquad (2.36)$$

式中:E_s——疏浚工程能耗(GJ);

n——统计范围内的疏浚次数;

e_i——第 i 次疏浚过程中平均施工能耗强度(GJ/t);

m_i——第 i 次疏浚的弃土数量(t);

l_i——第 i 次疏浚过程中疏浚点距弃土区的距离(km);

e_{ti}——第 i 次疏浚过程中弃土的平均运输能耗强度[GJ/(t·km)]。

3 绿色低碳航道评价

以绿色理念和低碳经济为基础,建立绿色低碳航道评价指标体系,可以帮助识别"非绿色"和"非低碳"的因素,找出薄弱环节所在,进而为航道工程向绿色低碳发展提供理论支持和实践指导。

3.1 绿色低碳航道评价指标体系构建方法

3.1.1 绿色低碳航道评价指标体系构建的原则

绿色低碳航道评价指标体系建立应遵循以下几个原则:

(1)目的性:建立评价指标体系的过程中,紧紧围绕内河航道全生命周期节能、减排、节地、节水、节材、环境保护和尽量减少对河流生态影响,实现航道功能。评价指标应与评价目的保持一致,舍去与评价目的无关联的因素,评价结果能反映评价者的目的和意图。

(2)系统性:绿色低碳航道涉及多方面因素,指标体系是一个由不同层次、不同要素组成的系统。运用系统论的观点,根据各层次、各要素之间的关系和特点,将内河航道评价体系分为几个既相互关联又相互独立的子系统。将总体目标层层分解细化,再统筹综合,充分体现指标体系的系统性。

(3)代表性:绿色低碳航道系统具有复杂性和开放性,诸多因素都能影响其生态状况。在评价一个复杂目标时,很难找到直接反映该目标的指标或指标难以量化操作,需要从目标所体现出来的现象进行提炼,选取代表性指标。在进行航道特性评价时,应结合水力学、水文学、生态学和景观学等相关原理,选择能代表航道绿色低碳特性的指标。

(4)实用可比性:指标的物理意义应明确,具有各自独立的内涵,数据易于收集获得,优劣程度应具有良好的可比性和可度量性;尽可能采用定量指标,在现有条件下不能完全通过定量指标来反映的,采用定性指标。

(5)科学性:指标采集方法、评价标准和权重的确定都应有科学依据。指标体系应能科学地体现评价对象的各种绿色特征和低碳特征。同时,应筛选出最重要、最关键的绿色要素和低碳要素,使评价体系简洁明了。

(6)开放性:评价体系应能够适用于内河航道,具有针对性;评价体系是动态发展的,其各项指标的内容、标准都应随着人们对生态环境意识以及社会发展不断修正、与时俱进。

3.1.2 评价空间与时间范围界定

1)空间范围

航道是内河、湖泊、港湾等水域内供船舶安全航行的通道,由可通航水域、助航设施和水域条件组成,按其成因可分为天然航道、人工航道和渠化航道。不同区域的航道在性质上差别很大,同一区域的航道也因自然条件不同而具有很大的差异性。绿色低碳航道评价空间的确定,影响评价指标值的确定。如果评价的航道空间范围过大,指标的代表性差,将影响评价的操作性和可比性。

本着实用可比、操作性强的原则,在评价空间划分上,某条航道绿色低碳评价以航段为最小单元,船闸作为一个特殊航段单独评价。

2）时间范围

为了实现对不同阶段参与者的考察和指导,以引导航道全生命周期绿色低碳行为的实施为准则,可采取分阶段评价和总体评价相结合的方法。

分阶段评价的时间界定:① 决策设计期——立项到施工图设计审查;② 建设期——施工招投标到竣工验收;③ 养护管理期——航道管理单位开始实施养护到评价时间点为止。

总体评价的时间界定:为了完整客观地评价一条航道在绿色低碳方面的贡献,以评价工作开始为起点,往前追溯到航道建设的立项决策,往后考虑到对未来的影响。

3.1.3 指标体系的结构

根据航道工程全生命周期理论,绿色低碳航道评价指标体系构建分为三个阶段——决策设计阶段、建设阶段和养护管理阶段,实现对不同阶段绿色低碳航道的指导。

三个阶段的绿色低碳航道指标由反映绿色低碳效果的强度性指标,反映施工过程中所采取绿色低碳技术、工艺和机械设备的体系性指标,为实现绿色低碳行为的保障性指标,以及在航道建设和维护过程中具有特色的绿色低碳行为的特色性指标组成。

为了从整体上评价一条航道是否绿色低碳,在分阶段评价的基础上,构建绿色低碳航道的总体评价指标体系。绿色低碳航道总体评价的指标体系由以下内容构成:

（1）航道基础功能。航道基础功能是实现保障航行的安全性、通畅性;便民（服务船民）的必要条件,也是绿色航道的首要目标。

（2）节能减排。鉴于对降低生产能耗、发展节约型社会的要求,构建航道施工及运营管理的能耗评价指标,有利于国家大力发展能耗节约型社会。碳排放,是人类生产经营活动过程中向外界排放温室气体(二氧化碳、甲烷、氧化亚氮、氢氟碳化物、全氟碳化物和六氟化硫等)的过程。实现"碳达峰""碳中和"是一场广泛而深刻的经济社会系统性变革。"碳中和"是指企业、团体或个人测算在一定时间内直接或间接产生的温室气体排放总量,然后通过植树造林、节能减排等形式,抵消自身产生的二氧化碳排放量,实现二氧化碳"零排放"。以系统无限趋近于"碳中和"为衡量航道工程节能减排的准则,基于计算获取的二氧化碳排放总量,通过植树造林(增加碳汇)、二氧化碳捕捉和埋存等方法把二氧化碳排放量吸收掉,以达到环保的目的。

（3）资源利用保护。这里所指的资源为广义的资源,包括水、建筑材料及人文资源等。航道工程施工过程中会对航道周围的自然和社会资源造成一定的影响,这就要求在航道施工过程中,加强对资源的保护,确保资源的可持续利用,实现航道的绿色发展。

（4）生态保护。在施工及日常维护过程中对可能对生态环境带来的影响进行综合分析,例如对动植物栖息地的破坏、水系走向带来的动植物多样性影响等,提出衡量航道工程全生命周期对生态环境影响的指标。

(5) 环境保护和水土流失。在航道工程的施工及维护过程中,会对周围的环境造成影响,需要采取相应的措施来保护环境。

图 3.1 为绿色低碳航道指标体系构架。

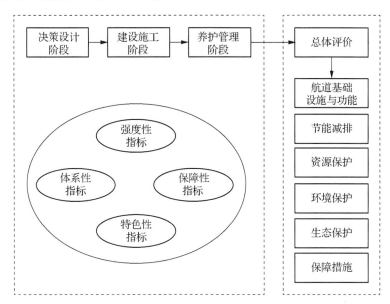

图 3.1　绿色低碳航道分阶段及总体评价指标体系构架图

3.1.4　指标筛选方法

评价指标的确定是建立评价指标体系的重要组成部分,也是绿色低碳航道评价的基础,它在一定程度上决定了评价的合理性和科学性。航道工程所涉及的绿色低碳因子种类繁多,各因子在航道规划设计、施工及养护各阶段所造成的影响也不尽相同,因此,应根据内河航道工程的构成,对护岸工程、疏浚工程、辅助工程开展绿色低碳因子识别。

具体做法是参考国际上成熟的绿色建筑评价体系、河流生态评价体系和现行比较成功的绿色港口标准、法规、指南等,以及我国关于节能减排的评估办法和指南,通过对比提取共性指标。

根据航道的特点,将航道工程按分部工程、分项工程进行分解剖析,围绕绿色低碳航道特征筛选绿色低碳航道评价的指标要素。

参考的绿色建筑评价体系和规范主要有:美国的 LEED(绿色建筑评估体系,Leadership in Energy and Environmental Design),英国的 BREEAM(建筑研究所环境评估法,Building Research Establishment Environmental Assessment Method),日本的 CASBEE(建筑物综合环境性能评价,Comprehensive Assessment System for Building Environmental Efficiency),我国的 GOBAS(绿色奥运建筑评估体系,Green Olympic Building Assessment System)、《建筑工程绿色施工评价标准》(GB/T 50640—2010)、《绿色建筑评价标准》(GB/T 50378—2019)、《建筑工程绿色施工规范》(GB/T 50905—2014)等。

参考的绿色港口法规、指南、标准主要有:澳大利亚悉尼港的 GPG(绿色港口指南,Green Port Guidelines),美国长滩港的 GPP(绿色港口政策,Green Port Policy);国内 DC

（港口工程环境保护设计规范，Design Code of Environment Protection for Port Engineering)、《港口行业能源消耗统计及分析方法》(GB/T 21339—2008)、《绿色港口等级评价标准》(JTS/T 105—4—2013)、《港口建设项目环境影响评价规范》(JTJ 226—1997)等。

参考的绿色航道建设法规、指南、规范主要有：伊普斯威奇市议会(Ipswich City Council)2010年发布的《航道生态重建指南》，内河航道协会(IWA)2016年发布的《内河航道建造、修复、维护标准》等。国内《水运工程环境保护设计规范》(JTS 149—2018)、《水运工程竣工验收环境保护调查技术规程》(JTS/T 105—3—2016)、《内河航道绿色建设技术指南》(JTST 225—2021)、《内河航道绿色养护技术指南》(JTS/T 320—6—2021)、《预拌混凝土绿色生产及管理技术规程》(JGJ/T 328—2014)、《绿色交通设施评估技术要求 第3部分：绿色航道》(JT/T 1199.3—2018)、《航道工程设计规范》(JTS 181—2016)、《疏浚与吹填工程设计规范》(JTS 181—5—2012)、《防波堤与护岸设计规范》(JTS 154—2018)等。

参考的绿色水利水电法规、指南、规范主要有：国际水电协会于2004年和2006年分别发布的《水电可持续性指南》(Hydropower Sustainability Guidelines)和《水电可持续性评价规范》(Hydropower Sustainability Assessment Protocol)，中华人民共和国水利部颁发的《江河流域规划环境影响评价规范》(SL 45—2006)、《水利水电工程水土保持技术规范》(SL 575—2012)、2016年中华人民共和国水利部印发的《水利部关于推进绿色小水电发展的指导意见》(水电441号)等。

参考的节能指南、标准和规范主要有：《水运工程节能设计规范》(JTS 150—2007)、《能源管理体系要求》(GB/T 23331—2009)、《综合能耗计算通则》(GB/T 2589—2008)、《节能建筑评价标准》(GB/T 50668—2011)、《水运工程建设项目节能评估规范》(JTS/T 106—2016)、《水利水电工程节能设计规范》(GB/T 50649—2011)、《节能评估技术导则》(GB/T 31341—2014)、《公共建筑节能改造技术规范》(JGJ 176—2009)、《可再生能源建筑应用工程评价标准》(GB/T 50801—2013)、《固定资产投资项目节能评估工作指南》(2019)等。

参考的环境、资源利用的标准与规范：《工程施工废弃物再生利用技术规范》(GB/T 50743—2012)、《建设工程施工现场环境与卫生标准》(JGJ 146—2013)、《声环境质量标准》(GB 3096—2008)、《污水综合排放标准》(GB 8978—1996)、《环境空气质量标准》(GB 3095—2012)、《船舶水污染物排放控制标准》(GB 3552—2018)等。

3.1.5 评价方法

定量指标采用100分制方法进行评价，每一指标的考核得分确定后，经过加和得出考核总分。90分及以上为深绿色低碳航道，完全实现目标；80～89分为绿色低碳航道，大部分实现目标；70～79分为浅绿色低碳航道，部分实现目标；69分及以下为小部分实现目标，需要整改后重新评价。

分阶段评价与总体评价的指标均分为两级。对于分阶段评价，一级指标权重的确定方法是专家打分并参照相关行业评价标准，以及根据指标在保障绿色低碳目标实现中的作用来综合确定。每个一级指标下的二级指标权重的确定方法是根据二级指标对一级指标的作用，结合专家打分确定。对于总体评价，一级指标和二级指标权重的确定方法都是根据指标对实现绿色低碳的作用，结合专家打分确定。

为了评分方便和客观，二级指标考核先按满分5分制进行初步评分（由专家或考核人员按评分标准打分),最终考核得分为 5 分制得分乘以转换系数后得到,具体计算方法见下式,评分方法见表 3.1。

$$考核得分 = 5 分制得分 \times \frac{一级指标分值 \times 二级指标权重}{5} \quad (3.1)$$

表 3.1 评分方法表

一级指标(分值)	二级指标		初评分数	考核得分
	指标名称	指标权重		
A (A')	A1	l_{a_1}	a_1	$a_1 \times A' \times l_{a_1} \div 5$
	A2	l_{a_2}	a_2	$a_2 \times A' \times l_{a_2} \div 5$
	A3	l_{a_3}	a_3	$a_3 \times A' \times l_{a_3} \div 5$
	...	...	...	...
B (B')	B1	l_{b_1}	b_1	$b_1 \times B' \times l_{b_1} \div 5$
	B2	l_{b_2}	b_2	$b_2 \times B' \times l_{b_2} \div 5$
	B3	l_{b_3}	b_3	$b_3 \times B' \times l_{b_3} \div 5$
	...	...	...	...
C (C')	C1	l_{c_1}	c_1	$c_1 \times C' \times l_{c_1} \div 5$
	C2	l_{c_2}	c_2	$c_2 \times C' \times l_{c_2} \div 5$
	C3	l_{c_3}	c_3	$c_3 \times C' \times l_{c_3} \div 5$
	...	...	...	...
...	...	...	...	...

$$A' + B' + C' + \cdots = 100$$

$$\sum_{i=1}^{n} l_{a_i} = 1$$

$$\sum_{i=1}^{n} l_{b_i} = 1$$

$$\sum_{i=1}^{n} l_{c_i} = 1$$

$$\cdots \quad (3.2)$$

总体评价时,二级指标的评分方法与分阶段评价相同,不同之处在于总体评价的二级指标分为控制性指标和一般性指标两类。在进行初步评分时,根据指标性质可采用两种打分方式:对于控制性指标,达到考核标准即得满分 5 分,否则不得分;对于一般性指标,完全达标得 5 分,大部分达标得 3 分,否则不得分。

3.2 航道工程全生命周期各阶段绿色低碳指标体系

3.2.1 航道工程决策设计阶段绿色低碳指标体系

1) 航道工程决策设计阶段的绿色低碳指标选择

(1) 航道总体设计

根据航道设计内容,本研究将航道设计标准、航道纵向与横向设计、航道配套设计和航道社会功能设计归入总体设计,逐一排查各项设计内容的绿色低碳特征和指标选择。

① 航道设计标准

航道的设计标准,一方面直接影响航道工程量,间接影响相关工程建设(例如桥梁工程),进而影响建设能耗和资源占用;另一方面,航道的设计标准会影响通航功能,影响航道网效益的发挥,从而影响运营期船舶的节能减排效益。

指标:航道等级确定的合理性。

② 航道纵向设计

航道选线科学合理,充分利用原有水系,可以减少土方开挖量,实现节能,减少弃土占用土地,实现节地;保持原有水系的地形环境,可以减少对河流生态的影响。合理选线,缩短航道里程,可以节约船舶运营能耗。因此,在设计阶段,需要进行优化比选,确定最佳的航道线路,实现经济合理、节约资源、保护生态的目标。

指标:航道线路选择的合理性。

③ 航道横向设计

航道的横向设计,包括水深(设计水深和船舶吃水等)、底宽等航道尺度。研究表明,当航道断面系数(η)为7~10,设计水深与船舶吃水之比(m)为1.4~1.5时,航道通航条件较好,航行阻力较小,船舶航行能耗较少。同时,断面设计的优化可以减少土方开挖量,从而减少弃土占地,节约土地资源。

指标:航道断面适宜性。

④ 航道配套设计——锚地服务区

合理设计和布置锚地服务区,有利于航道内船舶航行的安全、畅通与便民,同时减少潜在的污染可能性。航道沿线锚地服务区设立相应的收集与处理装置,可防范油、污水和垃圾对沿线的水环境的污染。

指标:锚地服务区配备率。

⑤ 航道社会功能设计

航道由于借助自然界的河流水道进行建设,与水网联系紧密,具有独特的社会功能。主要体现在对居民生活、水利、农业、工业和自来水供给等方面。

a. 河和渡河直接影响沿河居民的日常生活,在航道的总体设计中,需要在适当的地方预留下河阶梯和渡口。

b. 泄洪和排水是河流的基本水利功能,在航道建设中,要合理恢复水系,实现水资源的综合利用。

c. 水厂对水资源质量的要求比农业和工业用的水资源的质量要求高,要考虑各方面的废水排放对航道水质产生的影响。合理分布取水口和排水口,协调各方水资源需求,需要在总体设计中加以研究。

d. 对于医院、学校等人群密集区域以及文物建筑区域,在设计中要考虑其对于航道的特殊要求。

指标:便民设施配备率、水系恢复率、取排水口恢复率。

(2) 岸坡系统设计

绿色低碳航道岸坡系统设计主要包含以下3个方面:

① 生态护岸。生态护岸是利用植物或者植物与土木工程相结合,对河道坡面进行防护的一种新型护岸形式。生态护岸集防护效应、生态效应、景观效应和自净效应于一体,代表着护岸技术的发展方向,越来越受到人们的关注。采用生态护岸形式,有利于恢复生态、保护环境,是实现绿色低碳航道工程的工程技术之一。在满足稳定性的情况下,尽可能利用自然型岸坡。

② 合理选择护岸结构。护岸结构能耗占整个护岸工程能耗的比例较大,因此,护岸结构设计应主要包含以下3个方面:a. 对原有护岸的再利用。对于原有护岸,经过功能评定,尽量采用加固技术,实现老驳岸的再利用,从而节约资源,节能减排。在改造加固的过程中,采取先进的技术手段,恢复驳岸的植被,同时进行部分生态化改造,提高其生态友好性。b. 保留原有自然型岸坡。在满足岸稳定要求前提下,尽量保留原植物岸坡型式。c. 护岸结构优化比选。不同的护岸材料,其内含能强度值的差别是很大的,在护岸结构设计和护岸材料选择时,在同样满足工程要求的情况下,尽量采用内含能较低的材料和结构。

③ 河岸景观应满足河流景观生态的要求。河岸景观元素的连通性、多样性、异质性和多功能性直接影响生物群落、植物景观和人居环境。

指标:护岸结构选择的合理性、生态护岸比、河岸植被带宽度、护岸垂向高度适宜性、河岸景观连通性、河岸植物多样性。

(3) 土方工程设计

航道工程中的土方工程包括水上、水下土方的开挖与回填。从绿色低碳角度出发,在设计阶段,主要有2个研究点:土方工程的能耗及土方工程中的资源(耕地、湿地)保护。要实现能耗值下降,资源充分利用,在设计阶段应进行合理的土方调配,确保开挖土方能最大限度得到合理使用,选择合理的弃土区和运输方式,减少运距,节约能源和资源。

江苏内河航道整治工程需大量拓宽河道,疏浚土方工程量大,除了满足护岸工程的墙后回填和道路桥梁接线回填外,临时堆放土方量大。土方综合利用要求在土方的开挖、回填、弃土处理过程中,结合有效利用途径和组织方式,对土方的数量在时空分布上进行详细分析、合理规划,达到土方资源利用的最优化。

① 土方综合利用率

指标说明:土方综合利用是在土方综合调查和研究的基础上,土方综合利用是在土方的开挖、回填、弃土等的调查和研究的基础上,结合有效利用途径和组织方式,对土方的数量在时空分布上进行详细分析、合理规划,达到土方资源利用的最优化。计算公式为:

$$土方综合利用率 = \frac{设计利用的土方量}{总土方量} \times 100\% \tag{3.3}$$

评分标准:根据江苏内河航道建设的基本情况确定基准值,参考数值为30%。达到30%得5分,20%~<30%得3分,低于20%不得分。

② 弃土运距

指标说明:综合考虑弃土区的选择,减少弃土运距,可以直接减少运输能耗。

评分标准:依据江苏内河航道工程弃土处理的平均情况确定标准值范围。小于3 km得5分,3~5 km得3分,大于5 km不得分。

(4) 航标工程设计

航标工程设计阶段主要考虑的因素:航标灯光源、能源所用类型以及标体结构和材料。

① 航标灯采用新能源比例

指标说明:航标灯能源主要有太阳能、锌空电池、风力发电、空气干电池、交流电和蓄电池组。不同的能源类型,由于采用的设备性能不同,能源使用效率也不同。采用高效太阳能作为能源,可以有效减少碳排放。计算公式为:

$$航标灯采用新能源比例=\frac{航标灯采用新能源的数量}{航标灯总数量}\times100\% \quad (3.4)$$

评分标准:依据江苏内河航标建设水平确定评价基准值,新能源占比按设计报告中的数据进行计算,参考数值为90%。达到90%得5分,85%~<90%得3分,低于85%不得分。

② 航标灯采用节能灯比例

指标说明:航标灯光源分为普通光源、节能型光源,主要有LED、白炽灯和霓虹灯。采用高效的节能型LED光源,可以有效节约能耗。计算公式为:

$$航标灯采用节能灯比例=\frac{航标灯使用节能灯的数量}{航标灯总数量}\times100\% \quad (3.5)$$

评分标准:根据国家对节能灯具的鼓励政策,依据江苏内河航标建设水平确定评价基准值,节能灯比例按设计报告中的数据进行计算,参考数值为90%。达到90%得5分,85%~<90%得3分,低于85%不得分。

③ 标体结构的合理性

指标说明:江苏省航标标体材质主要有钢质、砖混、玻璃钢、钢质热镀锌贴反光膜。标体结构合理是指采用的结构和材料经久耐用,使用寿命长,日常维修少,实现节能与节材。

依据标体结构、标体材质、防盗性能、耐用性、维护性能等进行评价。可分为:a. 绿色节能结构;b. 防盗;c. 耐用;d. 易维护。

评分标准:四项全部满足得5分,只满足a,b,c三项得3分,否则不得分。

2) 航道工程决策设计阶段的绿色低碳指标体系构建

航道工程决策设计阶段的绿色低碳指标体系由四部分构成:一是评价设计质量的强度性指标,由反映节能减排、资源保护、环境保护和生态保护方面特征的系列指标组成;二是控制设计过程的体系性指标,由反映航道工程各个设计项目在节能减排、资源保护、环境保护、生态保护、航道基础功能和社会功能方面特征的系列指标组成;三是促进实现绿色低碳性设计的保障性指标;四是引导航道工程设计新方向的特色性指标。

(1) 强度性指标

① 设计能耗节减率

指标说明：设计能耗节减率指经过优化设计后，能耗比常规方案节减的比例。这里的能耗包括优化设计使得施工节能，也包括船舶运营节能。计算公式为：

$$设计能耗节减率 = \frac{传统方案能耗 - 优化方案能耗}{传统方案能耗} \times 100\% \quad (3.6)$$

评分标准：参照相关行业能耗标准，取参考数值为15%，达到15%得5分，5%～14%得3分，低于5%不得分。

② 设计碳排放节减率

指标说明：设计碳排放节减率指经过优化设计后，二氧化碳排放比常规方案节减的比例。这里的碳排放包括通过优化设计使得建设期碳排放减少，也包括船舶运营的碳排放减少。计算公式为：

$$设计碳排放节减率 = \frac{常规设计方案碳排放 - 优化设计方案碳排放}{常规设计方案碳排放} \times 100\% \quad (3.7)$$

评分标准：同上取参考数值为15%，达到15%得5分，达到5%～14%得3分，低于5%不得分。

③ 土地减征率

指标说明：土地减征率指通过土方综合利用、线路优化等节地措施，土地征用量相对比较方案节约的比例。计算公式为：

$$土地减征率 = \frac{常规设计方案土地占用量 - 优化设计方案土地占用量}{常规设计方案土地占用量} \times 100\% \quad (3.8)$$

评分标准：依据《节约集约利用土地规定》，在统计分析工可与初步设计资料的基础上，确定设计阶段相比较工可阶段土地减征率达到5%得5分达到，1%～4%得3分，低于1%不得分。

④ 净初级生产量减少率

指标说明：净初级生产量(primary production)是指单位时间和单位面积上的绿色植物通过光合作用所制造的有机物质或所固定的能量。计算公式为：

$$净初级生产量减少率 = \frac{工程前净初级生产量 - 工程后净初级生产量}{工程前净初级生产量} \times 100\% \quad (3.9)$$

评分标准：2001年Smith给出了世界生态系统的净初级生产量，见表3.2。依据下表计算不同设计方案情况下河流生态系统净初级生产量。河流生态系统净初级生产量的减少必须在控制范围内，一般要求净初级生产量减少小于10%。

表 3.2　世界生态系统的净初级生产量表

生态系统	平均每单位面积的净初级生产量[g/(m²·a)]
温带常绿林	1 300.0
温带落叶林	1 200.0
耕地	644.0
林地和灌丛	600.0
温带草原	500.0
湿地沼泽	2 500.0
湖泊河流	500.0

(2) 体系性指标

体系性指标是为了控制设计过程与具体的设计项目,根据航道工程特点分析,由航道总体设计、岸坡系统设计、土方工程设计、航标工程设计的指标组成。

① 航道总体设计

a. 航道等级确定的合理性

指标说明:航道等级是指航道的设计标准,通过影响工程量和相关工程建设,以及影响运营期通航功能,进而对航道能耗和资源占用产生影响。影响航道等级确定是否合理的因素有:航道技术等级的论证符合规划;满足近期通航需求;兼顾远期发展需要。

评价标准:3 项全部满足得 5 分,否则不得分。

b. 航道线路选择的合理性

指标说明:航道选线属于航道纵向设计,重点关注对原有水系的利用,减少对水系的外来干扰,保护原状生态,缩短航道里程,减少土方开挖和弃土占地,实现节能与节地。与线路选择有关的主要因素有:与原航线对比能耗有所节约;充分利用原有水系;土地占用少;拆迁量少;工程量少;航道里程缩短。

评分标准:6 项全部满足得 5 分,满足其中 5 项得 3 分,少于 5 项时不得分。

c. 航道断面适宜性

指标说明:航道断面属于航道横向的尺度设计,航道断面系数和设计水深与船舶吃水的比值,关系到船舶航行阻力、土方开挖和弃土占地,直接影响土地资源和能源的节约。

$$航道断面系数\ \eta = \frac{最低通航水位时航道过水断面面积}{通航船舶或船队设计吃水时的船横剖面浸水面积}$$

$m=$ 设计水深 $H \div$ 船舶吃水 T

评分标准:依据规范和国内外研究成果,$\eta=7\sim10$,$m=1.4\sim1.5$,得 5 分;$\eta>10$,$m>1.5$,得 3 分;$\eta<7$ 或 $m<1.4$,不得分。

d. 锚地服务区配备率

指标说明:锚地服务区是航道配套设施,目的在于保障船舶停泊安全,服务船民,也是接收船舶油污水和生活垃圾的岸上通道。计算公式为:

$$锚地服务区配备率 = \frac{锚地服务区实配数量}{应配数量} \times 100\% \tag{3.10}$$

评分标准:锚地和服务区配备满足船民需求,航道畅通。依据设计规范达到100%得5分,得到98%~<100%得3分,低于98%不得分。

e. 便民设施配备率

指标说明:便民设施是实现航道社会功能的保障之一,为沿岸居民的日常生活提供方便,这里主要指下河阶梯和渡口。计算公式为:

$$便民设施配备率=\frac{下河阶梯、渡口实配数量}{应配数量}\times 100\% \quad (3.11)$$

评分标准:下河阶梯、渡口与沿岸居民区分布的匹配情况,依据设计规范达到100%得5分,达到98%~<100%得3分,低于98%不得分。

f. 水系恢复率

指标说明:航道工程由于规划新的航线、裁弯取直等,可能会对区域水系造成影响。这就要求在建设过程中保护好河流水系,恢复原有的生态功能。计算公式为:

$$水系恢复率=\frac{工程后水系支流数}{工程前水系支流数}\times 100\% \quad (3.12)$$

评分标准:水系规划及水利部门对水系调整的回复,依据行业规范,达到100%得5分,否则不得分。

g. 取、排水口恢复率

指标说明:航道建设过程中会损毁临河的取、排水口,影响周边农业用水。取、排水口恢复率就是评价航道建设后对水资源利用的影响。计算公式为:

$$取、排水口恢复率=\frac{恢复的取排水口数量}{所需的取排水口数量}\times 100\% \quad (3.13)$$

评分依据:农田水利规划及相关部门批复,依据设计规范,达到100%得5分,达到90%~<100%得3分,低于90%不得分。

② 岸坡系统设计

a. 护岸结构选择的合理性

指标说明:护岸结构选择合理的要点主要包括充分利用原有护岸、选择低能耗的结构与材料以及保留原状自然型岸坡。

第一项:

原有护岸利用率大于80%,计算公式为:

$$原有护岸利用率=\frac{利用原有护岸的里程}{原有护岸总里程}\times 100\% \quad (3.14)$$

第二项:

护岸结构选择时进行能耗比较,优先选择低能耗护岸结构;

第三项:

尽量保留原状自然型岸坡(满足工程需要的前提下)。

评分标准:三项全部满足得5分,不满足第一项而满足第二项和三项得3分,满足第一项和第二或第三项中的一项得1分,否则不得分。

b. 生态护岸率

指标说明:从工程特性、经济特性、生态环境特性、施工特性和可持续性5个方面筛选出17项定性或定量指标,其中生态环境特性的具体指标为:坡度、垂向高程、河岸植被带宽度、下部结构孔隙率、上部结构可供植生面积率、材料自然度。采用改进的层次分析法和灰色关联分析法构建 AHP—GRA 评价模型对生态护岸进行评定。

$$生态护岸率 = \frac{生态护岸里程}{护岸总里程} \times 100\% \tag{3.15}$$

评分标准:根据目前江苏内河航道建设的平均水平确定基准百分比,参考数值为50%。达到50%得5分,达到30%~<50%得3分,低于30%不得分。

c. 河岸植被带宽度

指标说明:河岸植被带宽度是指从设计低水位算起,到护坡顶后方一定范围(边界外为道路或农田),除去硬质、密封铺面部分,取可供植物生长的区域宽度。河岸植被带宽度影响河岸带栖息地功能和河岸带过滤与屏障功能,宽度越大,过滤、截留径流中的泥沙和悬浮物越多,去除的污染物质越多,其过滤与屏障功能发挥越好。河岸植被带宽度关系到植被配置的丰富程度。从水边到岸上可以配置不同的水生植物和陆生植物,植被多样性丰富,植物和生物的多样性好,景观效应也好。

评分标准:基于现有关于河岸带宽度对生态影响的研究成果,按照生态的基本需要确定基准值。美国有49个州都制定了河岸植被带设置规范,其中2/3的州建议宽度为7.5~15 m。陈宜清认为要满足生物栖息庇护,野溪河岸植被带宽度要大于10 m。有文献建议有效过滤消除污染物(去污率达95%以上)的最小河岸植被带宽度为10 m。

考虑到限制性航道常位于经济发达地区,用地紧张,河岸植被带宽度大于或等于7.5 m为佳。大于或等于7.5 m得5分,6~<7.5 m得3分,小于6 m不得分。

d. 护岸垂向高度适宜性

指标说明:护岸垂向高度是否适宜,直接影响人们回归自然、亲近河水,同时也影响动植物,影响护岸的建造成本。护岸顶标高超过河漫滩顶高,将水流束缚在河道里,压缩河流侧向空间,导致河岸带栖息地功能、河流侧向通道功能衰退。因此,选用护岸垂向超高作为适宜性的度量。

$$护岸垂向超高 = 一级护岸顶高程 - 常水位$$

评分标准:依据现有的研究成果,结合江苏航道工程实践,护岸垂向超高小于1 m得5分,1~1.5 m得3分,大于1.5 m不得分。

e. 河岸景观连通性

指标说明:河岸景观连通性影响生物生存环境和生物多样性。因此,河岸景观连通性要满足河岸带生态保护要求。

评分标准:航道坡面无大范围混凝土覆盖,岸坡上都能种植植物,得5分,否则不得分。

f. 河岸植物多样性

指标说明:河岸植物多样性不仅是景观色彩和景观元素的要求,而且影响河岸带生物多样性,进而影响生态环境。

评分标准:从横向看,河岸带生长的植物有陆生植物、挺水植物。就陆生植物从垂直方向看，又有草本植物、木本植物。不同的植物有不同的功能，应当根据当地护岸的特点选择合适的植物。同时河岸植物选择上要尽可能选用当地植物，防止外来物种入侵。满足上述要求的得5分，否则不得分。

（3）保障性指标

指标说明：决策设计阶段可以通过建立科技创新机制，约束和促进绿色低碳性设计，实现设计阶段的绿色低碳保障。具体有：① 设计单位建立了鼓励绿色低碳技术创新的奖励机制；② 拥有一支相对固定的绿色低碳技术研发团队，或与相关科研单位、企业合作研发；③ 结合自身情况，研发出了具有明显绿色低碳效果的技术；④ 在具体方案设计时，通过"最佳绿色低碳设计方案""最佳绿色低碳设计小组"等评选和奖励活动，鼓励设计人员在实际航道工程设计中融入绿色低碳理念。

评分标准：①②③④全部满足得5分，只满足①②③得3分，只满足①②得1分，否则不得分。

（4）特色性指标

指标说明：特色性指标是为了引导航道工程设计新方向，可依据航道设计要求，设立自定义项。自定义项应当符合绿色低碳航道设计的宗旨。申请方应在设计方案中提出自定义项申请，并阐述申请理由及分值。

评分依据：对实现航道工程设计阶段绿色低碳目标的引导和促进效果。

（5）决策设计阶段绿色低碳指标体系

根据前述一级指标权重的确定方法，决策设计阶段的强度性指标占20分，体系性指标占65分，保障性指标占10分，特色性指标占5分。各项二级指标的评分标准按满分5分制划分。评分方法先按5分制进行初步评分（由专家或考核人员按评分标准打分），再计算最终的考核得分。具体如表3.3所示，表中的二级指标分值为对应的一级指标分值乘以二级指标权重得到。

表3.3 决策设计阶段绿色低碳指标体系表

指标类别（一级指标）	二级指标		评分标准	初评分数	考核得分
	指标名称	分值			
强度性指标（20分）	设计能耗节减率	5	达到15%得5分，达到5%～14%得3分，低于5%不得分		
	设计碳排放节减率	5	达到15%得5分，达到5%～14%得3分，低于5%不得分		
	土地减征率	5	达到5%得5分，1%～4%得3分，低于1%不得分		
	净初级生产量减少率	5	小于10%得5分，否则不得分		

续表

指标类别 （一级指标）	二级指标		评分标准	初评分数	考核得分
	指标名称	分值			
体系性指标 （65分）	航道总体设计 （25分）				
	航道等级确定的合理性	6	3项全部满足得5分，否则不得分		
	航道线路选择的合理性	6	6项全部满足得5分，满足其中5项得3分，少于5项时不得分		
	航道断面适宜性	5	$\eta=7\sim10$，$m=1.4\sim1.5$，得5分；$\eta>10$，$m>1.5$，得3分；$\eta<7$，或$m<1.4$，不得分		
	锚地服务区配备率	2	达到100%得5分，98%～<100%得3分，低于98%不得分		
	便民设施配备率	2	达到100%得5分，98%～<100%得3分，低于98%不得分		
	水系恢复率	2	达到100%得5分，否则不得分		
	取、排水口恢复率	2	达到100%得5分，90%～<100%得3分，低于90%不得分		
	岸坡系统设计 （20分）	护岸结构选择的合理性	5	三项全部满足得5分，不满足第一项而满足第二和第三项得3分，满足第一项和第二或第三项中的一项得1分，其余不得分		
		生态护岸率	5	达到50%得5分，30%～<50%得3分，低于30%不得分		
		河岸植被带宽度	3	大于或等于7.5 m得5分，6～<7.5 m得3分，小于6 m不得分		
		护岸垂向高度适宜性	3	护岸垂向超高小于1 m得5分，1～1.5 m得3分，大于1.5 m不得分		
		河岸景观连通性	2	岸坡无大范围混凝土覆盖得5分，否则不得分		
		河岸植物多样性	2	横向和垂向植物配布合理，无外来物种入侵，得5分，否则不得分		
	土方工程设计 （10分）	土方综合利用率	5	达到30%得5分，20%～<30%得3分，低于20%不得分		
		弃土运距	5	小于3 km得5分，3～5 km得3分，大于5 km不得分		
	航标工程设计 （10分）	航标灯采用新能源比例	4	达到90%得5分，85%～<90%得3分，低于85%不得分		
		航标灯采用节能灯比例	4	达到90%得5分，85%～<90%得3分，低于85%不得分		
		标体结构的合理性	2	四项全部满足得5分，只满足a,b,c项得3分，否则不得分		
保障性指标（10分）	科技创新机制		10	①②③④全部满足得5分，只满足①②③得3分，只满足①②得1分，否则不得分		
特色性指标（5分）			根据实际工作中特色性指标执行的效果，酌情给分，满分共5分		

3.2.2 航道工程施工阶段绿色低碳指标体系

1) 航道工程施工阶段的绿色低碳指标选择

围绕航道工程施工过程中"节能减排、资源保护、环境保护、生态保护"的四大绿色低碳特征,结合实现绿色低碳施工的关键点,筛选航道工程建设施工阶段的绿色低碳指标。

(1) 施工机械

护岸工程主要施工工序包括基坑开挖、底板施工、墙身施工、墙后回填、护坡施工等。施工过程用到的施工机械主要有:混凝土搅拌机、砂浆拌和机、钢筋截断机、钢筋弯钩机、平刨机、圆盘锯、插入式振动棒、冲击钻、混凝土配料机、电焊机、汽车吊等。护岸施工机械种类繁多,其性能、参数各不相同。使用不同的施工机械,其生产效率、工作产量、施工质量各不相同,与此相应产生的施工能耗也存在较大的差异。

土方工程主要包括陆上及水下土方开挖、土方回填。陆上及水下土方开挖主要指航道的开挖和疏浚。土方开挖一般以机械开挖为主:陆上方以挖掘机开挖,然后用汽车将弃土运至弃土区;水下方采用抓斗式或绞吸式挖泥船疏浚为主,吹填上岸。土方回填主要指驳岸墙后土方回填、堤防回填、堆区土方填筑及其他局部土方填筑,这类回填一般采用分层回填后夯实。在施工机械方面,有开挖、搬运和回填土夯实等多类施工机械。

土方开挖机械主要有挖掘机、液压抓斗挖泥船、吹泥船、绞吸挖泥船等。土方运输机械主要有装载机、推土机、自卸汽车、翻斗车等。土方夯实机械主要有压路机、振动夯等。与护岸工程类似,施工机械对土方工程的施工能耗同样存在重要影响。

综上,在护岸工程和土方工程施工过程中,是否使用先进可靠、性能优良的施工机械对能耗的影响比较大。节能减排的措施有:

① 选择配置施工机械时,考虑能源利用效率。选择功率与负载相匹配的施工机械,机电设备的配置可采用节电型机械设备,如逆变式电焊机和能耗低、效率高的手持电动工具等,以利节电;机械设备宜使用节能型油料添加剂,在可能的情况下,考虑回收利用,以节约油量。

② 定期监控重点耗能设备的能源利用情况,并有记录。避免施工现场施工机械空载运行的现象,不仅产生大量的噪声污染,而且还会产生不必要的能源消耗。

③ 建立设备技术档案,定期进行设备维护、保养。为了更好地进行施工设备管理,应给每台设备建立技术档案,便于维修保养人员尽快准确地对设备的整机性能做出判断,以便出现故障及时修复;对于机型老、效率低、能耗高的陈旧设备要及时淘汰,代之以结构先进、技术完善、效率高、性能好及能耗低的设备;应建立设备管理制度,定期进行维护、保养,确保设备性能可靠、能源高效利用。

指标:节能型施工机械使用率,施工机械能耗监测与记录,施工机械保养水平。

(2) 施工技术

① 节能技术

a. 工程材料的运输,对于大宗的材料,适宜就地取材,或者就近取材,从而减少运输能耗。对于施工材料运输方式的选择,应当充分利用水运低碳环保的优势,尽量采用水运的方式运输施工材料。

b. 航道工程施工需要临时工程的辅助,如临时加工厂、现场作业棚、材料堆场、临时道路、临时办公、生活用房及临时水电设施等。施工临时用电应优先选用节能电线和节能灯具,临时用电线路应合理设计与布置,临时用电设备宜采用自动控制装置,采用声控、光控等节能照明灯具。施工现场及办公区、生活区要求采用节能照明灯具的数量大于80%。

此外,施工单位根据工程建设条件,在土方开挖、基坑支护等不同施工环节采用节能技术,实现节能减排。

指标:工程材料运输,施工照明节能技术使用率,建设期节能项能耗下降率,建设期节能项碳排放下降率。

② 节材技术

可回收材料的再利用是节约资源的主要手段,主要体现在两个方面:一是使用可再生的或含有可再生成分的产品和材料,这有助于将可回收部分从废弃物中分离出来,同时减少了原始材料的使用,减少了自然资源的消耗;二是加大材料的回收利用与循环利用,如在施工现场建立废弃物回收系统,回收或重复利用拆除时得到的材料,这样可以减少施工中材料的消耗量,同时可以降低运输或填埋垃圾的费用。比如施工现场围挡的墙体材料可采用彩色金属板式围墙等可重复使用的材料,旧护岸在无法加固的情况下,不得不进行拆除,可以考虑将废旧材料进行回收,包括混凝土、钢材和块石等,进行二次使用,既减少垃圾,又节约耗材。

节材措施:a. 制订施工节材方案;b. 合理安排材料的采购、进场时间和批次,减少库存;c. 合适的运输工具和装卸方法,减少损坏和遗洒;d. 减少材料的搬运次数;e. 临建设施采用可拆迁、可回收材料。

指标:节材措施到位率,工程材料损耗率,可回收材料再利用率。

③ 节地技术

航道工程施工占地包括临时工程占地和土方工程临时堆土占地。其中,施工临时工程主要指临时加工厂、现场作业棚、材料堆场、临时道路、临时办公室和生活用房等。相比施工临时工程占地,土方工程临时堆土的占地量更大。

由于航道线路长,施工作业面在河道纵向的涉及范围广,航道施工不仅占用河岸陆地,还会占用甚至破坏具有重要生态价值的沿河湿地,这是航道工程不同于其他建设工程的一个重要特征。因此,航道工程施工中的节地还必须重视对湿地资源的保护,尽量避免将弃土堆放在湿地,并在施工结束后恢复其原状。

本着节约成本、资源高效利用的原则,航道工程施工中的节地技术可从以下几个方面考虑:

a. 施工总平面布置紧凑,尽量减少占地。

b. 在经批准的临时用地范围内组织施工。

c. 施工现场生产、生活用的临时设施尽量做到占地面积最小,并应满足使用功能的合理性、可行性和舒适性要求。临时设施应充分利用既有建筑物、市政设施和周边道路。临时设施用地布设在永久红线内。临时设施用地与邻近标段合并相互利用。临时设施占地面积应按用地指标所需的最低面积设计。临时设施占地面积有效利用率应当大于90%。

d. 临时办公和生活用房采用多层轻钢活动板房、钢骨架水泥活动板房等可重复使用的装配式结构,能够减少临时用地面积,不影响施工人员工作和生活环境,符合绿色施工技术标准要求。

e. 根据现场条件,合理设计场内交通道路。场内交通道路双车道宽度不大于6 m,单车道不大于3.5 m,转弯半径不大于15 m,尽量形成环形通道。场内交通道路布置应满足各种车辆机具设备进出场、消防安全疏散要求,方便场内运输。施工现场临时道路布置应与原有及永久道路兼顾考虑,充分利用拟建道路为施工服务。

f. 采用商品混凝土、预拌砂浆或使用散装水泥,减少现场临时占地,减少现场湿作业和扬尘。

g. 施工中开挖土方合理回填利用,减少堆放占地。现场开挖的土方在满足回填质量要求的前提下,就地回填使用,也可采用造景等其他利用方式,避免倒运,避免堆放占地。

h. 土地复耕。施工后应恢复因施工活动破坏的植被,种植合适的植物,将临时占用的土地恢复原有的生态功能。

i. 湿地资源保护。尽量避免将弃土堆放在湿地,并在施工结束后恢复其原状。

指标:节地技术到位率、临时用地减征率、土地复垦率。

④ 环保措施

航道工程施工对环境的影响因素主要是大气、水、声和固体垃圾,各种污染物的排放必须达到相关环保标准。具体可从扬尘控制、废气排放控制、固体垃圾处置、污水排放、噪音控制等几个方面,提出减缓环境污染的措施。

扬尘控制:a. 施工现场建立洒水清扫制度,配备洒水设备,并有专人负责;b. 对现场直接裸露的土体表面和集中堆放的土方采用临时绿化、喷浆和隔尘布遮盖等抑尘措施;c. 运送土方、渣土等易产生扬尘的车辆采取封闭或遮盖措施;d. 现场进出口设冲洗池和吸湿垫,进出现场车辆保持清洁;e. 易飞扬和细颗粒建筑材料进行封闭存放,余料及时回收;f. 易产生扬尘的施工作业采取遮挡、抑尘等措施;g. 现场拆除作业、爆破作业、钻孔作业和干旱燥热条件下土石方施工应采用高空喷雾降尘设备减少扬尘;h. 现场使用散装水泥有密闭防尘措施。

废气排放控制:a. 进出场车辆及机械设备废气排放符合国家年检要求;b. 不使用煤作为现场生活的燃料;c. 电焊烟气的排放符合现行国家标准《大气污染物综合排放标准》(GB16297)的规定;d. 不在现场燃烧木质下脚料。

固体垃圾处置:a. 岸上设置船舶垃圾接收装置,及时清理;b. 固体垃圾分类收集,集中堆放,及时清运;c. 垃圾桶分可回收与不可回收利用两类,定位摆放,生活垃圾定期清运;d. 废电池、废墨盒等有毒有害的废弃物封闭回收,不与其他废弃物混放;e. 有毒有害废物分类率达到100%。

污水排放:a. 现场道路和材料堆放场周边设排水沟;b. 工程污水和试验室养护用水经处理后排入市政污水管道,其中工程污水采取去泥沙、除油污、分解有机物、沉淀过滤、酸碱中和等针对性的处理方式,达标排放;c. 现场厕所、洗澡间设置化粪池;d. 工地厨房设隔油池,定期清理;e. 设置的现场沉淀池、隔油池、化粪池等及时清理,不发生堵塞、渗漏、溢出等现象;f. 施工人员就近租用农舍或城镇民居居住,生活污染通过专门排污设施排放;g. 施工船舶安装油水分离器,将船舶含油废水处理达标后排放。

噪音控制:a. 采用先进机械、低噪音设备进行施工,定期保养维护;b. 产生噪声的机械设备,尽量远离施工现场办公区、生活区和周边住宅区;c. 混凝土输送泵、电锯房等设有吸音降噪屏或其他降噪措施;d. 夜间施工噪音声强值符合国家有关规定;e. 混凝土振捣时不得振动钢筋和钢模板;f. 在噪音敏感区域设置隔音设施,如连续的足够长度的隔音屏等,满足隔音要求;g. 现场应不定期请环保部门到现场检测噪声强度,所有施工阶段的噪声控制在国家现行标准《建筑施工场界噪声限值》(GB 12523)限值内。

指标:环保措施到位率、环评指标达标率。

⑤ 生态保护措施

可采取的生态保护措施如下:

a. 在疏浚施工中设置防污帘以防止悬浮物大范围扩散。

b. 施工完成后对渔业损失严重的河段投放鱼苗。

c. 施工后应恢复施工活动破坏的植被(一般指临时占地内),与当地园林、环保部门合作,在施工占用区内种植合适的植物,尽量恢复原有地貌和植被。

d. 采取防止水土流失的措施。如施工取土、弃土场应选择荒废地,不占用农田。工程完工后,按"用多少,垦多少"的原则,恢复原有地形、地貌。在可能的情况下,应利用弃土造田,增加耕地,对弃土区进行复耕,对其他不能改土造田的裸露地应复填表土,造林、种草以防止弃土区的水土流失。

指标:生态保护措施到位率、岸坡植被恢复率、水土流失治理率。

⑥ 绿色低碳施工的综合技术

a. 新型模板施工技术

护岸工程使用的模板,目前常用的主要材料还是木质,传统木质模板的缺点在于使用木材资源的成本越来越大。因此,护岸施工时可以推广使用定型钢模、钢框竹模、竹胶板、铝合金、塑料、玻璃钢等新型模板材料,以及其他可再生材质的大模板和钢框镶边模板。

驳岸墙施工中采用整体滑动模板施工工艺代替传统的拼装钢模施工工艺,挡墙工程施工中采用简易移动模架施工工艺和整体式钢模板配合汽车吊施工工艺,减少对大型机械的使用及对能源的消耗,且施工方法简单、安全可靠,模板周转速度快、使用套数少,可有效提高施工效率,同时大大节约对钢材的消耗,有较好的节能减排和资源节约效果。

b. 绿色低碳疏浚技术

疏浚施工中,通过改进疏浚工法、施工方式、施工组织等措施,有效节能;采用环保型或生态疏浚技术,可以减少疏浚过程对生态环境的影响。

c. 疏浚精度

提高疏浚船舶的施工精度,可以减少因不必要施工及重复施工引起的多余能耗。首先要避免漏挖、欠挖,避免二次回挖(需重复调船),其次要减少超挖,使超挖量控制在规范限定内。

d. 疏浚弃土处理技术

首先是合理的运输距离和运输方式。在考虑工程需求的前提下,应尽量就近处理疏浚弃土,缩短弃土搬运距离,并充分利用水运低碳环保的优势,尽量采用水运的方式运输弃土,有利于实现节能。其次要减少弃土的二次搬运。弃土二次搬运率不超过20%,有利于降低运输能耗。最后对于可再利用的疏浚弃土,应尽量就近回填,或者综合利用,注意利用之前对受污染弃土进行去污染处理,避免弃土利用带来的环境污染,这样既能节约资源又能减少运输能耗,实现绿色低碳。

e. 文物古迹保护

土方工程在开挖航道时,可能会对航道周围的文物古迹造成破坏,应对文物古迹、古树名木采取有效的保护措施。工程项目部应贯彻文物保护法律法规,制定施工现场文物保护措施,并有应急预案。施工发现具有重要人文、历史价值的文物资源时,要做好现场保护工作,并报请施工区域所在地政府相关部门处理。

指标:新型模板施工技术的应用、绿色低碳疏浚技术的应用、疏浚精度、疏浚弃土处理技术的应用、文物古迹保护率。

(3) 施工管理

① 绿色低碳施工组织机构及工作机制

建立健全绿色低碳航道施工的项目组织管理机构,包括绿色低碳施工领导小组成员以及主要参加人员等,为实现项目总体目标提供组织保障。项目经理部在施工前应编制相应的安全文明绿色低碳施工方案及预案,并设立健全的安全文明绿色低碳施工组织结构,配备安全文明绿色低碳施工管理人员,并建立组织机构相关人员的安全生产责任制。绿色低碳施工管理人员应定期召开会议,以便管理人员及时掌握绿色低碳施工工作进展情况,密切关注绿色低碳施工过程中出现的新情况、新问题,并积极协调解决。

② 绿色低碳施工记录与管理体系

施工过程中能源和材料的使用,特别是建设过程中的实际碳排放量计算,是一个系统的工作量大而繁杂的工作,必须对航道建设过程中涉及的方方面面进行测试与计算,测定航道工程建设中使用原材料的碳排放量、机械设备的碳排放量以及各种构筑物施工过程中的其他碳排放量,最后计算得到航道施工建设过程中总的碳排放量。在目前技术水平下,建立一整套绿色低碳施工记录与管理体系,记录施工中的各种能耗、材耗,能方便地对施工过程中的整体能耗情况进行把握,全面了解某阶段的施工能耗、材耗情况,促进节能节材,同时也可以判定施工过程是否达到绿色低碳要求。建立相关记录与管理体系,既是促进节能节材的措施,也是进行施工绿色低碳评价的基础资料。

③ 绿色低碳目标责任评价考核制度

建立一套绿色低碳航道施工阶段目标责任评价考核制度。管理人员应对施工现场进行每日的安全文明绿色低碳施工检查,对不合格的必须整改。制定航道绿色低碳施工目标和考核评价办法,对绿色低碳责任目标未完成的部门,要强化责任追究。

④ 绿色低碳宣传培训工作

为项目开展绿色低碳宣传和相关培训工作。宣传是指通过报刊、网站、电视等媒体以及开展"绿色低碳宣传周"等活动,广泛宣传绿色低碳法律、法规、政策,以及航道绿色低碳技术及管理措施等。培训是指对相关从业人员开展绿色低碳知识培训以及经验交流会等。

⑤ 绿色低碳施工技术创新机制

施工过程中的绿色低碳技术创新,对实现该阶段的绿色低碳目标有明显的推动作用。通过建立绿色低碳施工技术创新机制,促进绿色低碳施工技术的进步,是实现绿色低碳施工的重要保障。

指标:绿色低碳施工组织机构及工作机制、绿色低碳施工记录与管理体系、绿色低碳目标责任评价考核制度、绿色低碳宣传培训工作、绿色低碳施工技术创新机制。

2）航道工程施工阶段的绿色低碳指标体系构建

航道工程施工阶段的绿色低碳指标体系由四部分构成：其一，反映节能减排、资源保护、环境保护和生态保护效果的强度性指标；其二，控制施工过程的体系性指标，由反映航道工程各个施工项目在节能减排、资源保护、生态环境保护等方面的技术措施指标组成；其三，保证绿色低碳施工顺利进行，反映施工组织与管理的保障性指标；其四，引导航道工程施工新方向的特色性指标。

（1）强度性指标

① 节能减排

a. 施工期节能项能耗下降率

指标说明：施工期节能项能耗比传统方案能耗下降的比例。可根据具体节能方案数量，分别计算出各项目的能耗下降率。计算公式为：

$$施工期节能项能耗下降率 = \frac{传统项目能耗 - 优化后项目能耗}{传统项目能耗} \times 100\% \tag{3.16}$$

评分标准：要求节能项目数量不少于3，且能耗下降率达到20%得5分；能耗下降率达到10%~19%，得3分；能耗下降率低于10%不得分。

b. 施工期节能项碳排放下降率

指标说明：施工期节能项二氧化碳排放比传统方案二氧化碳排放下降的比例。可根据具体节能方案数量，分别计算出各项目的碳排放下降率。计算公式为：

$$施工期节能项碳排放下降率 = \frac{传统项目碳排放 - 优化后项目碳排放}{传统项目碳排放} \times 100\% \tag{3.17}$$

评分标准：要求节能项目数量不少于3，且碳排放下降率达到20%，得5分；能耗下降率达到10%~19%，得3分；能耗下降率低于10%不得分。

② 资源保护

a. 工程材料损耗率

指标说明：施工阶段工程材料的实际用量比总投入量减少的比例，计算公式为：

$$工程材料损耗率 = \frac{工程投入量 - 工程实际用量}{工程投入量} \times 100\% \tag{3.18}$$

评分标准：依据《绿色施工手册》，参考数值为5%。小于5%得5分，5%~7%得3分，大于7%不得分。

b. 可回收材料再利用率

指标说明：这里可供回收再利用的废弃材料主要指旧护岸拆除材料、建造临时工程的材料、用于生活与办公的旧材料等。计算公式为：

$$可回收材料再利用率 = \frac{回收利用的废弃材料量}{施工产生的废弃材料总量} \times 100\% \tag{3.19}$$

评分标准：根据调查测算，参考数值为80%。达到80%得5分，60%~<80%得3分，低于60%不得分。

c. 临时用地减征率

指标说明:在施工组织安排中,采用先进的施工组织设计和合理的施工总平面布置,可以减少临时用地的征用,从而节约占用土地面积。计算公式为:

$$临时用地减征率 = \frac{设计临时用地 - 实际征用临时用地}{设计临时用地} \times 100\% \qquad (3.20)$$

评分标准:根据调查测算,参考数值为10%,达到10%得5分,5%~<10%得3分,低于5%不得分。

d. 土地复垦率

指标说明:土地复垦率是指已恢复原有功能的土地面积与临时占用土地总面积之比。计算公式为:

$$土地复垦率 = \frac{土地复垦利用面积}{临时占用土地总面积} \times 100\% \qquad (3.21)$$

评分标准:依据《节约集约利用土地规定》,参考数值为100%。达到100%得5分,90%~<99%得3分,否则不得分。

e. 文物古迹保护率

指标说明:工程项目部应贯彻文物保护法律法规,制定施工现场文物保护措施,尽量保证不破坏文物古迹,并在施工结束后对不得不遭受破坏的文物古迹进行原状恢复或迁移。计算公式为:

$$文物古迹保护率 = \frac{保护、恢复和迁移的文物古迹数量}{施工区域文物古迹总数量} \times 100\% \qquad (3.22)$$

评分标准:依据《中华人民共和国文物保护法》,确定参考数值为100%。达到100%得5分,90%~<100%得3分,低于90%不得分。

③ 环境保护

环评指标达标率

指标说明:施工阶段的环境保护包括大气污染控制、废水达标排放、固体垃圾收集处置、噪声控制4个方面,用环评指标达标率综合评价。其中大气污染控制有NO_2、CO、TSP共3个指标,废水达标排放有COD、石油类、SS(悬浮物)共3个指标,固体垃圾收集处置用收集处置率表示,噪声控制用噪声等级达标率表示,总计有8项环评指标。环评指标达标率的计算公式为:

$$环评指标达标率 = \frac{达标的环评指标数}{参评的环评指标总数} \times 100\% \qquad (3.23)$$

评分标准:根据国家对环境保护的相关规定,确定参考数值为100%。

各个方面的说明及控制标准如下:

a. 大气污染控制

施工期的大气污染主要来源于运输车辆产生的汽车尾气及扬尘、土方作业、易产生扬尘的堆放材料等。要求距离施工现场200 m,大气中的NO_2、CO、TSP等大气污染物浓度达到国家《环境空气质量标准》(GB 3095—1996)中的二级标准,详见表3.4。

表 3.4　国家《环境空气质量标准》(GB 3095—1996)

污染物名称	取值时间	浓度限值			浓度单位
		一级标准	二级标准	三级标准	
总悬浮颗粒物(TSP)	年平均	0.08	0.20	0.30	mg/m³（标准状态）
	日平均	0.12	0.30	0.30	
二氧化氮(NO₂)	年平均	0.04	0.04	0.08	mg/m³（标准状态）
	日平均	0.08	0.08	0.12	
	1小时平均	0.12	0.12	0.24	
一氧化碳(CO)	日平均	4.00	4.00	6.00	μg/m³（标准状态）
	1小时平均	10.00	10.00	20.00	

b. 废水达标排放

这里的废水主要针对船舶废水、车辆废水、生活区废水和施工废水。施工期对水域的主要污染因子为 COD、石油类和 SS。要求达到《污水综合排放标准》一级标准，氨氮小于 1.0 mg/L，COD 小于 60 mg/L，SS 小于 20 mg/L。

c. 固体垃圾收集处置

这里的固体垃圾主要针对船舶垃圾、车辆垃圾和生活区垃圾。要求固体垃圾收集处置率达到 100%。计算公式如下：

$$固体垃圾收集处置率 = \frac{收集处置的固体垃圾重量或体积}{总产生的固体垃圾重量或体积} \times 100\% \qquad (3.24)$$

d. 噪声控制

施工期噪声污染源主要来自施工船舶、运输车辆和各种施工作业机械，如挖掘机、推土机、混凝土搅拌机等。要求施工场地边界线处的噪音不得超过国家标准《建筑施工场界环境噪声排放标准》(GB 12523—2011)的规定，详见表 3.5。

表 3.5　建筑施工场界环境噪声排放限值　　　　　　　　　　单位:dB(A)

昼间	夜间
70	55

说明：① 夜间噪声最大声级超过限值的幅度不得高于 15 dB(A)；② 当场界距噪声敏感建筑物较近，其室外不满足测量条件时，可在噪声敏感建筑物室内测量，并将表 3.5 中相应的限值减 10 dB(A) 作为评价依据。

④ 生态保护

a. 岸坡植被恢复率

指标说明：施工会破坏岸坡植被，而植被是河流及河岸生态系统中十分重要的组成部分，因此必须对受破坏的植被区域进行恢复返绿。计算公式为：

$$岸坡植被恢复率 = \frac{恢复返绿的岸坡植被面积}{施工破坏的岸坡植被面积} \times 100\% \qquad (3.25)$$

评分标准:依据植被覆盖率对生物影响,达到 90%~100%得 5 分,80%~<90%得 3 分,低于 80%不得分。

b. 水土流失治理率

指标说明:水土流失治理面积指采取水土保持措施(护坡、种草等)治理的面积。"水土流失治理率"是水土保护方案编制和水土流失监测工作中常用的一个概念。通常是指某区域范围某时段内,水土流失治理面积除以原水土流失面积,是一个百分比值。计算公式为:

$$水土流失治理率 = \frac{弃土区水土流失治理面积}{弃土区面积} \times 100\% \qquad (3.26)$$

评分标准:依据相关统计资料建议参考数值为 80%,大于 80%得 5 分,否则不得分。

(2) 体系性指标

① 施工机械

a. 节能型施工机械使用率

指标说明:选择功率与负载相匹配的施工机械,采用节电型机械设备,以利节电;机械设备使用节能型油料添加剂,在可能的情况下,考虑回收利用,以节约油量。计算公式为:

$$节能型施工机械使用率 = \frac{节能型施工机械数量}{施工机械总数量} \times 100\% \qquad (3.27)$$

评分标准:根据目前我国施工企业施工机械使用情况以及相关规定,建议参考数值为 60%。达到 60%得 5 分,50%~<60%得 3 分,低于 50%不得分。

b. 施工机械能耗监测与记录

指标说明:施工期间应定期监控重点耗能机械设备的能源利用情况,对其耗电和耗油的情况进行监测与记录。评分依据:a. 施工期间有能耗监测与记录工作;b. 记录资料完整清晰。

评分标准:满足 a,b 得 5 分,否则不得分。

c. 施工机械保养水平

指标说明:施工机械的良好保养,不仅有利于机械设备高效运行,延长使用寿命,而且可以降低机械能耗,节约能源。具体措施:第一项,建立机械设备管理制度,制定设备技术档案,定期进行设备维护、保养;第二项,维修保养人员应尽快准确地对设备的整机性能做出判断,以便出现故障及时修复,确保设备性能可靠、能源高效利用;第三项,对于机型老、效率低、能耗高的陈旧设备要及时淘汰,代之以结构先进、技术完善、效率高、性能好及能耗低的设备。

评分标准:三项全部满足得 5 分;满足第一、第二项或满足第一、第三项得 3 分;否则不得分。

② 施工技术

a. 工程材料运输

指标说明:综合考虑工程材料的运输距离,尽量就地取材或者就近取材,从而减少运输能耗。对于工程材料运输方式的选择,充分利用水运低碳环保的优势,尽量采用水运的方式运输施工材料。评分依据:就地或就近取材;尽可能水路运输。

评分标准:满足两项得5分;满足一项,得3分;否则不得分。

b. 施工照明节能技术使用率

指标说明:施工照明节能技术使用率指施工期间,办公、生活和施工现场照明系统节能技术的使用比例。计算公式为:

$$施工照明节能技术使用率 = \frac{节能照明灯具数量}{总灯具数量} \times 100\% \tag{3.28}$$

评分标准:依据目前的水平测算参考数值为80%,达到80%得5分,70%~<80%得3分,低于70%不得分。

c. 节材技术到位率

指标说明:节材技术到位率指实际使用到位的节材技术种类数占应使用的节材技术种类总数的比例。计算公式为:

$$节材技术到位率 = \frac{实际使用到位的节材技术种类数}{应使用的节材技术种类总数} \times 100\% \tag{3.29}$$

节材技术的使用情况包括:制订施工节材方案;合理安排材料的采购、进场时间和批次,减少库存;采用合适的运输工具和装卸方法,减少损坏和漏损;减少材料的搬运次数;临建设施采用可拆迁、可回收材料。

评分标准:达到90%得5分,80%~<89%得3分,低于80%不得分。

d. 节地技术到位率

指标说明:节地技术到位率指实际使用到位的节地技术种类数占应使用的节地技术种类总数的比例。计算公式为:

$$节地技术到位率 = \frac{实际使用到位的节地技术种类数}{应使用的节地技术种类总数} \times 100\% \tag{3.30}$$

根据实际施工中对以下节地技术的使用情况进行考察和评价:施工总平面布置的节地;在经批准的临时用地范围内组织施工;临时设施充分利用既有建筑物、市政设施和周边道路;临时设施用地布设在永久红线内;临时设施用地与邻近标段合并相互利用;临时设施占地面积按用地指标所需的最小面积设计;临时设施占地面积有效利用率大于90%;临时办公和生活用房采用多层、可重复使用的装配式结构;场内交通道路的尺度设计利于节地;临时道路布置与原有及永久道路兼顾考虑;采用商品混凝土、预拌砂浆或使用散装水泥,减少临时占地;施工开挖土方合理回填利用,减少堆放占地;土地复耕;湿地资源保护。

评分标准:达到90%得5分,80%~<89%得3分,低于80%不得分。

e. 环保措施到位率

指标说明:环保措施到位率指实际使用到位的环保措施种类数占应使用的环保措施种类总数的比例。计算公式为:

$$环保措施到位率 = \frac{实际使用到位的环保措施种类数}{应使用的环保措施种类总数} \times 100\% \tag{3.31}$$

实际施工中对环保措施的使用情况详见扬尘控制、废气排放控制、固体垃圾处置、污水排放和噪音控制各项措施。

评分标准:达到100%得5分,否则不得分。

f. 生态保护措施到位率

指标说明:生态保护措施到位率指实际使用到位的生态保护措施种类数占应使用的生态保护措施种类总数的比例。计算公式为:

$$生态保护措施到位率=\frac{实际使用到位的生态保护措施种类数}{应使用的生态保护措施种类总数}\times 100\% \qquad (3.32)$$

实际施工中对以下生态保护措施的使用情况进行考察和评价:在疏浚施工中设置防污帘以防止悬浮物大范围扩散;施工完成后对渔业损失严重的河段投放鱼苗;施工后应恢复施工活动破坏的植被;施工取土、弃土场选择荒废地,不占用农田;工程完工后,按"用多少,垦多少"的原则,恢复原有地形、地貌;利用弃土造田,增加耕地;对弃土区进行复耕,对其他不能改土造田的裸露地应复填表土,造林、种草。

评分标准:达到100%得5分,90%～<100%得3分,低于90%不得分。

g. 新型模板施工技术的应用

指标说明:新型模板施工技术的应用指护岸工程施工中,推广使用定型钢模、钢框竹模、竹胶板、铝合金、塑料、玻璃钢等新型模板材料,以及其他可再生材质的大模板和钢框镶边模板,驳岸墙施工采用整体滑动模板,挡墙施工采用简易移动模架等。

评分标准:结合实际使用情况酌情给分。使用了新型模板技术得5分,否则不得分。

h. 绿色低碳疏浚技术的应用

指标说明:绿色低碳疏浚技术的应用指疏浚施工中,通过改进疏浚工法、施工组织等措施,有效节能;采用环保型或生态疏浚技术,减少疏浚过程中对生态环境的影响。

评分标准:根据实际疏浚施工中绿色低碳疏浚技术的应用情况进行考察,酌情给分,满分共5分。

i. 疏浚精度

指标说明:疏浚精度指疏浚施工中包括:第一项,无漏挖、欠挖,避免二次回挖(需重复调船);第二项,减少超挖,超挖量控制在规范限定内。

评分标准:两项全部满足得5分,只满足第一项得3分,否则不得分。

j. 疏浚弃土处理技术的应用

指标说明:疏浚弃土处理技术的应用指疏浚施工中包括:第一项,就近处理疏浚弃土,缩短弃土搬运距离;第二项,采用水运方式运输弃土;第三项,弃土二次搬运率不超过20%;第四项,弃土就近回填,或者回收综合利用;第五项,污染弃土处理。

评分标准:5项全部满足得5分,满足其中3～4项得3分,否则不得分。

(3) 保障性指标

① 绿色低碳施工组织机构及工作机制

指标说明:包括:a. 设立健全的安全文明绿色低碳施工组织机构,配备安全文明绿色低碳施工管理人员,组织机构文件齐全;b. 建立组织机构相关人员的安全生产责任制;c. 绿色低碳施工管理人员应定期召开会议,积极协调、解决问题。

评分标准:a,b,c全部满足得5分;只满足a,b得3分;否则不得分。

② 绿色低碳施工记录与管理体系

指标说明：建立绿色低碳施工记录与管理体系，既是促进节能节材的措施，也是进行施工绿色低碳评价的基础资料。包括：a. 编制了绿色低碳管理手册；b. 绿色低碳管理流程规范；c. 能耗运行记录完整；d. 有材料消耗记录等。

评分标准：a,b,c,d 全达到得 5 分；满足其中 3~4 项，得 3 分；否则不得分。

③ 绿色低碳目标责任评价考核制度

指标说明：从责任考核方面，对绿色低碳航道施加引导和约束。包括：a. 制定有绿色低碳目标的责任评价考核制度；b. 结合管理实际，制定有绿色低碳目标的责任评价考核指标体系，指标完整，可操作性强；c. 绿色低碳目标责任评价考核结果与绿色低碳奖惩办法挂钩。

评分标准：a,b,c 全部满足得 5 分；满足其中 2 项得 3 分；否则不得分。

④ 绿色低碳宣传培训工作

指标说明：绿色低碳宣传是指通过报刊、网站、电视等媒体以及开展"绿色低碳宣传周"等活动，广泛宣传绿色低碳法律、法规、政策，以及航道绿色低碳技术及管理措施等。绿色低碳培训是指对相关从业人员开展绿色低碳知识培训以及经验交流会等。具体有：a. 开展宣传活动；b. 组织培训、专场讲座等；c. 组织绿色低碳交流会或知识竞赛。

评分标准：a,b,c 全部满足得 5 分；满足其中 2 项得 3 分；否则不得分。

⑤ 绿色低碳施工技术创新机制

指标说明：通过建立绿色低碳施工技术创新机制，促进绿色低碳施工技术的进步，是实现绿色低碳施工的重要保障。具体有：a. 施工单位建立了鼓励绿色低碳施工技术创新的奖励机制；b. 拥有一支相对固定的绿色低碳施工技术研发团队；c. 结合自身情况，研发出了具有明显绿色低碳效果的施工技术；d. 在实际施工中，应用了绿色低碳施工创新技术。

评分标准：a,b,c,d 全部满足得 5 分；满足其中 3 项得 3 分；否则不得分。

(4) 特色性指标

指标说明：特色性指标是为了引导航道工程施工新方向，可依据航道施工要求，设立自定义项。自定义项应当符合绿色低碳航道施工的宗旨。申请方应在施工方案中提出自定义项申请，并阐述申请理由及分值。

评分标准：对实现航道工程施工阶段绿色低碳目标有引导和促进效果的得分。

(5) 施工阶段绿色低碳指标体系

根据前述一级指标权重的确定方法，建设阶段的强度性指标占 40 分，体系性指标占 45 分，保障性指标占 10 分，特色性指标占 5 分。各项二级指标的评分标准按满分 5 分制打分。评分方法先按 5 分制进行初步评分（由专家或考核人员按评分标准打分），再计算最终的考核得分。具体如表 3.6 所示，表中的二级指标分值由对应的一级指标分值乘以二级指标权重得到。

表3.6 建设施工阶段绿色低碳指标体系表

指标类别 （一级指标）	二级指标		评分标准	初评分数	考核得分
	指标名称	分值			
强度性指标 （40分）	节能减排（12分）	施工期节能项能耗下降率	6	节能项目数量不少于3，同时能耗下降率达到20%，得5分；能耗下降率达到10%~19%，得3分；能耗下降率低于9%不得分		
		施工期节能项碳排放下降率	6	节能项目数量不少于3，同时碳排放下降率达到20%，得5分；能耗下降率达到10%~19%，得3分；低于9%不得分		
	资源保护（12分）	工程材料损耗率	2	小于5%得5分，5%~7%得3分，大于7%不得分		
		可回收材料再利用率	3	达到80%得5分，60%~<80%得3分，低于60%不得分		
		临时用地减征率	2	达到10%得5分，5%~<10%得3分，低于5%不得分		
		土地复垦率	3	达到100%得5分，90%~99%得3分，否则不得分		
		文物古迹保护率	2	达到100%得5分，90%~<100%得3分，低于90%不得分		
	环境保护（10分）	环评指标达标率	10	大气——NO_2、CO、TSP；水——COD、石油类、SS；固体垃圾收集处置率；噪声等级达标；总计有8项环评指标。 达到100%得5分，90%~<100%得3分，低于90%不得分		
	生态保护（6分）	岸坡植被恢复率	3	达到90%~100%得5分，80%~<90%得3分，低于80%不得分		
		水土流失治理率	3	大于80%得5分，否则不得分		
体系性指标 （45分）	施工机械（15分）	节能型施工机械使用率	5	达到60%得5分，50%~<60%得3分，低于50%不得分		
		施工机械能耗监测与记录	5	施工期间有能耗监测与记录工作；记录资料完整清晰 满足上述要求得5分，否则不得分		
		施工机械保养水平	5	三项全部满足得5分，满足第一、第二项或满足第一、第三项3分，否则不得分		

续表

指标类别 （一级指标）	二级指标		评分标准	初评分数	考核得分
	指标名称	分值			
体系性指标 （45分）	施工技术 （30分） 工程材料运输	3	就地或就近取材且水运运输,得5分;满足一项,得3分;均不满足,不得分		
	施工照明节能技术使用率	3	达到80%得5分,70%～<80%得3分,低于70%不得分		
	节材技术到位率	3	达到90%得5分,80%～89%得3分,低于80%不得分		
	节地技术到位率	3	达到90%得5分,80%～89%得3分,低于80%不得分		
	环保措施到位率	3	达到100%得5分,否则不得分		
	生态保护措施到位率	3	达到100%得5分,90%～<100%得3分,低于90%不得分		
	新型模板施工技术的应用	3	结合实际使用情况酌情给分,满分共5分		
	绿色低碳疏浚技术的应用	3	结合实际应用情况酌情给分,满分共5分		
	疏浚精度	3	全部满足得5分,只满足第一项得3分,否则不得分		
	疏浚弃土处理技术的应用	3	5项全部满足得5分,满足其中3项得3分,否则不得分		
保障性指标 （10分）	绿色低碳施工组织机构及工作机制	2	a,b,c全部满足得5分;只满足a,b得3分;否则不得分		
	绿色低碳施工记录与管理体系	2	a,b,c,d全达到得5分;满足其中3项得3分;否则不得分		
	绿色低碳目标责任评价考核制度	2	a,b,c全部满足得5分;满足其中2项得3分;否则不得分		
	绿色低碳宣传培训工作	2	a,b,c全部满足得5分;满足其中2项得3分;否则不得分		
	绿色低碳施工技术创新机制	2	a,b,c,d全部满足得5分;满足其中3项得3分;否则不得分。		
特色性指标(5分)			根据实际工作中特色性指标执行的效果,酌情给分,满分共5分		

3.2.3 航道养护管理阶段绿色低碳指标体系

1）航道养护管理阶段的绿色低碳指标选择

根据绿色低碳航道的内涵，围绕航道养护管理中"节能减排、资源保护、环境保护、生态保护"四大绿色低碳特征，从航道养护管理工作对象（航道设施）、养护装备（设备与机械）、养护技术、养护效果以及养护管理5个方面，筛选航道养护管理阶段的绿色低碳指标。

（1）航道设施

航道设施主要包括护岸、临跨河设施（护岸除外）和航标与标牌。航道护岸的完好覆盖，有利于缓解因水流冲击、船行波淘刷、船舶撞击等造成的岸坡损坏，维护岸坡稳定，降低因护岸维修造成的能耗，减少水土流失，维持植生生境，有利于航道养护管理绿色低碳目标的实现。

临跨河设施的达标情况，会影响船舶安全顺利通行，影响船舶发生安全事故的概率。此外，临河设施可以为停靠船舶提供补给，为损坏船舶提供维修服务，船舶上的废油、废水和固体垃圾也可以从这里收集上岸进行无害处理。因此，保证临跨河设施达标是实现航道养护管理绿色低碳的必要保障。

航标和标牌是船舶安全航行的重要保障，但是在航道运营阶段，受各种外部因素影响会有部分航标遭受损坏。因此需要对受损坏的航标进行及时有效的维修保护，将会产生材料、船舶、车辆等养护能耗。通常由维修材料引起的能耗很少，主要是航标维护船舶、车辆的能耗占绝大部分。受损坏的航标数量越多，损坏频率越大，产生的额外能耗就越多，越不利于绿色低碳目标的实现。

综上，针对航道设施对航道功能的影响可以提出4个绿色低碳指标：护岸完好率、临跨河设施达标率、航标正常率、标牌配备完好率。

（2）养护设备与机械

航道养护管理工作中的船舶、车辆和施工机械，一方面是能源的直接消耗者，另一方面也是对生态环境产生影响的直接参与者。采取绿色低碳的船舶、车辆和施工机械，有利于降低能耗和减少对生态环境的影响。

航道养护管理阶段的环境污染控制与污染收集、处理设备的配备和使用密切相关。安装污染物（废水、废气、固体垃圾）收集与处理设备，使污染物集中收集处理或净化处理后排放，可保障环境保护达到国家标准。

综上，航道养护设备与机械可以提出3个绿色低碳指标：车辆的绿色低碳技术应用、船舶的绿色低碳技术应用、污染物收集与处理设备使用率。

（3）养护技术

① 一般技术

维护性观测的绿色低碳技术，排除重复因素，主要体现在绿色低碳巡查技术的应用，包括：a. 巡查方案制定；b. 一次巡查覆盖尽可能多的养护对象；c. 低速航行、减少漏查；d. 减少重复巡查路线，重复指数（巡逻里程与养护里程之比）不大于2。

维护性疏浚的绿色低碳技术，排除重复因素，可采取的主要技术措施有：a. 采用先进的疏浚工法,控制超挖及漏挖、欠挖,保证精确的疏浚精度;b. 合理备淤,减少维护性疏浚频次。

护岸维护的绿色低碳技术,排除重复因素,还可从以下两个方面考虑:a. 护岸预防性保护(岸前预留土、抛块石、设置防撞提示牌等);b. 护岸的绿色低碳修复技术(自然材料、多孔隙结构、生态护岸建设与改造等)。

弃土的处理技术包括:a. 合理的运输距离和运输方式;b. 减少弃土的二次搬运;c. 可再利用的弃土就近回填或综合利用;d. 污染弃土处理。

综上,一般的养护技术可以提出5个绿色低碳指标:绿色低碳巡查技术、维护性疏浚的绿色低碳技术、护岸预防性保护措施、护岸的绿色低碳修复技术、弃土处理技术。

② 航道信息化水平

航道信息化水平是提升养护效率的现代技术。航道信息化是指利用现代计算机网络、数字通信、卫星定位等技术手段,整合航道的各种资源,实现航道养护管理的信息化、智能化,能大大减少人工养护管理的工作量,提高管理效率。在实际的航道巡查过程中,体现在可以减少巡航次数,降低巡逻频率,因此减少了养护管理所需的能源消耗,并为及时避免可能发生的堵航等情况提供有力的保证。航道信息化主要实现的是航道养护管理的低碳化。

航道信息化系统可以划分为不同的子系统,包括航道地理信息系统(GIS)、航道视频监控系统、航标电子遥测遥控系统和水上交通诱导信息发布系统。

航道GIS系统要求能通过该系统对航道进行管理,能实现航道历史情况比较,分析出航道养护管理重点,指导巡逻观测重点,指导维护性疏浚与清障、护岸维护和临跨河设施维护(护岸除外),指导视频监控系统、航标系统、水深测量系统等养护管理工作系统的建立。

航道视频监控系统可以实现对航道的实时监控,及时反映、处理问题,提高养护管理效率。

航标电子遥测遥控系统专门针对航标养护而设置,可以实现对航标的实时检测与监控,及时发现工作状态异常的航标,尽快采取应对措施。

水上交通诱导信息发布系统可以及时向航行船舶发布航道通航信息,有效引导船舶及时分流。

除了以上4个系统的建立和运行情况,还需要考虑各个子系统的数据联动和统一管理,实现信息共享和协同合作。

综上,航道信息化水平可以提出5个绿色低碳指标:航道GIS系统、航道视频监控系统、航标电子遥测遥控系统、水上交通诱导信息发布系统、各子系统数据联动和统一管理。

③ 应急维护能力

应急维护能力是针对特殊紧急情况的养护技术。根据前文分析,江苏省内河航道的应急抢通工程一般为洪、枯季的航道通行保障,对洪季助航建筑物和整治建筑物进行维护以及沉船救助,其中沉船救助是海事部门的职责,航道养护管理部门只需协调配合其救助工作即可。

综上,应急维护能力可以提出1个绿色低碳指标:应急反应速度。

(4) 养护效果

根据绿色低碳航道养护管理的内涵,反映航道养护管理绿色低碳效果的指标,可从保障航道功能实现,以及体现节能减排、资源保护、环境保护、生态保护的成效进行指标筛选。

① 航道功能

航道功能指维持航道畅通性,这里可以从空间、时间和堵塞情况3个方面评价航道畅通性。

首先,空间方面需保证有足够的航道里程数达到规划要求的航道等级,也即达到建设的航道尺度,如水深、底宽、弯曲半径和净空高度等参数达到设计标准。对于通航尺度不达标的河段,不仅影响船舶通航,还需通过疏浚等手段使其达标,动用施工船艇、疏浚机械等器具,必将产生额外的能耗和碳排放,不利于绿色低碳目标的实现。

其次,时间方面需保证一年当中有足够天数使航道正常通航。通航天数不足,不仅影响航道畅通,妨碍航运经济,而且需要通过整治措施维持规定水深,以达到通航天数要求,势必引起航道养护能耗和碳排放的增加,不利于实现绿色低碳。

最后,空间和时间上的航道正常通航并不能完全保证航道畅通性,比如发生撞船事故、漏油事故、恶劣自然条件等突发事件时,会引起航道堵塞,一方面可能对航道水域造成污染,另一方面船舶滞留会增加油耗,降低航运效率,十分不利于绿色低碳目标的实现。

综上,围绕航道功能可以提出2个绿色低碳指标:航道里程达标率和航道畅通率。

② 绿色低碳效果指标

绿色低碳效果指航道养护管理在节能减排、资源保护、环境保护、生态保护4个方面的综合成效。

在节能减排方面,由于航道养护管理工作涉及范围广,养护对象布局零散,养护方式多种多样,直接计算能耗值和碳排放值比较烦琐。而且通过前文分析,可以用船舶、车辆、设备和施工机械的养护工程综合油耗(柴油或汽油)来间接计算能耗,涉及养护材料时再另外计入材料内含能。通常能耗的发生往往伴随着碳排放,实现节能的同时也做到了减排。

在资源保护方面,航道养护管理中的资源节约主要指节材与节地,具体主要体现在维护性疏浚和护岸维护中。根据前文分析,护岸维护的施工过程会占用土地和岸线,但施工结束后一般能恢复原状用途,而且养护施工相比建设施工的规模要小得多,因此不考虑这方面的节地。在维护性疏浚中,疏浚弃土在陆域堆放会占用土地,综合利用则能同时做到节材与节地。护岸拆除的废旧材料重新加以利用,可以做到节材。航标维护也涉及材料的使用,但用量很少。

环境保护从大气环境、水环境、声环境、固体废弃物4个方面考虑。大气环境保护方面,扬尘难以避免,可以通过洒水、覆盖等施工控制措施来缓解,而且施工结束后扬尘即消失。另外,废气排放比较少,对空气污染影响小,这里暂不考虑作为指标。水环境保护方面,施工搅动底泥悬浮难以避免,以及疏浚弃土抛投和转移过程中容易洒漏,同样可以通过防污帘等施工控制措施来缓解,而且施工结束后这种情况即可消失,这里只考虑废水净化后达标排放情况。声环境方面,可以通过噪声等级来评价。固体废弃物方面,可以通过固体垃圾收集处置情况来评价。

航道生态涉及范围相当广泛,包括水体生态和陆地生态,水生生物、湿生生物和陆生生物、动物和植物等方方面面。在航道养护管理阶段，维护好河岸带植被是养护管理工作实现生态保护的主要途径，因此，这里选取岸坡植被情况来评价航道养护管理的生态性。

综上，围绕绿色低碳效果可以提出4个绿色低碳指标，包括7个小指标：节能减排——日常养护能耗下降率、日常养护碳排放下降率；资源保护——节材率；环境保护——环境达标率（废水、固体垃圾、噪声）；生态保护——岸坡植被完好率。

(5) 养护管理

养护管理是从工作计划、规章制度、管理体系、责任考核、宣传培训等管理手段方面，对绿色低碳航道养护工作施加引导和约束。可以提出5个绿色低碳指标：绿色低碳工作计划的制定与实施、绿色低碳规章制度的建立与实施、绿色低碳管理体系建设、绿色低碳目标责任评价考核制度、绿色低碳宣传培训工作。

2) 航道工程养护管理阶段的绿色低碳指标体系构建

航道养护管理阶段的绿色低碳指标体系由四部分构成：强度性指标、体系性指标、保障性指标以及特色性指标。其中，强度性指标用于评价各项绿色低碳养护管理工作的综合效果，包括航道功能状态、节能减排、资源保护、环境保护和生态保护成效5个方面。体系性指标用于控制养护管理过程，评价养护管理手段，促进实现养护管理目标，包括航道设施、养护设备与机械和养护技术3个方面。保障性指标从工作计划、规章制度、管理体系、责任考核、宣传培训等管理手段方面，对绿色低碳航道养护管理工作施加引导和约束。特色性指标用于激励航道养护管理部门的主动性和创新性，促进实现绿色低碳航道养护管理。

(1) 强度性指标

① 航道功能

a. 航道里程达标率

指标说明：航道里程达标率是指达到规划等级的航道里程占整个航道全线总里程的比例，也即达到规划的航道尺度，如水深、底宽、弯曲半径和净空高度等参数达到设计标准。该指标可直接体现航道畅通及航道运输的高效性，间接体现了绿色低碳。计算公式如下：

$$\text{航道里程达标率} = \frac{\text{达到规划等级的航道里程}}{\text{航道全线总里程}} \times 100\% \tag{3.33}$$

评分标准：达到100%得5分，90%~99%得3分，否则不得分。

b. 通航保证率

指标说明：通航保证率是指在规定的水深条件下，一年中能够通航的天数占全年通航天数的百分比。也即，一年中航道实际水深与换算水深达到航道设计水深的天数之和与当年通航天数之比。该指标反映了内河航道实际维持正常通航的保证程度。计算公式如下：

$$P = \frac{t}{365-n} \times 100\% \tag{3.34}$$

式中：t——全年达到航道设计水深的天数之和；

n——因气候、环境等自然因素造成的不能通航天数。

评分标准：根据交通运输部《航道整治工程技术规范》和《江苏省交通运输现代化规划纲要》，三级航道达到98%得5分，否则不得分；四级和五级航道达95%得5分，否则不得分。

② 节能减排

a. 日常养护能耗下降率

指标说明：日常养护能耗下降率是指当年航道养护能耗水平相比上年下降的百分比。其中，航道养护能耗水平是指航道养护能耗值与航道养护总里程之比。航道养护能耗值可以通过船舶、车辆、设备和施工机械的养护工程综合油耗（柴油或汽油）来间接计算，涉及养护材料时再另外计入材料内含能，其中材料不包括回收利用部分。计算公式如下：

$$航道养护能耗水平 = \frac{航道养护能耗值}{航道养护总里程} \tag{3.35}$$

$$日常养护能耗下降率 = \frac{上年能耗水平 - 当年能耗水平}{上年能耗水平} \times 100\% \tag{3.36}$$

根据上年和当年的航道养护管理实际，养护管理工作的油品购买记录和实际耗油量（柴油或汽油），以及材料购置使用量（不包括回收利用的材料），进行间接地整体计算。

评分标准：参照相关行业和有关文献，参考数值为20%。达到20%得5分，15%～<20%得3分，5%～<15%得1分，低于5%不得分。

b. 日常养护碳排放下降率

指标说明：日常养护碳排放下降率是指当年航道养护碳排放水平相比上年下降的百分比。其中，航道养护碳排放水平是指航道养护碳排放值与航道养护总里程之比。计算公式如下：

$$航道养护碳排放水平 = \frac{航道养护碳排放值}{航道养护总里程} \tag{3.37}$$

$$日常养护碳排放下降率 = \frac{上年碳排放水平 - 当年碳排放水平}{上年碳排放水平} \times 100\% \tag{3.38}$$

评分标准：参照相关行业和有关文献，参考数值为20%。达到20%得5分，15%～<20%得3分，5%～<15%得1分，低于5%不得分。

③ 资源保护

节材率

指标说明：节材率指材料节约量占材料预算量的比例，计算公式为：

$$节材率 = \frac{材料节约量}{材料预算量} \times 100\% \tag{3.39}$$

材料节约量＝预算用量－实际用量，或者材料节约量＝养护方法或技术改进带来的材料节约＋可回收材料和固废用量，其中可回收材料和固废用量主要是指维护性疏浚、护岸维护和航标维护过程中，疏浚弃土、护岸拆除材料和航标拆除材料的再利用。

评分标准：达到10%得5分，5%～9%得3分，低于5%不得分。

④ 环境保护

环境达标率

指标说明：这里主要指废水达标排放、固体垃圾收集处置、噪声达标3个方面。根据当年航道养护管理中废水达标排放、固体垃圾收集处置、噪声达标的情况进行考察和评价。

a. 废水达标排放

这里的废水主要针对船舶废水、车辆废水、生活区废水和施工废水的排放,要符合《污水综合排放标准》一级标准。

b. 固体垃圾收集处置

这里的固体垃圾主要针对船舶垃圾、车辆垃圾和生活区垃圾,处置率应达到100%。计算公式如下:

$$固体垃圾收集处置率 = \frac{收集处置的固体垃圾重量或体积}{总产生的固体垃圾重量或体积} \times 100\% \tag{3.40}$$

c. 噪声达标

这里的噪声主要针对来自船舶、车辆和施工机械产生的噪声,需满足《城市区域环境噪声标准》4类标准;航道、船闸两侧35 m外的范围,县城和县乡工业区执行2类标准;县城和县乡工业区以外的乡村居住区执行1类标准。

评分标准:a,b,c均达标得5分,其中2项达标得3分,否则不得分。

⑤ 生态保护

岸坡植被完好率

指标说明:岸坡植被完好率是指航道养护管理范围内,岸坡植被覆盖完好的航道里程占航道养护总里程之比。计算公式如下:

$$岸坡植被完好率 = \frac{岸坡植被覆盖完好的航道里程}{航道养护总里程} \times 100\% \tag{3.41}$$

根据当年航道养护管理中岸坡植被实际覆盖情况进行测算。

评分标准:达到90%~100%得5分,80%~89%得3分,70%~79%得1分,低于70%不得分。

(2) 体系性指标

① 航道设施

a. 护岸完好率

指标说明:护岸完好率是指航道养护管理范围内,未被损坏而完好的护岸里程与护岸总里程之比。计算公式如下:

$$护岸完好率 = \frac{护岸完好的里程}{总的护岸里程} \times 100\% \tag{3.42}$$

评分标准:达到90%~100%得5分,80%~89%得3分,70%~79%得1分,低于70%不得分。

b. 临跨河设施达标率

指标说明:临跨河设施达标率是指达标(达到规范要求)的临跨河设施数量占总的临跨河设施数量之比,注意这里的临河设施不包括护岸。计算公式为:

$$临跨河设施达标率 = \frac{达标的临跨河设施数量}{总的临跨河设施数量} \times 100\% \tag{3.43}$$

评分标准:达到100%得5分,90%~<100%得3分,低于90%不得分。

c. 航标正常率

指标说明:航标正常率是指航道养护管理中航标正常的数量占应配布的航标总数量之比。计算公式如下:

$$航标正常率 = \frac{航标正常的数量}{应配布的航标总数量} \times 100\% \tag{3.44}$$

评分标准:达到100%得5分,否则不得分。

d. 标牌配备完好率

指标说明:标牌配备完好是指制作的标识文字、图案完好,清晰度满足要求,分布合理。计算公式为:

$$标牌配备完好率 = \frac{完好标牌的数量}{应配的标牌总数量} \times 100\% \tag{3.45}$$

评分标准:达到98%得5分,90%～<98%得3分,低于90%不得分。

② 养护设备与机械

a. 车辆的绿色低碳技术应用

指标说明:航道养护管理期将会调用维护工作车辆,车辆的绿色低碳技术应用包括:使用节能减排型车辆(允许情况下采用低排量车辆)或以绿色能源作为动力;有节能减排措施。

评分标准:上述要求全部满足得5分,满足其中1项得3分,否则不得分。

b. 船舶的绿色低碳技术应用

指标说明:维护工作船舶的绿色低碳技术应用包括:第一项,使用节能减排型船舶;第二项,安装污染收集与净化处理设备;第三项,保养到位,性能优良,操作恰当。

评分标准:上述要求全部满足得5分,满足第一项或其中2项得3分,否则不得分。

c. 污染物收集与处理设备使用率

指标说明:污染物收集与处理设备使用率是指航道养护管理中,在船舶、车辆和施工机械上以及施工场地和生活区内,实际配备的污染物(废水、废气、固体垃圾)收集与处理设备数量占需要配备的总数量之比。计算公式如下:

$$污染物收集与处理设备使用率 = \frac{实际配备的数量}{需要配备的总数量} \times 100\% \tag{3.46}$$

评分标准:达到100%得5分,90%～99%得3分,低于90%不得分。

③ 养护技术

a. 绿色低碳巡查技术

指标说明:指维护性观测中,包括:巡查方案制定;一次巡查覆盖尽可能多的养护对象;低速航行、减少漏查;减少重复巡查路线、重复指数(巡逻里程与养护里程之比)不大于2。

评分标准:上述要求全部满足得5分,满足其中2～3项得3分,其余不得分。

b. 维护性疏浚的绿色低碳技术

指标说明:指维护性疏浚中,采用先进的疏浚工法,控制超挖及漏挖、欠挖,保证精确的疏浚精度;合理备淤,减少维护性疏浚频次;就近处理疏浚弃土,回收综合利用;弃土二次搬运率不超过20%;污染弃土得到合理处理。

评分标准:全部项满足得 5 分,只满足其中 3~4 项得 3 分,否则不得分。

c. 护岸预防性保护措施

指标说明:指护岸维护中,对险工段和易受碰撞段,采取预防性保护措施,包括岸前预留土、抛块石、设置防撞提示牌等。

评分标准:结合实际应用情况酌情给分,满分共 5 分。

d. 护岸的绿色低碳修复技术

指标说明:指护岸维护中,采用生态工法或低碳技术,包括自然材料、多孔隙结构、生态护岸建设与改造等。

评分标准:结合实际应用情况酌情给分,满分共 5 分。

e. 电子航道图

指标说明:航道信息化系统的子系统之一,针对整个航道。考核内容包括:航道基本地理信息齐全;相关硬件、软件齐全,数据完好;信息准确可信;实现快捷方便查询;实现实时修改更正;能用于指导航道养护管理;有专人管理。

评分标准:根据系统运行情况,参考以上考核内容项酌情给分,满分共 5 分。

f. 航道视频监控系统

指标说明:航道信息化系统的子系统之一,针对整个航道。考核内容包括:监控覆盖主要航段和关键点;监控清晰度满足要求;实现实时管理;反应速度;有专人管理,系统可以 24 小时工作;可以倒放,信息存档。

评分标准:根据系统运行情况,参考以上项考核内容酌情给分,满分共 5 分。

g. 航标电子遥测遥控系统

指标说明:航道信息化系统的子系统之一,专门针对航标。考核内容包括:实现所有航段航标电子遥测遥控;实现实时管理;有专人管理,系统可以 24 小时工作;及时反馈工作状态异常的航标。

评分标准:根据系统运行情况,参考以上考核内容项酌情给分,满分共 5 分。

h. 水上交通诱导信息发布系统

指标说明:航道信息化系统的子系统之一,专门针对航行船舶发布通航信息。考核内容包括:诱导平台方便快捷,覆盖面广(一般以短信形式进行信息诱导);有效引导船舶分流;从收到情况、发布消息到船舶接受消息所用时间越短越好,参考数值为 5 min。

评分标准:根据系统运行情况,参考以上考核内容酌情给分,满分共 5 分。

i. 各子系统数据联动和统一管理

指标说明:对各个子系统的信息整合,实现信息化管理的统一。考核内容包括:是否实现各子系统的数据联动、信息共享、协同合作;对航道运营情况统一管理。进行此项评价的前提是,以上 4 个子系统中至少有 2 个子系统建立完善。

评分标准:满足以上 2 项得 5 分,否则不得分。

j. 应急反应速度

指标说明:应急反应速度指从发生紧急情况到应急方案响应的耗时。

评分标准:不超过 2 h,得 5 分;超过 2 h,不得分。

(3)保障性指标

① 绿色低碳工作计划的制定与实施

指标说明：从工作计划方面，对绿色低碳航道养护管理工作施加引导和约束。考核内容：a. 编制有航道养护管理绿色低碳发展计划，内容翔实、目标明确且有相应的保障措施；b. 航道养护管理部门每年发布年度绿色低碳工作总结及下一年度工作计划；c. 认真贯彻执行行业和主管部门的航道养护管理绿色低碳计划。

评分标准：满足 3 项得 5 分，满足其中 2 项得 3 分，否则不得分。

② 绿色低碳规章制度的建立与实施

指标说明：从规章制度方面，对绿色低碳航道养护管理工作施加引导和约束。考核内容：a. 能提供相关规章制度文件，并且已经发放和组织学习；b. 规章制度要紧密围绕绿色低碳养护管理制定；c. 规章制度中的相关规定在实际工作中得到落实。

评分标准：满足 3 项得 5 分，满足其中 2 项得 3 分，否则不得分。

③ 绿色低碳管理体系建设

指标说明：从管理体系方面，对绿色低碳航道养护管理工作施加引导和约束。考核内容：a. 设立绿色低碳的组织管理机构并有相应的人员；b. 管理手册、程序文件及运行记录完整。

评分标准：满足 2 项得 5 分，满足其中 1 项得 3 分，否则不得分。

④ 绿色低碳目标责任评价考核制度

指标说明：从责任考核方面，对绿色低碳航道施加引导和约束。

⑤ 绿色低碳宣传培训工作

指标说明：从宣传培训方面，对绿色低碳航道养护管理工作施加引导和约束。绿色低碳宣传是指通过报刊、网站、电视等媒体以及开展"绿色低碳宣传周"等活动，广泛宣传绿色低碳法律、法规、政策，以及航道绿色低碳技术及管理措施等。绿色低碳培训是指对相关从业人员开展绿色低碳知识培训以及经验交流会等。具体有：a. 开展宣传活动；b. 组织培训、专场讲座等；c. 组织绿色低碳交流会或知识竞赛。

评分标准：3 项全部满足得 5 分，满足其中 2 项得 3 分，否则不得分。

（4）特色性指标

指标说明：特色性指标可依据航道特点、养护管理工作实际，设立自定义项。自定义项应当符合绿色低碳航道养护管理的宗旨。申请方应在实施方案中提出自定义项申请，并阐述申请理由及分值。

评分标准：对航道养护管理部门的主动性和创新性的激励效果，对实现绿色低碳目标的促进效果。

（5）养护管理阶段绿色低碳指标体系

根据前述一级指标权重的确定方法，养护管理阶段的强度性指标占 40 分，体系性指标占 45 分，保障性指标占 10 分，特色性指标占 5 分。各项二级指标的评分标准按满分 5 分制评分。评分方法先按 5 分制进行初步评分（由专家或考核人员按评分标准打分），再计算最终的考核得分。具体如表 3.7 所示，表中的二级指标分值为对应的一级指标分值乘以二级指标权重得到。

表 3.7 养护管理阶段绿色低碳指标体系表

指标类别（一级指标）	二级指标		评分标准	初评分数	考核得分
	指标名称	分值			
强度性指标（40分）	航道功能				
	航道里程达标率	5	达到100%得5分,90%~99%得3分,否则不得分		
	通航保证率	5	三级航道达到98%得5分,四级和五级航道达95%得5分,否则不得分		
	节能减排				
	日常养护能耗下降率	5	达到20%得5分,15%~<20%得3分,5%~<15%得1分,低于5%不得分		
	日常养护碳排放下降率	5	达到20%得5分,15%~<20%得3分,5%~<15%得1分,低于5%不得分		
	资源保护				
	节材率	5	达到10%得5分,5%~9%得3分,低于5%不得分		
	环境保护				
	环境达标率	10	a,b,c均达标得5分,其中2项达标得3分,否则不得分		
	生态保护				
	岸坡植被完好率	5	达到90%~100%得5分,80%~89%得3分,70%~79%得1分,低于70%不得分		
体系性指标（45分）	航道设施				
	护岸完好率	3	达到90%~100%得5分,80%~89%得3分,70%~79%得1分,低于70%不得分		
	临跨河设施达标率	3	达到100%得5分,90%~<100%得3分,低于90%不得分		
	航标正常率	3	达到100%得5分,否则不得分		
	标牌配备完好率	3	达到98%得5分,90%~<98%得3分,低于90%不得分		
	养护设备与机械				
	车辆的绿色低碳技术应用	3	要求全部满足得5分,满足其中1项得3分,否则不得分		
	船舶的绿色低碳技术应用	3	要求全部满足得5分,满足第一项或其中2项得3分,否则不得分		
	污染物收集与处理设备使用率	3	达到100%得5分,90%~99%得3分,低于90%不得分		

续表

指标类别 （一级指标）		二级指标		评分标准	初评 分数	考核 得分
		指标名称	分值			
体系性指标 （45分）	养护技术	绿色低碳巡查技术	3	要求全部满足得5分，满足其中2～3项得3分，其余不得分		
		维护性疏浚的绿色低碳技术	3	要求全部满足得5分，只满足其中3～4项得3分，其余不得分		
		护岸预防性保护措施	2	结合实际应用情况酌情给分，满分共5分		
		护岸的绿色低碳修复技术	3	结合实际应用情况酌情给分，满分共5分		
		电子航道图	2	根据系统运行情况，参考考核内容酌情给分，满分共5分		
		航道视频监控系统	2	根据系统运行情况，参考考核内容酌情给分，满分共5分		
		航标电子遥测遥控系统	2	根据系统运行情况，参考考核内容酌情给分，满分共5分		
		水上交通诱导信息发布系统	2	根据系统运行情况，参考考核内容酌情给分，满分共5分		
		各子系统数据联动和统一管理	2	满足2项考核内容要求得5分，否则不得分		
		应急反应速度	3	不超过2 h，得5分；超过2 h，不得分		
保障性指标 （10分）		绿色低碳工作计划的制定与实施	2	满足3项得5分，满足其中2项得3分，否则不得分		
		绿色低碳规章制度的建立与实施	2	满足3项得5分，满足其中2项得3分，否则不得分		
		绿色低碳管理体系建设	2	满足2项得5分，满足其中1项得3分，否则不得分		
		绿色低碳目标责任评价考核制度	2	3项全部满足得5分，满足其中2项得3分，否则不得分		
		绿色低碳宣传培训工作	2	3项全部满足得5分，满足其中2项得3分，否则不得分		
特色性指标（5分）				根据实际特色性指标执行效果，酌情给分，满分共5分		

3.3 绿色航道总体评价指标体系

3.3.1 绿色航道总体评价指标的筛选

1) 航道基础设施功能指标

航道与社会和谐是绿色低碳航道建设的基本目标,要求航道具有良好的运输功能和社会功能,航道的基础设施达到相应的建设和维护标准,保持良好的运营状态。

评价指标:航道里程达标率、航道畅通率、航标配备完好率、标牌配备完好率、临跨河设施达标率、便民设施达标完好率、锚地服务区正常使用率、护岸完好率、航道信息技术使用率、防洪达标率。其中,航标配备完好率、便民设施达标完好率、锚地服务区正常使用率、航道信息技术使用率、防洪达标率的定义和计算公式如下:

(1) 航标配备完好率

指标说明:航标配备完好是指航标配备合理、满足规范要求,维护到位、工作状态正常。计算公式如下:

$$航标配备完好率 = \frac{航标配备完好的数量}{总配备数量} \times 100\% \tag{3.47}$$

评分标准:达到100%得5分,否则不得分。

(2) 便民设施达标完好率

指标说明:便民设施达标完好率是指在便民设施配备数量满足要求的前提下,还要达到配布合理,运行状态良好,能满足附近居民生活要求。计算公式如下:

$$便民设施达标完好率 = \frac{下河阶梯、渡口达标完好的数量}{总配备数量} \times 100\% \tag{3.48}$$

评分标准:达到100%得5分,98%~<100%得3分,低于98%不得分。

(3) 锚地服务区正常使用率

指标说明:锚地服务区正常使用率,是指在锚地服务区配备数量满足要求的前提下,可正常发挥对航行船舶的停泊与服务功能作用的锚地服务区的占比。计算公式如下:

$$锚地服务区正常使用率 = \frac{锚地服务区正常使用数量}{总配备数量} \times 100\% \tag{3.49}$$

评分标准:到100%得5分,98%~<100%得3分,低于98%不得分。

(4) 航道信息技术使用率

指标说明:航道信息技术使用率,是指已使用的信息技术项数占需要的信息技术项数的比例。计算公式如下:

$$航道信息技术使用率 = \frac{已使用的信息技术项数}{需要的信息技术项数} \times 100\% \tag{3.50}$$

评分标准:达到100%得5分,90%~<100%得3分,低于90%不得分。

(5) 防洪达标率

指标说明：防洪是航道的基本社会功能之一，防洪达标率是指满足相关防洪标准的航道里程占总里程的比例。计算公式如下：

$$防洪达标率 = \frac{防洪达标的航道里程}{总里程} \times 100\% \quad (3.51)$$

评分标准：达到100%得5分，否则不得分。

2) 节能减排指标

绿色低碳航道通过科学的建设和养护管理，实现能源节约，碳排放减少。能耗和碳排放指标由反映航道基础设施建成后水路运输能耗和碳排放水平的指标，以及维持航道功能状况的节能减排技术指标组成。

(1) 单位运输周转量能耗下降率

指标说明：单位运输周转量能耗下降率是指航道整治后的周转吨公里货物能耗与航道整治前相比较下降的百分比，这个指标直接有力地说明了航道整治的作用与效果以及对航道能耗的长期间接影响。计算公式如下：

$$营运船舶周转吨公里货物能耗 = \frac{营运船舶能源消耗量}{营运船舶周转货物吨数 \times 运输公里数} \times 100\% \quad (3.52)$$

$$单位运输周转量能耗下降率 = \frac{航道整治前周转吨公里货物能耗 - 航道整治后周转吨公里货物能耗}{航道整治前周转吨公里货物能耗} \times 100\% \quad (3.53)$$

(2) 碳汇能力增长率

目前，我国主要采取两种方式达到减排的目的：一种是直接减排，即减少温室气体排放源，主要是通过技术改造减少能源、提高效能等手段来实现；一种是间接减排，即增加温室气体吸收汇，也叫增汇或碳汇，主要是通过森林等植物的生物性特征，即光合作用吸收二氧化碳、释放氧气，把大气中的二氧化碳固定到植物体和土壤中来实现。与直接减排措施相比，植树造林等碳汇措施不仅可以达到间接减排的效果，而且操作成本低、效益好、易施行，是目前应对气候变化最经济、最现实的手段，也是国际社会公认的有效途径。航道两岸植被带可有效提升其涵养水土、净化水质、美化环境、调节区域气候等生态功能，同时也增强了航道的碳汇能力。

指标说明：碳汇能力是指从空气中清除二氧化碳的过程、活动、机制。航道碳汇能力主要是指航道沿岸植被、水体吸收并储存二氧化碳的多少。碳汇能力增长率，顾名思义，指航道通过建设和维护其碳汇能力比原航道碳汇能力增加的比例。计算公式为：

$$碳汇能力增长率 = \frac{新建航道碳汇能力 - 原航道碳汇能力}{原航道碳汇能力} \times 100\% \quad (3.54)$$

评分标准：碳汇能力增长率大于50%得5分，达到20%~49%得3分，小于20%不得分。

(3) 绿色照明灯具比例

指标说明：指航标、办公照明灯具中同时满足高效节能、环保、安全、舒适的灯具，如LED

灯、风光互补灯具、高效反光灯具以及相关标准规定的 1 级能效等级的高压钠灯等的应用比例。

评分标准：达到 90% 得 5 分，80%～<90% 得 3 分，低于 80% 不得分。

(4) 绿色能源应用

指标说明：绿色能源的应用是为了改进航道的用能结构，减少高排放的汽油、柴油能源的使用，采用电能、太阳能、风能等清洁能源。对于航道来说，目前绿色能源应用有：a. 采用风光互补灯或太阳能一体化航标灯；b. 热水供应采用太阳能热水系统；c. 锚地、服务区等为船舶提供岸电或加气服务。

评分标准：满足其中 2 项得 5 分，否则不得分。

3) 资源保护指标

总体评价的资源保护是从更宏观的角度对航道建设及运营期的资源利用、节约与保护情况进行评价，包括土地、湿地、水资源、文物资源等多个方面，是对航道资源现状的综合考察。

评价指标筛选：水系恢复率，取、排水口恢复率，土地节约率、湿地面积增减率、老驳岸利用率、文物古迹保护率。其中，水系恢复率，取、排水口恢复率，文物古迹保护率已在前面有关章节定义了。土地节约率、湿地面积增减率、老驳岸利用率的定义和计算公式如下：

(1) 土地节约率

指标说明：指航道建成后，实际永久征地比设计阶段永久征地减少的比例。计算公式为：

$$\text{土地节约率} = \frac{\text{设计永久征地} - \text{实际永久征地}}{\text{设计永久征地}} \times 100\% \tag{3.55}$$

评价标准：大于 10% 得 5 分，否则不得分。

(2) 湿地面积增减率

指标说明：湿地面积增减率是指与建设前相比，航道建设后湿地面积增减的比例。计算公式如下：

$$\text{湿地面积增减率} = \frac{\text{航道建设后湿地面积} - \text{建设前湿地面积}}{\text{建设前湿地面积}} \times 100\% \tag{3.56}$$

评分标准：湿地面积增加，或者减少率低于 5%，得 5 分；否则不得分。

(3) 老驳岸利用率

指标说明：在护岸工程中，对于原有老驳岸，需要进行拆除改造的，尽量采用加固技术，对老驳岸进行再利用，从而减少拆除和新建的工程量，节约资源，也能节约能源。计算公式如下：

$$\text{老驳岸利用率} = \frac{\text{加固再利用的老驳岸延米数}}{\text{总的老驳岸延米数}} \times 100\% \tag{3.57}$$

评分依据：达到 50% 得 5 分，30%～49% 得 3 分，低于 30% 不得分。

4) 环境保护指标

总体评价的环境保护指标为环境达标率，与养护管理阶段相同，包括废水达标排放、固体垃圾收集处置、噪声控制3个方面的达标情况。此外,还需要增加环保措施类指标,有油污水处理措施、固体垃圾回收处理措施、噪声防止措施,其定义和说明如下:

(1) 油污水处理措施

指标说明:要求:① 在船舶上安装油水分离器,含油废水经油水分离器处理达标后排放;② 在车辆上安置油污水收集密封桶;③ 生活区废水经专门的生活排污管道设施排放;④ 施工废水先收集再集中处理。

评分标准:①②③④全部满足得5分,满足其中3项得3分,否则不得分。

(2) 固体垃圾回收处理措施

指标说明:要求:① 设置固体垃圾回收站点,可采用封闭式固体垃圾容器;② 对固体垃圾实行袋装化,及时清运。

评分标准:①②全部满足得5分,否则不得分。

(3) 噪声防止措施

指标说明:要求:①在居民区种植隔声的绿化林带;②在岸上相关位置设置低速行驶标志和禁止鸣笛标志。

评分依据:①②全部满足得5分,否则不得分。

5) 生态保护指标

航道工程的生态保护贯穿航道建设、运营和维护的全过程,在航道建设中要保持水系的特性和活动性,保持河岸植被完整,植物生长状态良好,保持河流结构完整、功能健全,能量、物质和信息流动顺畅,使航道周边生态可居、景观优美,能维持河流生态系统的可持续发展,实现航道通航与周围环境生态的和谐共存。

评价指标:净初级生产量减少率、生态护岸比、河岸植被带宽度、岸坡植被完好率、河岸带景观舒适度、河岸带植物群落适宜度。其中,净初级生产量减少率、生态护岸率、河岸植被带宽度、岸坡植被完好率已在前文定义过。河岸带景观舒适度、河岸带植物群落适宜度的定义和说明如下:

(1) 河岸带景观舒适度

指标说明:河岸带景观舒适度重点考察两个方面:①岸坡无大范围混凝土覆盖,满足景观连通性要求;②在构筑物与环境协调及植物色彩、空间配置等方面,满足人眼观赏的舒适度要求。

评分标准:①②全部满足得5分,只满足①得3分,否则不得分。

(2) 河岸带植物群落适宜度

指标说明:河岸带植物群落适宜度重点考察三个方面:① 横向和垂向植物配布合理,满足植物多样性要求;② 无外来物种入侵;③ 已有植物生长状态良好。

评分标准:①②③全部满足得5分,满足其中2项得3分,否则不得分。

6) 保障性指标

见3.2.3节。

3.3.2 绿色航道总体评价指标体系

总体评价的指标分为两级,一级指标和二级指标权重的确定方法都是根据指标对实现绿色低碳的作用,结合专家打分确定。总体评价二级指标的评分方法如前所述,先按满分5分制进行初步评分(由专家或考核人员按评分标准打分),最终考核得分由5分制得分乘以转换系数后得到。总体评价的二级指标分为控制性指标和一般性指标两类,在进行初步评分时,根据指标性质可采用两种打分方式,对于控制性指标,达到考核标准即得满分5分,否则不得分;对于一般性指标,完全达标得5分,大部分达标得3分,否则不得分。具体如表3.8所示,表中的二级指标分值为对应的一级指标分值乘以二级指标权重得到。

确定控制性指标的准则:控制性指标是绿色低碳航道必须要考虑的最低标准,申请绿色低碳航道评定的项目必须无一例外地满足所有控制性指标。航道基础设施与功能指标——航道里程达标率、通航保证率、航标配备完好率,是保证船舶安全、畅通航行的基本条件,防洪达标率是满足社会功能的基本要求,只有达到这些指标,评价航道的绿色低碳才有实际意义,因此列为控制性指标。周转吨公里货物能耗最能说明航道的"低碳"水平,因此,将单位运输周转量能耗下降率和碳汇能力增长率列入控制性指标。土地保护、水系恢复、湿地保护、净初级生产量都能直接说明航道的"绿色"程度,环境保护必须要求做到位,因此,将水系恢复率、土地节约率、湿地面积增减率、净初级生产量减少率、环境达标率列为控制性指标。

表3.8 绿色低碳航道总体评价指标体系表

指标类别（一级指标）	二级指标		评分标准	初评分数	考核得分	备注
	指标名称	分值				
航道基础设施与功能（20分）	航道里程达标率	3	达到100%得5分,90%～99%得3分,低于90%不得分			控制
	通航保证率	3	三级航道达到98%得5分,四级和五级航道达95%得5分,否则不得分			控制
	航标配备完好率	2	达到100%得5分,否则不得分			控制
	防洪达标率	2	达到100%得5分,否则不得分			控制
	标牌配备完好率	2	达到98%得5分,90%～<98%得3分,低于90%不得分			一般
	临跨河设施达标率	2	达到100%得5分,90%～<100%得3分,低于90%不得分			一般
	便民设施达标完好率	2	达到100%得5分,98%～<100%得3分,低于98%不得分			一般
	锚地服务区正常使用率	2	达到100%得5分,98%～<100%得3分,低于98%不得分			一般
	护岸完好率	2	达到90%～100%得5分,80%～89%得3分,70%～79%得1分,低于70%不得分			一般

续表

指标类别（一级指标）	二级指标 指标名称	分值	评分标准	初评分数	考核得分	备注
节能减排（25分）	单位运输周转量能耗下降率	7	大于10%得5分，否则不得分			控制
	碳汇能力	7	大于50%得5分，20%~49%得3分，小于20%不得分			一般
	绿色照明灯具比例	3	达到90%得5分，80~90%得3分，低于80%不得分			一般
	绿色能源应用	3	满足其中2项5分，否则不得分			一般
	航道信息技术使用率	5	达到100%得5分，90%~<100%得3分，低于90%不得分			一般
资源保护（15分）	土地节约率	3	大于10%得5分，否则不得分			控制
	水系恢复率	3	达到100%得5分，否则不得分			控制
	湿地面积增减率	3	增加，或者减少率低于5%，得5分；否则不得分			控制
	取排水口恢复率	2	达到100%得5分，90%~<100%得3分，低于90%不得分			一般
	老驳岸利用率	2	达到50%得5分，30%~49%得3分，低于30%不得分			一般
	文物古迹保护率	2	达到100%得5分，90%~<100%得3分，低于90%不得分			一般
环境保护（10分）	环境达标率	4	a,b,c均达标得5分，其中2项达标得3分，否则不得分			控制
	油污水处理措施	2	①②③④全部满足得5分，满足其中3项得3分，否则不得分			一般
	固体垃圾回收处理措施	2	①②全部满足得5分，否则不得分			一般
	噪声防止措施	2	①②全部满足得5分，否则不得分			一般
生态保护（15分）	净初级生产量减少率	5	小于10%得5分，否则不得分			控制
	生态护岸率	2	达到50%得5分，30%~<50%得3分，低于30%不得分			一般
	河岸植被带宽度	2	大于或等于7.5 m得5分，6~<7.5 m得3分，小于6 m不得分			一般
	岸坡植被完好率	2	达到90%~100%得5分，80%~89%得3分，70%~79%得1分，低于70%不得分			一般
	河岸带景观舒适度	2	①②全部满足得5分，只满足①得3分，否则不得分			一般
	河岸带植物群落适宜度	2	①②③全部满足得5分，满足其中2项得3分，否则不得分			一般

续表

指标类别 （一级指标）	二级指标		评分标准	初评分数	考核得分	备注
	指标名称	分值				
保障性指标 （10 分）	绿色低碳工作计划的制定与实施	2	满足 3 项得 5 分,满足其中 2 项得 3 分,否则不得分			一般
	绿色低碳规章制度的建立与实施	2	满足 3 项得 5 分,满足其中 2 项得 3 分,否则不得分			一般
	绿色低碳管理体系建设	2	满足 2 项得 5 分,满足其中 1 项得 3 分,否则不得分			一般
	绿色低碳目标责任评价考核制度	2	3 项全部满足得 5 分,满足 2 项得 3 分,否则不得分			一般
	绿色低碳宣传培训工作	2	3 项全部满足得 5 分,满足其中 2 项得 3 分,否则不得分			一般
特色性指标(5 分)		5	岸电,加气站			一般

4 绿色航道的护岸技术

4.1 概述

4.1.1 绿色航道护岸特征与设计流程

基于绿色航道发展理念,绿色航道护岸应具有保护河岸、防洪、生态景观等功能,以及提供人类休闲、观赏和亲近水体等功能;具有以下三方面的特征:① 生态特征,绿色护岸利用植物或植物与土木工程相结合,具有保护环境、改善河流生态的功能;② 资源节约特征,通过科学合理地选择航道断面和与之相应的护岸型式,节约土地资源,采用先进的施工工艺在保证质量的同时,降低能源消耗,减少碳排放;③ 全寿命周期经济合理特征,在绿色护岸建设、养护全生命周期过程中,从经济的角度出发,全面综合考虑,选用整体效益好的护岸型式。

绿色航道必须大力发展绿色护岸,绿色护岸是具有现代意义的水运工程,它涉及现代水利工程学、生物科学、生态环境科学、景观美学等众多学科。

绿色护岸结构设计遵循的流程,如图4.1所示。

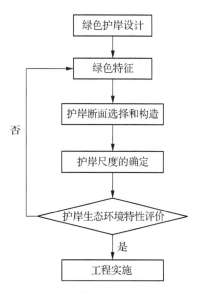

图 4.1 绿色护岸设计流程图

4.1.2 河流断面形态

河流是水的专用通道,除了具有输运功能、水源功能、汇水功能、栖息地功能、天然屏障功能等自然功能,还具有水利、人文景观、休闲娱乐、场所及形象功能等社会功能。由于国内外不同地区对河流功能的要求不同,河流的断面形式往往呈现出不同的形态,常见的主要有U形断面、梯形断面、矩形断面和复式断面等。

U形断面。U形断面常见于山区河流、平原河流的顺直过渡段以及人工干预下内河限制性航道。对于天然情况下的U形断面,由于其是经水流冲刷形成,断面不太规则,具有一定的多样性特征,故具备一定的生态性。但人工干预下的内河限制性航道U形断面主要是根据航道标准和输水设计的,为保证其运输功能需要,常采用混凝土等硬质材料进行砌筑以保证结构稳定。这样的断面形态较为规则,不利于河流生态性的发展。U形断面在工程中主要用于航道两岸用地困难的特殊航段。

矩形断面是一种人工干预下的河流断面形态,常见于内河限制性航道。这种断面形态占地较少、结构简单、形态较为单一,这一方面减小了河岸生物的生存空间,另一方面对于河岸生物多样性的保持较为不利。此外,其直立的断面形态也造成河流景观的单一,对于河流人文环境的设计较为不利。在工程中,矩形断面主要承担河流的输水、泄洪和通航等功能,由于断面形态的单一性导致河流的生态性、景观性较差。

梯形断面也是一种人工干预下的断面形态,常见于大中型河流。由于其占地较多、坡度较缓,一定程度上有利于两栖生物的生存,对于河流栖息地的构建和保护具有积极意义。但其结构较为单一,不太符合生态河流地貌多样性的要求,故该断面形态对提高河流生态性的作用相对有限。因此,梯形断面相对于矩形断面具有一定的生态功能优势。

复式断面一般由两级岸坡组成,将河流断面分为主河槽和行洪断面两部分,根据岸坡型式可分为四种类型:上陡下陡式断面、上缓下缓式断面、上缓下陡式断面、上陡下缓式断面,如图 4.2 所示。

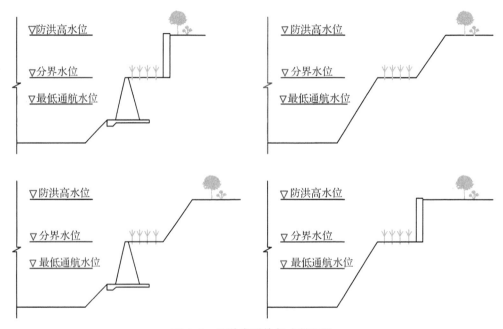

图 4.2　四种类型的复式断面图

复式断面形态利用两级河道的设计,实现了防冲功能与行洪功能的分离。主河槽(一级河道)主要用于承载常水期和枯水期时的水流,较为适应枯水期河流流量小的特点,满足了通航要求。行洪断面(二级河道)在洪水期时可用于泄洪,增加断面的过流能力,满足了河流洪水期过流断面大的要求。平台类似于天然河流边滩,不仅有助于生物群落在此生存繁育,还可用作休闲平台以满足人们"亲水、近水"的需求,增加河流的人文气息。此外,复式断面形态也避免了矩形断面、梯形断面的单调性,为增加河岸空间异质性、景观层次性、人群亲水性提供了必要的保障。

4.2　生态型护岸

4.2.1　生态护岸型式的影响因素

对于生态型护岸结构的设计需考虑的因素很多,包括生态因素、地质条件、水文条件、行船因素以及护岸材料等。

1) 生态因素

在平原河网航道生态型护岸结构设计时,护岸结构的生态性设计是重要方面,需要充分融合河岸的生态因素,包括河岸的植物、微生物以及两栖动物等。

(1) 植物

河岸植物群落是河岸生态系统的重要组成部分,在改善河岸生态环境、提高河岸景观性等方面具有重要意义。河岸植物群落一方面可以为微生物及两栖动物提供栖息场所,另一方面也是河岸物质交流的来源。因此在护岸结构设计时,需考虑岸坡不同植物的生长环境,营造的栖息地环境也应视情况而定。因此,在设计护岸结构时需综合考虑植物的配置,尽量做到垂直空间上的连续。

(2) 微生物

微生物是河流岸坡生态性的重要体现,是岸坡保持生物多样性的基础。微生物可以将河岸中的土壤松动,增加河岸的养分通道,有利于植物群落的生存发展。植物群落的发展又将为微生物提供庇荫,有利于其生存,如此便可形成良性循环,有利于岸坡生态功能的发挥。微生物喜好依靠洞穴孔隙生存,故在设计护岸结构时应注意岸坡的多孔质设计,为微生物的生存创造有利条件。

(3) 动物

作为提高河流岸坡生物多样性的一部分,动物群落的发展也是生态型护岸需要兼顾的方面。尽管岸坡微生物、植被群落的形成,一定程度上会吸引两栖动物群落在此栖息,但从河岸栖息地的构建角度考虑,在护岸结构设计时也应适当考虑动物的生存环境。为此,在护岸结构设计时应注意创建结构的空间异质性,以利于两栖动物群落的活动。

2) 地质条件

(1) 土质情况

在土质较差的岸坡,如江苏滨海地区的砂质粉土地区,在长期地下水渗流力作用下,护岸墙后土体颗粒很容易被渗流力带出,形成"流沙"现象。"流沙"现象的发生,必然会造成岸坡土体的大量流失,最终造成护岸结构的塌陷破坏。对于岸坡土质较差的河流,应充分分析土质的工程特性以及破坏机理,并在结构型式设计时注意其可能产生的破坏。尽量依靠结构型式设计方面的优化实现岸坡的稳定。

(2) 地下水

地质条件对于护岸结构型式设计的影响,还包括地下水因素。当雨水或地表径流在入渗作用下进入护岸结构内部,尤其是经护岸结构的表面裂缝入渗后,会导致岸坡土体孔隙水压力的增大,进而使得岸坡土体重度的增加以及强度的降低。此时,护岸结构挡墙后的静止土压力不断增大,护岸结构在这种土压力的作用下会趋向河流方向移动,形成滑移破坏。因此在护岸结构型式设计时,应尽量注意结构型式及时排水,积极消除地下水对护岸结构可能造成的不利隐患。

3) 水文条件

航道的水文条件通常包括水位变幅情况、径流流速、径流流量等因素。水位的变幅直接关系到复式护岸的级数选择和断面形态,这不仅是安全的需要,也是护岸美观性的需要。因此,在生态型护岸结构设计时,需要根据水位的变幅情况合理选择相应的护岸结构。此外,河流的流速和流量对于护岸结构的设计也有影响。

4)行船因素的影响

对于生态型护岸结构型式的构建,还需要考虑通航的特点。这不仅包括由于船舶航行带来的船行波影响,还包括船舶操作不当导致的碰撞作用。船舶航行带来的这两方面因素,会对护岸结构的安全及生态栖息地的构建造成影响。

(1)行船对护岸安全的影响

① 船行波的冲刷

在常水位附近,航道的护岸长期受船行波的作用,淘刷现象较为普遍且相当严重,浆砌块石护岸在常水位附近的勾缝砂浆基本被掏空。船行波除了对结构冲刷造成危害外,对于地基土的淘刷也会影响护岸结构的稳定。除了淘刷破坏之外,对于直立式护岸结构而言,船行波还可引发倾覆破坏。这是因为当船行波冲向河岸时,由于受到不透水直立挡墙的阻挡,水体会在护岸挡墙前瞬间雍高,从而对挡墙墙身产生较大的冲击力。当水体回落时,其波谷位置水位比静水位低,会造成墙身前沿短时"真空",使得墙身会受到短时的拖吸力。直立式护岸挡墙在船行波的作用下会受到冲击力和拖吸力的长期往复作用,从而会存在倾覆破坏的隐患。

② 船舶的碰撞

护岸除了受船行波作用,还有可能受到船舶的撞击破坏。随着船舶载重的增大、船流密度的增加以及船舶的违章靠泊,使得船舶撞击护岸结构的现象较为普遍。护岸防撞也是航道护岸结构设计的一个考虑因素。

(2)行船对生态栖息地构建的影响

对河岸栖息的微生物及小型两栖动物而言,稳定安全的环境是必不可少的。船行波对河岸形成冲击,扰动近岸水域环境,对两栖生物的生境稳定不利。通常河岸内生长的植物群落,会对船行波形成有效削减,有助于在河岸建立稳定的低流速环境。除了利用植物群落消除行船对于生态栖息地构建的不利影响外,在护岸设计时也可主动采用措施积极削弱船行波影响。

5)护岸材料

目前的护岸材料大致可分为天然材料、混凝土类材料以及土工合成材料这三类。合理地选择护岸材料不仅是护岸结构安全的需要,同时还可以保证护岸结构具有较高的环境融合度,具有生态意义。然而倡导生态恢复理论的护岸结构型式设计时,护岸材料的选择并不是一味地追求选用天然护岸材料,因为在某些情况下这不仅会造成不可再生资源的浪费,还会造成经济上的浪费。这种情况下应积极考虑采用人工材料,尽管当地环境对其较为敏感,但只要在设计上进行优化,也可获得需要的效果。例如采用混凝土透水构件设计的多孔质护岸,就有利于河岸栖息地的构建,对于提高河岸生物多样性具有较好的意义。

因此,对于护岸材料这一影响因素,在设计护岸结构型式时需要综合考虑经济、环境及生态等多方面因素,权衡利弊,选择合适的护岸材料进行结构设计。

4.2.2 设计原则及原理应用

为保证航道护岸功能的实现,生态护岸设计需要遵循一定的原则:

1）满足安全稳定原则

护岸结构型式的设计首先须满足护岸结构的稳定性与安全性要求，使其能够有效保护河岸，阻止水流、船行波等对河岸的冲刷和侵蚀，并能够承受船舶的碰撞作用以保证河岸的稳定。

2）满足经济合理原则

护岸结构的设计建设需要正确处理投资与效益的关系，做到因地制宜、节约资源。此外需注意就地取材，尽可能利用天然材料、当地材料并注意保护不可再生资源，这不仅可以保证材料的充足供应、降低造价，还有助于提升护岸结构的环境融合度。同时还需全面考虑护岸工程全生命周期的经济性，尽量减少护岸结构的维护费用，降低工程造价。

3）满足生态保护原则

自然条件下的河岸环境是一个相对稳定和谐的生态系统。河流生态恢复理论强调对河流生态系统的保护，因此生态型护岸结构型式的设计必然要遵守生态保护的原则。在护岸结构设计时，应尽可能减少护岸工程的建设、运行对原有河岸生态系统的扰动，注意融入生态设计以加强护岸结构的生态性能，尽量创造适宜的栖息地环境，以利于提高河岸的生物多样性。

4）满足景观美学原则

对于生态型护岸结构型式的设计，在满足安全稳定、生态环保等前提下，还需考虑人文因素。倡导人与自然和谐相处，注意护岸结构的景观效果，遵循自然与美学相结合的原则，使得岸坡能够满足人的亲水需求，促进人与河流生态系统的和谐发展。

对于平原河网航道生态型护岸型式的设计，除了要遵循上述原则，还需积极应用下述生态原理。

① 整体性原理。从河流岸坡的结构特征看，其本身属于一个完整的生态系统，具有连续性特征。因此，如果将河流护岸从河岸生态系统中孤立出来单独设计，必将导致护岸生态环境功能的失调，同时也会影响整体河岸的景观。因此，护岸结构的设计要着眼于河岸整体系统，力求将护岸结构尽可能地融入河岸生态系统这一整体中去，实现与自然环境和谐统一。

② 生态位原理。所谓生态位，是指一个种群在自然生态系统中时间和空间上的位置，以及该种群与相关种群之间的功能关系。生态位表现了在自然生态系统中，各个种群的生态适应性，及其对于自然资源的占有程度。在生态系统中，每个种群都有其特有的生态位。因此，在护岸结构设计中要充分利用多层次空间生态位，为河岸生态系统内的各种生物提供适宜其生存的生态位，并尽量吸引其他生物种群在此栖息，从而可形成一个稳定的复合生态系统。例如，在选择岸坡植物时，就需要选择最佳的植物组合，尽量避免生态位相同的物种之间产生竞争，以免影响岸坡的生物多样性。

③ 孔隙性原理。生物的生息繁衍离不开孔隙，因为生物的生存需借助孔隙以不断适应昼夜交替、季节转换等外界环境的变化。传统的混凝土硬质化护岸阻隔了河流与岸坡地下水间的各种生态交流，严重破坏了河岸生态系统的连续性，对河岸生态系统的损害较大。故在生态护岸结构设计中应注意孔隙性原理的运用，使用适当的护岸材料设计出诸如多孔质结构的适合生物生存繁育的生存环境，确保护岸结构有助于保护或恢复河岸生态系统的生物多样性。

4.2.3 生态型护岸的类型

根护岸所采用材料的不同,将生态型护岸分为以下三种型式:自然型、半自然型、多自然型。

1) 自然型护岸

自然型护岸是指采用种植植被保护河岸,在经过平整处理的岸坡上种植不同品种的护坡植物,保持自然堤岸特性的护岸。主要采用乔灌混植,发挥乔木与灌木的自身生长特性,充分利用高低错落的间隙和光照条件,达到最佳郁闭效果。同时利用植物舒展而发达的根系稳固堤岸,增强抵抗洪水、保护河堤的能力。通过植被根系力学效应和水力学效应来固土保土、防止水土流失和绿化坡岸,具有生态和景观的双重功能。

图 4.3 京杭运河两淮段芦苇护岸

自然型护岸类型有:树桩护岸、树枝压条护岸、灌木护岸,湿生、水生植物护岸等护岸形式。京杭运河两淮段的芦苇护岸就是一种自然原型护岸,对于这种原生态较好的航段,采用芦苇作为护坡材料,与周边环境浑然一体,让航道成为一道靓丽的水上风景,如图4.3所示。

自然原型护岸具有投资少、技术简单、维护成本低、近自然程度高等优点,这类护岸接近自然状态下的护岸,对坡岸平衡生态体系影响较小,自然融合能力较强,完整地保留了陆地与河流的物质、能量、信息等交换能力,为多种物种的生存和繁衍提供了栖息地,施工快速、简便,造价也十分低廉。但该类型护岸防护能力有限,抵抗洪水的能力较差,易遭受破坏。同时,植物材料较易腐烂,使用寿命较短。自然原型护岸一般适用于河面宽阔、流速较缓、护坡角度较小、防洪需求较低的河段。

2) 半自然护岸

半自然护岸是利用一定的工程措施,采用植被与石材、木材等自然材料相结合,使坡面既有一定的防洪能力,又能为植被生长提供适宜的基质。自然材料的使用起到了一定的框架和加固作用,岸坡的稳定性和抗冲刷能力得到了大幅度的提高,石材、木材等自然材料的使用使护岸的防护作用立竿见影,随后通过植被根系的加筋纠结作用以及植被茎叶的缓冲吸能作用,使坡岸能有效抑制暴雨、径流对坡岸的冲刷作用。结合植被使用的天然材料通常有石块、卵石、木桩等,使用的组合形式多种多样。抛石护岸也是一种半自然护岸,可以直接在坡面抛石,或者对坡面做削坡和压实处理之后抛石。

抛石护岸是将块石自然抛掷在岸坡上形成的护岸形式,具有变形适应性好、耐久性好、抗冲刷、施工简单、维修要求低等优点,见图4.4。抛石护岸在坡脚处易被水流掏空,出现坍塌失稳。该护岸型式对石料的用量很大,导致其应用范围限制在石料

图 4.4 抛石护岸结构(劳龙虎水道)

丰富的地区。抛石护岸在块石与块石之间可栽植茭白、芦苇等水生植物,适合于溪流上中游,洪水期水流稍急,易对岸坡产生冲蚀破坏,人类活动影响不大的河道。在块石缺少的地区,可以用混凝土横梁代替块石护脚。

京杭运河宿迁城区段护岸的结构型式为半自然结构型。生态袋加插柳护坡具有良好的固土和透水性能,给柳树提供了优良的生长环境,增强了护岸的生态效果和景观效益。

3) 多自然护岸

多自然护岸是利用工程措施,较大规模地使用混凝土、高分子材料及药剂等人工材料,与植物结合形成一个具有较强抗侵蚀能力的护岸结构。这类护岸对生态干扰较大,施工较为复杂,造价也相对较高,但护岸作用明显而牢固,也有相应的生态功能。多用于对护岸抗冲击能力要求较高或坡岸陡峭不适合修建自然型和半自然类型护岸的河道岸坡。多自然护岸有很多不同的结构类型,例如:石笼护岸、净水箱护岸、复合种植基护岸、生态混凝土护岸、土壤固化剂护岸、固化桩护岸等。钢丝网石笼护岸(见图4.5),岸壁为钢丝网,内填石,表面粗糙,具良好的透水性,可以吸收船行波冲击力、释放填土内水压力,便于填土中孔隙水排出,加快填土的自然固结,有利于结构的长期稳定。该结构还具有较好的柔韧性,对地基变形适应能力较强,不会因地基局部不均匀沉降导致结构损坏。在钢丝网内有部分泥土嵌在块石缝中,有利于形成植物生长的环境。该结构易受船舶抛锚等外力的损害,宜设置在非船舶停靠区域。

图 4.5 钢丝网石笼护岸

4.2.4 护岸生态环境特性评价

1) 护岸生态环境特性指标与量化计算

(1) 护岸生态环境特性指标

梳理护岸对河岸带栖息地功能、河流侧向连通道功能、河流垂向通道功能、河岸带过滤与屏障功能等生态功能的影响,护岸对景观性、亲水性等景观环境的影响,得到护岸生态环境特性指标,见表4.1。

表 4.1 护岸生态环境特性指标与相关理论的关系

护岸生态环境特性指标		河流生态学、河岸带生态学	景观学
坡度		河岸带栖息地功能、河流侧向通道功能、河岸带过滤与屏障功能	亲水、景观
垂向高程		河岸带栖息地功能、河流侧向通道功能	亲水、景观
河岸植被带宽度		河岸带栖息地功能、河岸带过滤与屏障功能	景观
孔隙情况	下部结构孔隙率	河岸带栖息地功能、河流侧向通道功能、河流垂向通道功能、河岸带过滤与屏障功能	景观
	上部结构可供植生面积率		
材料自然度		河岸带栖息地功能、河流垂向通道功能	景观

表中,河岸植被带宽度、下部结构孔隙率、上部结构可供植生面积率通过影响生态性进

而影响到景观性(能否生长植物),景观性和与生态性具有一致性,亲水性与护岸垂向高程及坡度关系紧密。

(2)指标的量化计算与分级标准

① 坡度

护岸坡度是指护岸结构表面单元陡缓的程度,是岸坡重要的地貌特征。通常把坡面的水平宽度与垂直高度之比称为边坡系数,用 m 表示。坡度是基于河流侧向通道功能、河岸带栖息地功能提出的护岸生态环境特性指标,对亲水性和景观性也有影响。

直立式、斜坡式护岸的坡度可直接从设计图纸中取得,复合式护岸的坡度可通过计算获取。

复合式护岸坡度分析图如图4.6所示。复合式护岸综合坡度计算公式如下:

$$m=\frac{m_1 \times h_1 + L_2 + m_2 \times h_2}{h_1 + h_2} \tag{4.1}$$

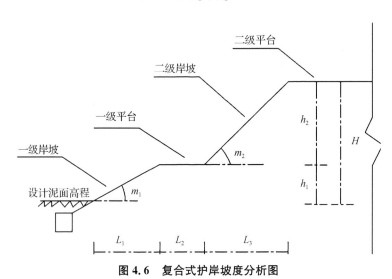

图 4.6 复合式护岸坡度分析图

综合考虑生物栖息通行和亲水性,内河限制性航道最佳坡度应缓于1∶2.5,即边坡系数 m 大于或等于2.5为佳。

② 垂向高程

护岸垂向高程是基于河流侧向通道功能、河岸带栖息地功能、亲水性提出的护岸生态环境特性指标。平台高程设计需要考虑水位变动区的各级水位历时对河段动植物生存的影响。平台高程过高,漫溢时间短,甚至无法漫溢,河流与滩区营养物质交换不充分,亲水效果差。平台高程过低,淹没时间长,挺水植物、湿生植物难以生存,无法形成茂密的植物群落,生态效益无法最大化发挥。

天然河流与第二造床流量齐平的滩地稳定,其高程可作为一级护岸平台高程。复式护岸垂向高程可从护岸结构设计图中获取有关信息。低水位与水位保证率75%间的区域(1区)被淹没时间较长,水位保证率25%与高水位间的区域(3区)被淹没时间较短,这两个区域均能产生一定的生态效益。水位保证率25%~75%的区域是水位涨落频繁的区域(2区),淹没时间适度,与1区、3区相比,能产生较大生态效益。

4 绿色航道的护岸技术

护岸结构中平台、斜坡、直立式挡墙对生态恢复的影响不同。平台是对自然河流的边滩的模拟,其生态性最好;斜坡也具有一定的生态性;垂直墙对自然岸坡的破坏大,生态性差。依据河流水文过程以及护岸结构空间架构对河流生态环境的不同影响,列出常见的护岸垂向高程情况(见图4.7),进行护岸结构垂向高程评价(满分为1),见表4.2。

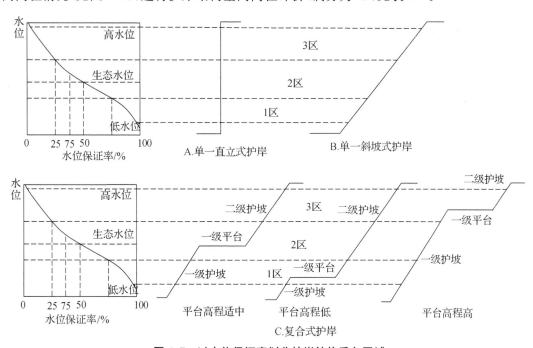

图4.7 以水位保证率划分护岸结构垂向区域

表4.2 护岸结构垂向高程评价

护岸结构	A. 单一直立式	B. 单一斜坡式	C. 复合式		
			平台所在区域		
			1区	2区	3区
垂向高程得分	0	0.5	0.8	1	0.3

综合考虑,复合式护岸结构且其平台在水位保证率25%~75%的区域,这种情况垂向高程为佳。

③ 河岸植被带宽度

河岸植被带宽度是基于河岸带栖息地功能和河岸带过滤与屏障功能提出的护岸生态环境特性指标。河岸植被带宽度是指从设计低水位算起,到护坡顶后方一定范围(边界外为道路或农田),除去硬质、密封铺面部分,取可供植物生长的区域宽度,如图4.8所示。

河岸植被带宽度的计算公式为:

$$b = \sum b_i \quad (4.2)$$

式中:b_i——第i块河岸植被带的宽度。

美国有49个州都制定了河岸植被带设置规范,其中2/3的州建议的宽度为7.5~15 m。有研究认为,满足生物栖息庇护野溪河岸植被带宽度要大于10 m,有效过滤消除污染物(去污率达95％以上）的最小河岸植被带宽度为10 m。考虑到限制性航道常位于经济发达地区，用地紧张，河岸植被带宽度应大于或等于12 m。

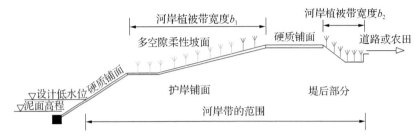

图4.8　河岸横断面及植被带宽度示意图

④ 下部结构孔隙率

护岸孔隙情况是基于河岸带栖息地功能、河流侧向通道功能、河流垂向通道功能以及河岸带过滤与屏障功能提出的护岸生态环境特性指标。护岸下部结构和上部结构（以常水位为界）的栖息生物有差异，对孔隙的要求也不同，故分别设置指标。

下部结构孔隙率是指常水位以下护岸结构空间中孔隙体积与结构体积的百分比。指标愈大，则形成的空间愈大，生物的实用空间也越大。下部结构孔隙率 W_v 的计算公式为：

$$W_v = \frac{V_a}{V} \times 100\% \tag{4.3}$$

式中：V_a、V 分别为护岸形成的空间孔隙体积、下部结构总体积。

目前的研究认为，泥沙孔隙率的下限比较稳定，平均在40％左右。护岸结构形成大尺寸孔隙，不同护岸结构孔隙率统计情况见表4.3。

表4.3　护岸结构孔隙率相关研究统计表

护岸结构	孔隙率
砌块	15％～25％
多孔混凝土块体	20％～30％
植生型生态混凝土	25％～40％
多孔栖息鱼槽块体	40％

⑤ 上部结构可供植生面积率

生活于上部结构区域的动物对孔隙的依赖比水生动物对孔隙的依赖弱，但对植物群落的依赖强。要保证上部结构的生境，核心是为植物的扎根生长创造环境。上部结构可供植生面积率主要指岸坡土壤与空气、水体直接接触，为植物扎根提供可能性的面积占岸坡总面积的百分比。指标愈大，植物可生长的面积越大，其生态恢复性越好。

上部结构可供植生面积率 P_a 的计算公式为：

$$P_a = \frac{A_a}{A} \times 100\% \tag{4.4}$$

式中：A_a——岸坡中可供植生区域的面积；
　　　A——岸坡面积。

平原地区的天然河流的岸坡除了少数的石块、坚硬的岩体外，植物均可扎根，可供植生面积率接近100％；假设上部结构可供植生面积均匀分布，上部结构可供植生面积率要大于或等于60％，以满足基本的生态要求。

⑥ 材料自然度

材料自然度是指护岸结构材料构成中天然材料所占的百分比。材料的亮度、表面粗糙程度、酸碱性、溶出特性等物理、化学特性对生态环境有重要影响。

材料自然度的计算公式为：

$$N_a = \frac{V_n}{V_h} \times 100\% \tag{4.5}$$

式中：V_n——块石、木桩、植物等天然材料的体积；

V_h——总材料的体积。

材料自然度常做定性评价，全部或大部分使用自然材料构筑护岸就是最好的情况，一般取材料自然度大于或等于85%。

护岸生态环境特性评价体系及其评价标准见表4.4。

表4.4 护岸生态环境特性评价体系及其评价标准

生态环境特性指标	评语集				
	好	较好	一般	较差	差
坡度(边坡系数 m)	≥2.5	1.88～<2.5	1.25～<1.88	0.63～<1.25	<0.63
垂向高程/m	1	0.75	0.5	0.25	0
河岸植被带宽度/m	≥12	9～<12	6～<9	3～<6	<3
下部结构孔隙率/%	≥30	20～<30	10～<20	5～<10	<5
上部结构可供植生面积率/%	≥60	30～<60	15～<30	5～<15	<5
材料自然度/%	≥85	50～<85	30～<50	15～<30	<15

2) 基于生态学理论的集值迭代法-灰色关联决策模型

护岸生态恢复性评价和决策程序见图4.9。

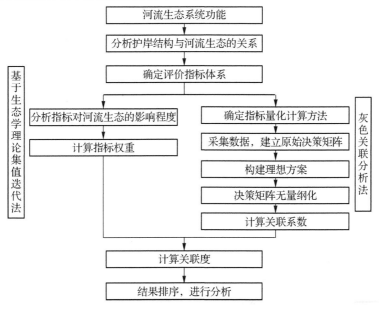

图4.9 护岸生态恢复性评价和决策程序

① 集值迭代法

集值迭代法(set valued iteration method)是一种通过统计分析确定权重的方法。基于生态学理论的集值迭代法，以护岸生态环境特性指标对河流生态的影响程度代替专家意见，实现权重客观分配。

基于生态学理论的集值迭代法包括几个步骤：a. 列出 $L(L \geqslant 1)$ 个生态功能；b. 筛选出影响生态功能的护岸生态恢复性指标；c. 统计每个指标被选中的次数；d. 将每个指标被选中的次数除以指标选中次数的累加和，即得各指标的权重(表4.5)。

表4.5 护岸生态环境特性指标与相关理论的关系

护岸生态环境特性指标			河流生态功能与河岸带生态功能			
			河岸带栖息地功能	河流侧向通道功能	河流垂向通道功能	河岸带过滤与屏障功能
护岸空间结构	坡度		★	★		☆
	垂向高程		☆	★		
	河岸植被带宽度		★			★
	孔隙情况	下部结构孔隙率	★	☆	★	☆
		上部结构可供植生面积率	★	☆	★	☆
	材料自然度		☆		☆	

★表示指标对该生态功能有重要影响；☆表示指标对该生态功能有一定影响。

坡度、垂向高程、河岸植被带宽度、孔隙情况(包括下部结构孔隙率和上部结构可供植生面积率)和材料自然度形成护岸生态环境特性指标集 $X = \{x_1, x_2, \cdots, x_j\}$，$1 \leqslant j \leqslant 5$。与护岸生态环境特性关联紧密的生态功能主要包含河岸带栖息地功能、河流侧向通道功能、河流垂向通道功能、河岸带过滤与屏障功能等4个方面(k, $1 \leqslant k \leqslant 4$)。第 k 个生态功能涉及的生态环境特性指标集 X，可形成子集 $X^{(k)} = \{x_1^{(k)}, x_2^{(k)}, \cdots, x_j^{(k)}\}$ ($k=1, 2, \cdots, 4$, $0 \leqslant j \leqslant 5$)。

作函数

$$u_k(x_j) = \begin{cases} 1 & \text{若 } x_j \in x^{(k)} \text{ 且指标与生态功能关系紧密} \\ 0.5 & \text{若 } x_j \in x^{(k)} \text{ 且指标与生态功能关系一般} \\ 0 & \text{若 } x_j \notin x^{(k)} \text{ 即指标与生态功能没有关系} \end{cases} \quad (4.6)$$

记

$$g(x_j) = \sum_{4}^{k=1} u_k(x_j) \quad (j = 1, 2, \cdots, 5) \quad (4.7)$$

将 $g(x_j)$ 归一化后，将比值 $g(x_j) / \sum_{5}^{k=1} g(x_k)$ 作为与指标 x_j 对应的权重系数 w_j，即

$$w_j = \frac{g(x_j)}{\sum_{5}^{k=1} g(x_k)}, \quad (j = 1, 2, \cdots, 5) \quad (4.8)$$

参照表4.6可得,影响河岸带栖息地功能的护岸结构指标为坡度、垂向高程、河岸植被带宽度、孔隙情况和材料自然度,其中坡度、河岸植被带宽度、孔隙情况的影响很大,加 * 号表示,可得河岸带栖息地功能生态环境特性指标子集 $X^{(1)} = \{x_1^*, x_2, x_3^*, x_4^*, x_5\}$。

同理,河流侧向通道功能的护岸生态环境特性指标子集 $X^{(2)} = \{x_1^*, x_2^*, x_4\}$;河流垂向通道功能的护岸生态环境特性指标子集 $X^{(3)} = \{x_4^*, x_5\}$;河岸带过滤与屏障功能的护岸生态环境特性指标子集 $X^{(4)} = \{x_1, x_3^*, x_4\}$;则 $g(x_1) = 2.5; g(x_2) = 1.5; g(x_3) = 2; g(x_4) = 3; g(x_5) = 1$

累加得 $\sum_{5}^{k=1} g(x_k) = 10$,由式(4.8)计算得:

$$w_1 = 0.2500, \quad w_2 = 0.1500, \quad w_3 = 0.2000, \quad w_4 = 0.3000, \quad w_5 = 0.1000$$

将孔隙情况 w_4 平分到下部结构孔隙率与上部结构可供植生面积率中,得

$$w_j = \{0.2500 \quad 0.1500 \quad 0.2000 \quad 0.1500 \quad 0.1500 \quad 0.1000\}$$

可知护岸生态环境特性指标的权重分配情况,见表4.6。

基于生态学理论的集值迭代法具有过程简便,受主观因素影响小,客观理论依据强的优点。集值迭代法结合灰色关联分析法,形成基于生态学理论的集值迭代-灰色关联评价模型,可单独对护岸生态环境特性进行定量评价。

表4.6 护岸生态环境特性指标的权重分配表

护岸生态环境特性指标		指标被选中的次数 $g(x_j)$	权重
坡度 x_1		2.5	0.2500
垂向高程 x_2		1.5	0.1500
河岸植被带宽度 x_3		2	0.2000
孔隙情况 x_4	下部结构孔隙率	1.5	0.1500
	上部结构可供植生面积率	1.5	0.1500
材料自然度 x_5		1	0.1000

② 灰色关联决策模型

灰色关联分析法(GRA)的评价思路是建立理想方案,通过理想方案与实际方案的关联度来判断实际方案的得分,关联度越大,实际方案与理想方案越接近。

设无量纲化后的参考数列(理想方案)和比较数列(实际方案)分别为 $X_0 = \{x_{0j}\}$,$X_{ij} = \{x_{ij}\}$。其中:$i = 1, 2, \cdots, m; j = 1, 2, \cdots, n$。

灰色关联系数表达式:

$$r_{ij} = 1 - |x_{0j} - x_{ij}| \tag{4.9}$$

通常,$x_{0j} = 1, 0 \leqslant x_{ij} \leqslant 1$,式(4.9)可简化为:

$$r_{ij} = 1 - |x_{0j} - x_{ij}| = 1 - (1 - x_{ij}) = x_{ij} \tag{4.10}$$

从式(4.10)可知,关联系数 r_{ij} 等于 x_{ij},其涵义为数据距离理想值越接近,关联系数越大,符合灰色关联思想。

灰色关联分析法评价包含以下步骤：

(1) 采集指标 x'_{ij}，建立原始决策矩阵 X'

设有 m 个待选方案，每个方案有 n 个评价指标组成的指标集，形成原始决策矩阵，记为：

$$X' = (x'_{ij})mn = \begin{bmatrix} x'_{11} & x'_{12} & \cdots & x'_{1n} \\ x'_{21} & x'_{22} & \cdots & x'_{2n} \\ \vdots & \vdots & \ddots & \vdots \\ x'_{m1} & x'_{m2} & \cdots & x'_{mn} \end{bmatrix} \tag{4.11}$$

(2) 确定理想方案 X'_0，构建决策矩阵

理想方案是现实中可能出现的最好方案，可由各指标的理想值组成。

$$X'_0 = (x'_{01}, x'_{02}, \cdots, x'_{0n}) \tag{4.12}$$

与原始决策矩阵一起构成 $(m+1)$ 阶的决策矩阵。

$$\overline{X}' = \begin{bmatrix} x'_{01} & x'_{02} & \cdots & x'_{0n} \\ x'_{11} & x'_{12} & \cdots & x'_{1n} \\ x'_{21} & x'_{22} & \cdots & x'_{2n} \\ \vdots & \vdots & \ddots & \vdots \\ x'_{m1} & x'_{m2} & \cdots & x'_{mn} \end{bmatrix} \tag{4.13}$$

(3) 无量纲化决策矩阵

为了消除指标间量纲不一致带来的不可公度性，在决策之前将评价指标进行无量纲化处理，如下式：

$$x_{ij} = \frac{x_{ij}}{x'_{0j}} \tag{4.14}$$

通常 $0 \leqslant x_{ij} \leqslant 1$，$x_{ij}$ 的值越大，指标越优异。若 $x_{ij} > 1$，考虑到数值超过理想值对指标的影响不明显，x_{ij} 取 1。

决策矩阵无量纲化后，得到标准矩阵

$$X = \begin{bmatrix} x_{01} & x_{02} & \cdots & x_{0n} \\ x_{11} & x_{12} & \cdots & x_{1n} \\ x_{21} & x_{22} & \cdots & x_{2n} \\ \vdots & \vdots & \ddots & \vdots \\ x_{m1} & x_{m2} & \cdots & x_{mn} \end{bmatrix} \tag{4.15}$$

(4) 计算关联系数 r_{ij}

依据式(4.10)，由式(4.15)得到关联系数 r_{ij}，用矩阵表示。

(5) 计算关联度 u_i 和分析结果

待选方案 X'_1 与理想方案的关联度 u_i 的计算可由下式得到：

$$u_i = \sum_{j=1}^{n} w_j r_{ij} \qquad (4.16)$$

对关联度 u_i 进行从大到小排序,并对关联度的排序结果做进一步说明。

3) 护岸生态环境特性评价应用实例

① 设计方案

护岸结构满足内河限制性航道抗冲刷特性的同时,要满足生态、经济、景观等要求,根据江苏某内河限制性航道自然条件设计了4个方案供评价选择。

A1:重力式混凝土挡墙+六角预制块护岸;

A2:小木桩竹篱+金属丝网箱式挡墙护岸;

A3:模袋混凝土+自嵌式挡土墙护岸;

A4:木桩阶梯式砂管袋+三维土工网护岸,见图4.10。

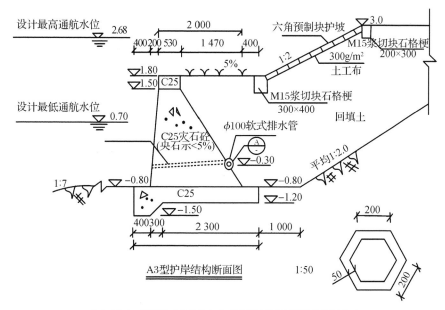

(a) 重力式混凝土挡墙+六角预制块护岸结构图(A1)

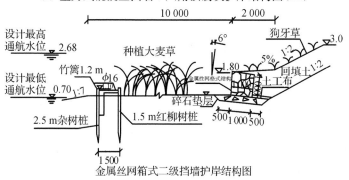

(b) 小木桩竹篱+金属丝网箱式挡墙护岸结构图(A2)

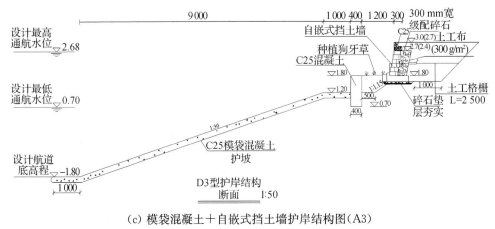

(c) 模袋混凝土＋自嵌式挡土墙护岸结构图(A3)

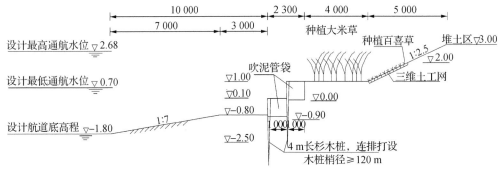

(d) 木桩阶梯式砂管袋＋三维土工网护岸结构图(A4)

图 4.10　4 个方案示意图(高程单位:m;其他单位:mm)

② 方案评价

a. 参照指标量化计算方法,结合护岸设计资料采集指标,构成原始决策矩阵 X'。

$$X' = \begin{bmatrix} 1.01 & 0.3 & 12.5 & 0 & 55.3 & 0 \\ 1.44 & 0.8 & 22 & 43 & 100 & 95 \\ 1.36 & 0.3 & 9 & 0 & 30 & 1 \\ 1.72 & 1 & 17 & 24.5 & 100 & 85 \end{bmatrix}$$

b. 理想方案由各指标的理想值组成,即

$$X'_0 = (2.5 \quad 1 \quad 15 \quad 30 \quad 60 \quad 85)$$

c. 决策矩阵无量纲化处理后得到规范矩阵,关联系数 $r_{ij} = x_{ij}$,可得

$$R_{ij} = (r_{ij})_{5 \times 6} = (x_{ij})_{5 \times 6} = \begin{bmatrix} 1.00 & 1.00 & 1.00 & 1.00 & 1.00 & 1.00 \\ 0.40 & 0.30 & 0.83 & 0 & 0.92 & 0 \\ 0.58 & 0.80 & 1.00 & 1.00 & 1.00 & 1.00 \\ 0.54 & 0.30 & 0.60 & 0 & 0.50 & 0.01 \\ 0.69 & 1.00 & 1.00 & 0.82 & 1.00 & 1.00 \end{bmatrix}$$

d. 将各指标关联系数乘以权重,相加求和得

$$u_1=0.451; u_2=0.864; u_3=0.377; u_4=0.895$$

排序可得 $u_4>u_2>u_1>u_3$。

木桩阶梯式砂管袋+三维土工网护岸主要采用自然材料,设置多级平台形成多孔隙界面,为生物栖息创造良好的空间,其生态恢复性好。同时,该结构安全稳定,抗冲刷能力强,选为优选方案。

4.3 装配式护岸设计

4.3.1 装配式护岸

航道护岸工程在内河限制性航道整治工程中量大、投资占比高。目前重力式护岸工程中采用现浇混凝土施工工艺。现浇结构体系施工,从搭脚手、支模、扎筋到混凝土浇筑及墙体砌筑,多数工作主要由手工劳动完成,生产效率十分低下,导致施工工期偏长、工程质量难以得到可靠保证。技术上,现浇结构结点处钢筋穿插数量多,易打架,施工中不能准确实现设计对钢筋位置的要求,造成有效高度降低,保护层厚度不一,钢筋间距不能满足规范要求,钢筋锚固长度不足等问题。钢筋混凝土成型中常用的小板钢模多次使用后板缝较大,易漏浆,尤其结点处模板连接更为困难,难以保证结点尺寸,漏浆更突出,其结果是造成混凝土表面产生蜂窝、麻面、露筋,甚至大的空洞。模板工序基本为手工作业,劳动强度大,费时长,模板的支撑体系处理不好,使结构构件外形尺寸不能满足设计要求,改变其受力性能,无法正常使用。在混凝土振捣过程中,易发生漏振,振捣不密实的情况,使结构刚度和强度降低,若养护时间不足就拆卸模板和支撑,易造成结构构件开裂等质量通病。航道护岸线长,工程施工中使用的材料数量大、来源广、变异性大,但现场很难建立稳定、有效的制度控制使用材料的品质。

装配式护岸是以构件工厂预制化生产,现场装配式安装为模式,以标准化设计、工厂化生产、装配化施工、一体化装修和信息化管理为特征,整合研发设计、生产制造、现场装配等各个业务领域,实现节能、环保、全周期价值最大化的可持续发展的新型建筑生产方式。

装配式护岸结构主要有:装配式预制挡墙护岸结构、装配式方块护岸结构、装配式空箱护岸结构。其中,装配式预制挡墙护岸结构又分为装配式预制L形护岸结构和装配式预制扶壁式护岸结构,装配式空箱护岸结构又分为装配式单层空箱护岸结构和装配式多层空箱护岸结构,其适用范围与技术特点见表4.7。

表4.7 各种重力式装配混凝土护岸结构基本特征

结构	适用范围	技术特点
装配式预制L形护岸结构	地基承载力较高,挡土高度较小,浪流较大,环境生态要求较低的护岸工程	预制构件简单,可拆分为整体L形、立板和底板,构件厚度小、自质量较小,施工工艺简单

续表

结构	适用范围	技术特点
装配式预制扶壁式护岸结构	地基承载力高,挡土高度较大,浪流较大,环境生态要求较低的护岸工程	预制构件较简单,可拆分为T板和底板,构件厚度小、自质量较小,施工工艺较简单
装配式方块护岸结构	地基承载力较高,挡土高度较小,浪流较小,环境生态要求较低的护岸工程	预制构件简单,为方块构件,施工工艺简单,缺点是自质量较大、混凝土工程量较大
装配式单层空箱护岸结构	地基承载力高,挡土高度较大,浪流较大,环境生态要求较低的护岸工程	预制构件简单,可为单体箱体构件,结构能充分利用混凝土材料的力学性能,空箱内回填各种填料,施工工艺简单,缺点为自质量较大
装配式多层空箱护岸结构	地基承载力较高,挡土高度较大,浪流较小,环境生态要求高的护岸工程	预制构件较简单,为箱体构件,结构能充分利用混凝土材料的力学性能,空箱内回填各种填料,结构生态环保、外观美观,自质量较小,施工工艺简单

装配式护岸优势:

(1)施工效率高。装配式技术减少了施工现场的模板安装、混凝土湿作业等环节,能够显著提高施工效率,保证项目建造进程可控。

(2)施工受季节、天气影响小。装配式建造技术现场作业量少,预制构件在工厂预制、施工现场拼装,施工速度快。

(3)质量可控。现浇结构有大量的施工现场建造及养护环节,缺乏统一的建造标准和监测体系,质量问题较多。预制构件在工厂内标准化生产,质量合格方可出厂,极大地保证了工程质量。

(4)符合绿色低碳、可持续发展的理念。传统重力式护岸施工需建围堰,开挖护岸前沿土方,对水生物种带来影响。土方的开挖和回填之间的差量需要运输,会增加能源消耗。装配式护岸避免了大量的土方开发,相应也减少了土方的压废。与传统现浇施工作业相比,装配式护岸施工现场扬尘、噪声和废弃物的排放大大减少,可有效减少污染。装配式护岸较传统的护岸施工方式更利于保护环境,提升绿色发展水平。

(5)有效改善工人作业条件,减轻劳动强度。工业化建造方式可以改善建造工人的工作环境,提高施工人员的幸福感。

装配式护岸的难点:

(1)装配式护岸结构选型考虑的因素多。在传统的护岸设计中,常考虑自然条件、材料来源、使用要求和施工条件等因素进行多方案比选,择优选用结构方案即可,一般不考虑结构是否简单且便于拆分与运输等因素。装配式护岸结构具有自身的特点,除考虑常规的设计因素外,还要考虑选用的结构是否便于标准化设计、工厂化生产、机械化施工,即可推广、可预制。因此,不是所有重力式护岸结构形式都具备该条件。

(2)装配式结构构件拆分与连接是装配式结构成败的关键。为满足各种限制条件常需对结构进行拆分,不是简单随意的拆分,若拆分不好会影响结构的安全性和稳定性等。另外,在拆分合理、可行的前提下,一般还要求有可靠、施工便捷的连接方式。这对拆分和连接均提出很高的要求,也是装配式护岸结构需要重点解决的技术难点之一。

(3) 预制生产、安装等施工技术决定成本与效率。装配式结构是采用工厂化生产、机械化施工,每个环节均影响施工效率、施工质量和成本等。为提高预制效率和降低预制成本,一般要求预制模具能够多次周转使用,最好还可根据不同模数进行任意组合预制。同时,大量的预制构件要运至现场并进行安装,常要求选取便捷、经济的运输与吊运方式,如何选取符合高要求的模具和吊运安装方式也成了施工的关键点。

4.3.2 装配式护岸设计流程

装配式护岸在进行设计时主要包括:护岸的平面布置、护岸标准高度设计、构件挡土面标准宽度设计、护岸稳定性验算、圆弧段护岸设计、护岸地基承载力验算等。装配式护岸的设计流程见图4.11。

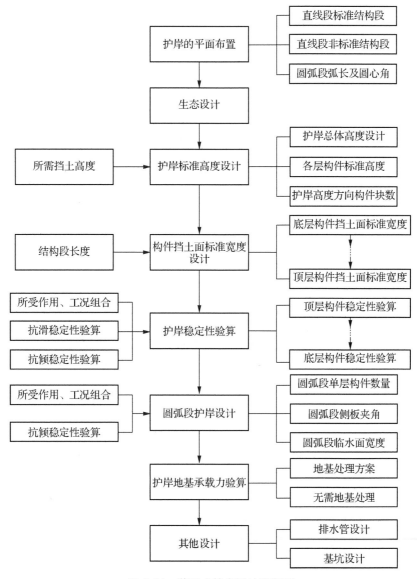

图 4.11 装配式护岸设计流程图

4.3.3 装配式护岸稳定性计算

按照《港口及航道护岸工程设计与施工规范》(JTJ 300—2000)中的相关规定及要求,重力式装配式护岸构件抗滑稳定性按式(4.17)验算。

$$\gamma_0(\gamma_E E_H + \gamma_{pw} P_w + \gamma_p P_B) \leqslant \frac{(\gamma_G G + \gamma_E E_V + \gamma_u P_{Bu})f}{\gamma_d} \quad (4.17)$$

式中:γ_0——结构重要系数,安全等级为一、二、三级时分别取 1.1、1.0、0.9;
γ_E——主动土压力分项系数;
E_H——计算面以上永久作用总主动土压力的水平分力标准值;
γ_{pw}——剩余水压力分项系数,取 1.05;
P_w——作用在计算面以上的剩余水压力的标准值;
γ_p——波浪水平力分项系数;
P_B——波谷作用时计算面以上水平波吸力的标准值;
γ_G——自重力分项系数,取 1.00;
G——作用于计算面以上的结构及填充物的自重力;
E_V——计算面以上永久作用总主动土压力的垂直分力标准值;
γ_u——波浪浮托力分项系数,持久组合取 1.30,短暂组合取 1.20;
P_{Bu}——波谷作用时计算面以上波浪浮托力的标准值;
f——沿计算面的摩擦系数设计值;
γ_d——结构系数,无波浪作用取 1.0,有波浪作用取 1.1。

抗倾稳定性按式(4.18)验算。

$$\gamma_0(\gamma_E M_{EH} + \gamma_{pw} M_{pw} + \gamma_p M_{p_B}) \leqslant \frac{(\gamma_G M_G + \gamma_E M_{EV} + \gamma_u M_{p_{Bu}})}{\gamma_d} \quad (4.18)$$

式中:M_{EH}——主动土压力水平分力标准值对计算面前趾的倾覆力矩(kN·m);
M_{pw}——剩余水压力标准值对计算面前趾的倾覆力矩(kN·m);
M_{p_B}——波谷作用时水平波压力标准值对计算面前趾的倾覆力矩(kN·m);
M_G——结构自重力标准值对计算面前趾的稳定力矩(kN·m);
M_{EV}——主动土压力垂直分力标准值对计算面前趾的稳定力矩(kN·m);
$M_{p_{Bu}}$——波谷作用时,作用在计算面上的波浪浮脱力标准值对计算面前趾的稳定力矩(kN·m);
γ_d——结构系数,无波浪作用时取 1.25,有波浪作用时取 1.35。在进行稳定性验算时,公式中的作用分项系数取值见表 4.8。

表 4.8　稳定验算作用分项系数值

组合情况	永久作用	可变作用			
持久组合	1.35	1.35	1.30	1.10	
短暂组合	1.35	1.25	1.20	1.0	

注:① 持久组合采用设计高水位、低水位时,按表取值;
② 持久组合采用极端水位时,取表中短暂组合值。

重力式装配式护岸在进行地基承载力验算时应满足式(4.19)中的规定。

$$\gamma_0 \gamma_G \sigma_{max} \leqslant \sigma_\gamma \tag{4.19}$$

式中：γ_G——地基顶面最大应力分项系数，取 1.0；

σ_{max}——地基顶面最大应力标准值(kPa)；

σ_γ——地基承载力设计值，根据地基土性质决定。

当 $\varepsilon \geqslant B/3$ 时，地基顶面应力标准值按式(4.20)、式(4.21)、式(4.22)计算：

$$\sigma_{max} = \frac{P_v}{B}\left(1+\frac{6e}{B}\right), \quad \sigma_{min} = \frac{P_v}{B}\left(1-\frac{6e}{B}\right) \tag{4.20}$$

$$e = \frac{B}{2} - \varepsilon \tag{4.21}$$

$$\varepsilon = \frac{M_R - M_D}{P_v} \tag{4.22}$$

式中：$\sigma_{max}, \sigma_{min}$——分别为地基顶面的最大和最小应力标准值(kPa)；

P_v——作用在基床顶面以上的竖向合力标准值(kPa)；

B——墙地面宽度(m)；

e——墙底面以上合力作用点的偏心距(m)；

ε——合力作用点至墙前趾的距离(m)；

M_R, M_D——分别为稳定力矩和倾覆力矩(kN·m)。

当 $\varepsilon < B/3$ 时，按式(4.23)、式(4.24)计算：

$$\sigma_{max} = \frac{2P_v}{3\varepsilon} \tag{4.23}$$

$$\sigma_{min} = 0 \tag{4.24}$$

4.3.4 装配式护岸设计注意事项

在进行装配式护岸设计时有以下注意事项：

(1) 在装配式护岸平面布置设计时，应注意标准结构段长度同非标准结构段长度的协同，尽量满足标准长度结构段的构件可以进行非标准长度结构段的装配，使构件尺度尽量单一，降低成本，提高施工效率。

(2) 在护岸构件标准高度选择时，下层构件的高度不应大于上层构件。

(3) 在护岸构件挡土面标准高度选择时，下层构件的挡土面宽度不应大于上层构件，以保证搭放的平稳性。

(4) 在进行护岸稳定性验算时，应按照不利情况，从上往下依次对每层构件进行验算，验算不通过时通过加大构件断面宽度或提高填充料重量再次验算，护岸稳定性验算、地基承载力验算公式、参数的选择参照《港口及航道护岸工程设计与施工规范》(JTJ 300—2000)中的相关规定及要求。

(5) 护岸圆弧段转弯半径应尽可能接近，在进行圆弧段构件设计时应统筹各转弯圆弧段的弧长及圆心角，尽可能减少圆弧段异型构件的种类。圆弧段各层构件临水面宽度应统一,以确保搭放平稳。

(6)护岸生态性设计时,应兼顾栽植土的厚度、顶层构件的尺度、植物的生长习性及航道的水位情况,在此基础上选择最为适宜的植物。

4.4 复合式生态型护岸设计

4.4.1 复合式护岸的基本概念

1)复合式护岸的定义

复合式护岸为一种由多种类型结合起来的护岸。这里的类型不仅指护岸结构型式,而且包括结构性质。按结构型式划分,护岸可以分为直立式护岸、斜坡式护岸以及直立式与斜坡式结合的复合式护岸。按结构性质划分,护岸可以分为刚性护岸、柔性护岸以及刚性护岸与柔性护岸结合的复合式护岸。两种意思既相互独立,又相互统一。从第一种意思出发,不管是刚性的还是柔性的,只要结构型式为直立式与斜坡式结合,即为复合式护岸,如下浆砌块石+上混凝土预制块体。从第二种意思出发,不管结构型式如何,即使是直立式加直立式,只要是复合刚性结构与柔性结构的结合,即为复合式护岸。如下部悬臂式护岸+上部自嵌式挡墙。从普遍意义出发,斜坡式护岸大都为柔性结构,如铰链式护坡、预制连锁块等。直立式护岸大多为刚性结构,如浆砌块石直立式、沉井、扶壁式等。所以两种意思又是相互统一的。

2)复合式护岸的功能

作为防洪固岸的主要工程措施,护岸必须具有良好的工程特性,稳定河岸、防冲和防洪。除此之外,护岸还应兼有生态景观功能。图4.12为护岸功能随护岸高程变化示意图。护岸的下部结构处于水下承受着水流和船行波的冲刷,越往护岸上部,护岸承受船行波冲刷的机会越来越少,所以结构释放防冲刷功能的机会越来越少。当洪水来临时,护岸的上部发挥防洪功能。防洪特性随着护岸高度上升而越来越明显,防冲特性随着护岸高度上升而体现得越来越弱。生态景观功能体现在人们可见的范围里,人们才会承认这个功能的存在,随着护岸高度上升而越来越明显。

由于护岸的防洪功能和防冲功能随水位变化,因此,竖向上可以依据水位和护岸功能的关系,将护岸结构划分为两部分,这条分界线即为一级护岸顶高程,如图4.13所示。分界线以上的护岸以发挥生态景观功能为主,分界线以下的护岸以发挥防冲工程特性为主。所以,复合式护岸的意义不仅仅是将护岸结构型式一分为二,也是护岸功能的拆分。护岸的上下结构由于功能侧重点不同,所以结构型式也不同,可根据护岸的主要功能选择最合适的护岸结构。

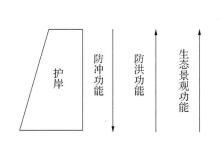 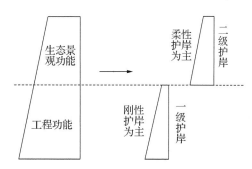

图 4.12 护岸功能随护岸高程度化示意图(箭头方向代表功能增强)　　　　图 4.13 护岸功能分配图

一级护岸长期受到船行波的冲刷,一般选用抗冲刷性能强的刚性护岸,在结构型式上以直立式护岸为主。二级护岸直接承受船行波冲刷机会比较少,由于一级平台上植物的主动消浪作用,很好地削弱了船行波的能量,二级护岸发挥的主要功能将不是防冲功能,而是体现护岸的生态景观功能,因此,二级护岸可以放弃原有的刚性护岸结构,采用一些新型的柔性结构。

4.4.2 复合式护岸结构型式

1) 复合式护岸一级护岸结构类型

一级护岸在复合式护岸结构中处于河床至一级平台这一范围,承担防撞、抗冲刷功能。基此一级护岸的结构设计以刚性为主,在部分限制性航道中为节约土地,断面型式还需采用直立式结构。在考虑船行波和水流的淘刷时,一级护岸设计需要有意识地设置一些消浪措施以消除波浪冲刷。此外,生态环境功能也是不容忽视的,即河岸提供生物栖息地的功能。常见的便是浆砌块石护岸、混凝土重力式护岸,将水体与岸坡完全阻隔,导致两栖生物无法在岸坡栖息。应用孔隙性原理,在一级护岸中设计多孔质护岸结构,可营造两栖生物的生存环境、提高护岸的生境质量。一级护岸结构型式的设计在满足护岸结构的强度和稳定性需求的同时,积极探索生态设计,以达到护岸结构防撞抗冲与生态环境的和谐统一。

这里将介绍几种比较典型的一级直立式护岸。

(1) 浆砌块石直立式

浆砌块石重力式结构一般由混凝土底板,浆砌块石墙身以及混凝土盖板组成(如图 4.14 所示)。墙身断面尺度决定于承受土、水压力的需要,以及满足整体抗滑、防渗的要求。如地基条件较差,应采取加固方法来满足基础稳定的需求。为了整体稳定的要求以及降低墙后地下水位,墙身后沿高度设置 1~2 层泄水管,墙体分段沉降缝(伸缩缝)为 10~20 cm。

该结构简单,施工操作方便,造价低,技术成熟,其缺点是工程数量大,砂石料场占地多,且砂浆局部强度较低,受冲击后易损坏。近几年,浆砌块石表面往往都贴上一层 25~30 cm 的混凝土贴面,防止砂浆受船行波淘刷后破坏。

从工程特性看,由于有了混凝土贴面的帮助,护岸的抗冲刷性能较好。从生态景观特性看,护岸不具有透水

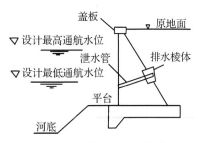

图 4.14 浆砌块石直立式结构图

性,属于硬质护岸,生态景观性较差。从可持续性特性看,即使有了混凝土贴面,护岸还是需要经常维修。

(2) 钢筋混凝土悬臂式

钢筋混凝土悬臂式结构(图 4.15)是由钢筋混凝土底板、钢筋混凝土悬臂立板组成主要部分,与沉降(伸缩)缝、泄水管、滤层与回填等配套设施组成完整的结构,是钢筋混凝土结构中的主要型式。它是依靠墙身自重及底板以上的填土(含表面超载)的重量来维持其平衡。由于其材料以钢筋混凝土为主,整体性好,圬工量少,抗撞性能强。

从工程特性看,整体浇筑的钢筋混凝土结构坚固,整体性好,抗冲刷性也比较好。从生态景观特性看,护岸不具有透水性,属于硬质护岸,生态景观性较差。从可持续性特性看,护岸整体性好,不容易破坏,耐久性好,一般不需要维修。

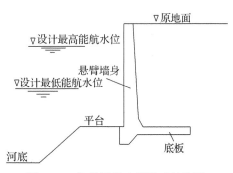

图 4.15 钢筋混凝土悬臂式结构图

(3) 板桩式

板桩式护岸又称拉锚板桩式护岸,这种护岸是由垂直打入土中的板桩(钢筋砼板桩)和水平张拉粗钢筋及锚碇系统组成(如图 4.16 所示)。

钢筋混凝土板桩式护岸的强度高,不易损坏,冲刷线以下有足够的入土深度,占地面积少,整体稳定性好。钢板桩可提前在厂内大批量生产,工效高,工期短,质量好。板桩插入全部采用机械化施工,快捷简便。目前在江苏连云港疏港航道有所应用。

从工程特性看,钢筋混凝土板桩式护岸的强度高,可在厂内大批生产,质量有所保证。冲刷线以下有足够的入土深度,抗冲刷性也比较好。从生态景观特性看,护岸不具有透水性,属于硬质景观,生态景观性较差。从可持续性特性看,护岸整体性好,不容易破坏,耐久性好,一般不需要维修。

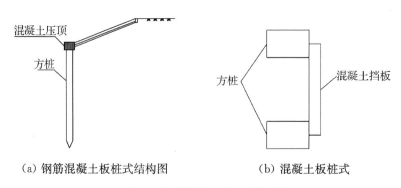

图 4.16 钢筋混凝土板桩式结构图

(4) 透水箱型护岸

透水箱型护岸有多种类型,整体式透水箱型是利用混凝土沉箱形成墙体,沉箱利用钢筋与底板结合,箱内利用填土填满,节省了混凝土用量。护岸前后都有开孔,有利于护岸前后能量的交换,如图 4.17 所示。

从工程特性看,混凝土沉箱由于重量减少,护岸强度无法与传统的护岸相比,无法承受船舶的撞击。从生态景观特性看,护岸具有透水性,属于柔性景观护岸,生态景观性较好。从可持续性特性看,由于钢筋的作用,使预制箱体与底板整体性较好,但是要尽量避免船舶碰撞,否则必将维修。

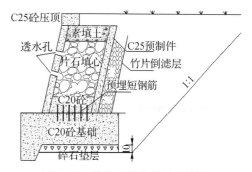

图 4.17 整体式透水箱型结构图

2) 复合式护岸二级护岸结构类型

二级护岸在常年水位以上,被水流周期性淹没,该区域内的生物栖息活动较为频繁,而且人群接近水体与河岸的机会也相对较多。因此,二级护岸防洪的同时,还要发挥提高生物多样性、改善河岸景观娱乐环境等功能。

二级护岸生态环境方面的设计,不仅需考虑其生物栖息地功能,还要注意其景观方面的需求,以柔性设计为主。在断面型式上有缓坡式和直立式,但主要采取缓坡式设计,这不仅利于洪季河流的泄洪需求,也有利于河岸的生物栖息地的营造,而且在视觉上利于营造轻松愉悦的气氛。这里将介绍几种比较典型的二级护岸。

(1) 混凝土连锁块护岸

混凝土连锁块护岸如图 4.18 所示。连锁块是可以相互搭接、并排嵌套的尺寸、形状和重量一致的预制块体,具有不同的尺寸和厚度以适应各种水流情况。预制混凝土连锁块护岸独特的连锁设计使每一个预制块被相邻的四个预制块锁住,这样保证每一块的位置准确并避免发生侧向移动。预制连锁块块体中间以及相邻块体之间的孔隙内可以填土种草,花草全面生根后可以提高块体面层与基土之间的连接力,同时美化景观。连锁块护岸具有抗冲刷能力强、变形适

图 4.18 混凝土连锁块护岸

应性好、稳定性好、抗剪切能力强的力学特性,同时具有较好的透水性、耐久性和生态景观性,施工方便快捷,一般人可以熟练地进行人工铺设,不需要大型设备,维护方便、经济。

(2) 铰链式护坡

铰链式护坡(图 4.19)系统是由一组尺寸、形状和重量一致的预制混凝土块用一系列绳索相互连接而形成的连锁型矩阵。根据实际工程的需要,一般在现场或生产厂预先把独立的铰链式护坡块体用 5~15 mm 的涤纶绳、镀锌或不锈钢索连接成柔性垫子,可大大提高施工精度和进度,并且可采用机械施工减少大量的人力费用。根据不同需要做柔性垫子时,可以把开孔式和封闭式的铰链式护坡块体组合起来用,一般在水下可用封闭式的,以减少河道的糙率值、增加过水能力。

图 4.19 铰链式护坡

铰链式护坡面系统的主要优点:铰链式护坡铺面系统遇到航道小规模变形(由沉陷、结冰、滑坡、膨胀土等引起的)时候具有高度的适应性。抗冲刷能力强,高速水流以及其他恶劣

环境下保持完整的面层,不让下面的土体被侵蚀。具有其他柔性铺面材料所有的优点,如空隙率高,透水性好,各独立块之间和单块内的空隙内可以植草,能美化环境的同时形成自然坡面改善生态环境。最陡的边坡坡度可达1∶1,并且可以在高速水流引起的高切应力下安全地工作。

(3) 混凝土框格护岸

混凝土框格护岸是在护坡的上下坎间用混凝土浇筑成网格状的护坡板,再在板槽中填土、种植。该护岸型式适用于大型港岸护坡、水流湍急的河道(见图4.20)。

图 4.20 混凝土框格护岸　　　　图 4.21 生态袋式护岸

(4) 生态袋

生态袋是用聚丙烯及其他材料制成,耐腐蚀性强,经久耐用,填充物可就地取材,适应地形变化。生态袋具有抗紫外、抗老化、无毒、不助燃,裂口不延伸,同时还具有目标性保持透水的过滤功能,既能防止填充物(土壤和营养成分混合物)流失,又能实现水分在土壤中的正常交流,植物生长所需的水分得到了有效的保持和及时的补充,对植物非常友善,使植物能够穿过袋体自由生长。根系进入工程基础土壤中,如无数根锚杆完成了袋体与主体间的再次稳固作用,时间越长,越加牢固,更进一步实现了建造永久稳定性护坡的目的,大大降低了维护费用。

生态袋挡墙是由生态袋、三维排水联结扣、扎口带和缝袋线、加筋格栅(选配材料)、生态锚杆(选配材料)组成的一个稳定生态边坡系统。是在成熟的土木工程建设理论与科学的生态恢复理论基础上,赋予柔性边坡结构所必需的具有特殊功能要求的优质材料前提下的一种高级形态的结构体系,使得结构稳定,水土保持和生态植被生长良好同步实现。与传统刚性挡墙相比,其最大的特点就是水分可在系统内自由流动,减小了系统内的净水压力,植物可以透过袋体自由生长,根系的锚固作用使得系统更加稳定(见图4.21)。

(5) 自嵌式护岸

自嵌式护岸(图4.22)是由单排自嵌式挡土块一层层直接干垒组成,无需用砂浆砌筑和锚栓加固,对地基处理的要求也相当低。根据实际工程的具体情况,如墙体较高、墙顶坡度较大、有活荷载或现场土质较差等,可以考虑应用多层拉接网片(一般为编织的土工格栅)按设计的标高和长度在自嵌式挡土块间分层布置,与自嵌式挡土块牢固地连接在一起并延伸到土体中。这样,墙体与回填土之间经过拉接网片的作用成为一个整体,相当于一个重力式挡土墙。

图 4.22 自嵌式护岸结构

相对于传统挡土墙而言,自嵌式护岸具有以下优点:

① 柔性结构、安全可靠;② 施工方便快捷;③ 经济;④ 占地少,综合成本低。此外,自嵌式护岸结构还拥有许多其他优点,如耐久、环保等。其中,最主要的一个优点就是其生态性,表现在其外面的美观性,给人们的景观感受及其材料的环保上。

4.4.3 复合式护岸垂向高程确定

《港口及航道护岸工程设计与施工规范》对通航河流护岸范围有明确规定,即设计最高通航水位以上1.5倍波高至设计最低通航水位以下1.5倍波高之间。由此,可作为护岸底高程与顶高程确定的重要依据。

1) 护岸底高程的确定

根据规范,航道护岸底高程可定为设计最低通航水位以下1.5倍波高。但实际工程中航道护岸的底高程需根据冲刷线确定。随着航道等级的提升、船舶吨级的加大,航道冲刷深度随之加深。护岸底高程的设定需在符合规范要求及当地相关规定的基础上,根据实际工程中的断面形态及护岸结构,结合实际调查合理确定相应的底高程。

2) 护岸顶高程的确定

《港口及航道护岸工程设计与施工规范》规定内河航道和内河港口护岸的顶高程应分别按最高通航水位和设计高水位加0.1~0.5 m超高确定。平原河网地区的航道往往还肩负着一定的防洪要求,因此航道护岸顶高程的确定还需满足航道所在地的防洪标准。《城市防洪工程设计规范》根据城市重要性分成了4个等级,再根据建筑物的主次级分成了4个等级,按照重要性超高分别为0.8 m,0.6 m,0.5 m,0.4 m。故对航道护岸顶高程的确定应根据规范规定的顶高程与航道所在地防洪标准规定的堤顶高程,取其大值作为护岸结构的顶高程。

单阶式护岸:护岸顶高程＝最高通航水位＋超高

对于水位变幅大的河段,基于"防洪与防冲分离"的设计理念,采用复合式护岸。复合式护岸需要分别设计一级、二级护岸的顶高程。

二级护岸顶高程确定方法同单阶式护岸,二级护岸顶高程＝最高通航水位＋超高。

一级护岸高程的经验法:一级护岸顶高程＝超高常水位＋超高。在城镇段,结合城镇规划、休闲需要和水位变化特点,超高值取1.4~0.6 m,这样一级平台在大多数时间可供行人使用。在农村段,考虑农户取水浇地等需要,超高不能太高;又考虑到船行波作用,一级水位保证率的需求,超高不能太低,一般取1.1~0.5 m。当农村段一级挡墙前留有弃土平台,一级挡墙高度超高可不超过0.5 m。

此外,一级护岸顶高程确定,还可以通过建立复合式断面河道护岸费用—高程模型、效益—高程模型或复合式护岸结构优化模型,计算生态型护岸结构的一级护岸高程。

4.4.4 复合式护岸结构优化设计

1) 复合式护岸力系

复合式护岸结构断面基本尺寸如图4.23所示。图中 a 为一级护岸岸顶宽度,b 为底板厚度,a_1 为底板前趾长度,a_4 为底板后趾长度,a_2 为岸前墙体长度,a_3 为岸后墙体长度,H_1

为一级护岸高度,L 为一级护岸平台宽度,H_2 为二级护岸高度;h_1 为岸前水深,h_2 为岸后水深,h_3 为岸前土坡高度,a_6 为岸前土坡线宽度,a_7 为航道底部与航道中心线的距离,a_5 为航道水下边坡宽度,m 为航道水下边坡坡比,a_8 为面宽的一半,h_5 为设计最低通航水深。

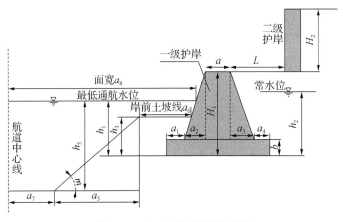

图 4.23　复合式护岸基本断面

护岸结构计算力系如图 4.24 所示。图中 G 为护岸自重,$P_{前X}$、$P_{后X}$ 分别为 X 方向墙前和墙后静水压力,$P_{前Y}$、$P_{后Y}$ 分别为 Y 方向墙前和墙后静水压力,$F_浮$ 为浮托力,$P_波$ 为波吸力,F_{VX}、F_{VY} 分别为 X、Y 方向总主动土压力,F_P 为被动土压力,取决于墙的有限位移。

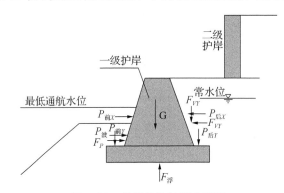

图 4.24　护岸结构计算力系图

(1) 护岸的自重 G

$$G = \gamma_G V \tag{4.25}$$

式中:γ_G——护岸材料的重度;
　　　V——护岸体积。

(2) 土压力

见"2) 复合式护岸土压力计算模型"。

(3) 静水压力

$$P = \gamma_W h_i \tag{4.26}$$

式中:γ_W——水的重度,计算时取 10 kN/m³;
　　　h_i——计算点到水面的垂直距离。

(4) 浮托力

$$F_{浮} = \gamma_w V_1 \tag{4.27}$$

式中：γ_w——水的重度，计算时取 10 kN/m³；

V_1——护岸水下部分的体积。

(5) 船行波

由于计算稳定时只考虑船行波波谷作用时的吸力，故在此只列出波谷作用时的吸力公式（图 4.25）。

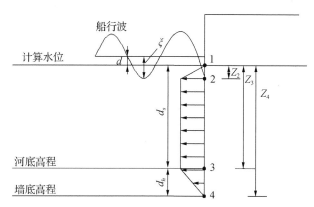

图 4.25 波谷作用时直墙处的吸力

r——水的重度；ξ——波高；d——波中线与计算水位的差值；d_s——计算水位与河底高程的差值；d_h——河底高程与墙底高程的差值；z_i——不同部位之处的水深差值；p_i——不同部位 i 处的水压力。

$$\begin{aligned} Z_1 &= d, & P_1 &= 0 \\ Z_2 &= \xi - d, & P_2 &= \gamma(\xi - d) \\ Z_3 &= d_s, & P_3 &= P_2 \\ Z_4 &= d_s + d_h, & P_4 &= 0 \cdots \end{aligned} \tag{4.28}$$

2）复合式护岸土压力计算模型

工程中应用最多的土压力计算理论是郎肯理论及库伦理论。两种理论都是最基本的，都各自做了一部分的假设，使得计算公式简单实用。郎肯理论假设了墙背是直立的、光滑的，墙后填土是水平的，并且忽略了墙背与填土之间的摩擦影响。库伦理论根据墙后滑动土体的静力平衡条件推导得出土压力计算公式，考虑了墙背与土之间的摩擦力，并可用于墙背倾斜、填土面倾斜的情况。但该理论假设填土是无黏性土，且滑动面为一平面。在这两种理论基础上，又发展了水平层分析法、极限平衡理论、能量理论等。但是这些理论都有一个共同的缺点，就是以最基本最简单的模型为出发点，对于复杂边界条件的土压力研究较少。复合式护岸的土压力计算就是属于复杂边界条件情况。

复合式护岸二级护岸设计与一般的护岸设计没有差别，一级护岸的计算却有所区别。二级护岸的存在对于一级护岸的土压力有所影响，使得其土压力有一定的增大。平台宽度的大小以及二级护岸的高度直接影响了土体的应力变形。

如图 4.26 所示，一级护岸墙高为 H_1，二级护岸墙高为 H_2。二级护岸引起的土压力利用均布荷载（q）代替，其中：

$$q = \gamma H_2 \tag{4.29}$$

式中:γ——填土的重度(kN/m³)。

自均布荷载起点 O 作两条潜在滑移面 OF 和 OG,与水平面的夹角分别为 φ 和 θ(若墙背垂直光滑,则 $\theta=45°+0.5\varphi$)。AF 段可以认为不受附加荷载的影响,BG 段则完全受附加荷载的影响,而 FG 段的土压力用 DE 直线连接。

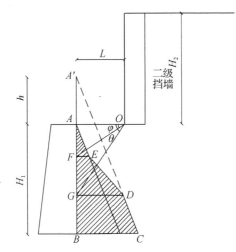

图 4.26 一级护岸土压力分布图

一级平台宽度的大小直接影响了一级护岸土压力受二级护岸影响的程度,所以,对于一级护岸土压力计算应分情况讨论:

(1) $L < H_1 \tan(90°-\theta)$

此时,一级护岸完全承受一级护岸等效荷载的作用。二级护岸在一级护岸上产生的侧向土压力为:

$$\sigma_{v_1} = \begin{cases} 0 & H_i < L\tan\varphi \\ \dfrac{H_i - L\tan\varphi}{L(\tan\theta - \tan\varphi)} qK_a & L\tan\varphi < H_i < L\tan\theta \\ qK_a & L\tan\theta < H_i < H_1 \end{cases} \tag{4.30}$$

式中:L——一级平台宽度;

H_i——土压力计算点到一级护岸岸顶处的距离;

H_1——一级护岸高度;

q——二级护岸的等效荷载;

K_a——主动土压力系数;

φ——填土内摩擦角;

θ——郎肯土压力破裂角。

一级护岸自身产生的侧向土压力为:

$$\sigma_{v_2} = \gamma H_i K_a \tag{4.31}$$

所以,作用于一级护岸的总侧向土压力为:

$$\sigma_v = \sigma_{v_1} + \sigma_{v_2} \tag{4.32}$$

(2) $H_1\tan(90°-\theta) < L < H_1\tan(90°-\varphi)$

此时,一级护岸部分受到二级护岸的影响,二级护岸在一级护岸上产生的侧向土压力为:

$$\sigma_{v1} = \begin{cases} 0 & H_i < L\tan\varphi \\ \dfrac{H_i - L\tan\varphi}{L(\tan\theta - \tan\varphi)}qK_a & L\tan\varphi < H_i < H_1 \end{cases} \tag{4.33}$$

(3) $L > H_1\tan(90°-\varphi)$

此时,一级护岸完全不受二级护岸的影响,一级护岸的侧向土压力即为自身产生的侧向土压力,即:

$$\sigma_v = \sigma_{v_1} \tag{4.34}$$

3) 复合式护岸稳定性影响因素

护岸的稳定性影响因素很多,如水位、船行波、土质条件等等。在这里只针对复合式护岸的特点,进行一级护岸平台以及一级护岸高度对于复合式护岸稳定性影响分析。

(1) 一级护岸平台宽度的影响

一级护岸平台宽度对于护岸的影响包括土压力、边坡稳定性及施工周期等。这里采用土压力进行量化。当一级护岸平台宽度较小时,征地范围减少,但是一级护岸的侧向土压力增大,护岸尺寸增大;相反,一级护岸平台宽度较大时,一级护岸的侧向土压力减小,一级护岸尺寸减小,但是征地范围增大。

在实际工程中,一级平台宽度选择要根据工程的征地条件,以降低工程整体造价为目标,选择最合适的一级平台宽度。

(2) 一级护岸高度的影响

一级护岸高度对于护岸稳定性影响不仅仅体现在二级护岸的侧向土压力上。事实上,一级护岸高度的增加,势必增加一级护岸的尺寸,提高了一级护岸的造价,一级护岸所承受的侧向土压力增大;同时,二级护岸尺寸减小,降低二级护岸的造价,其等效荷载减少,对于一级护岸的侧向土压力减小。反之亦然。

4) 基于复形法的护岸结构尺度设计

以护岸抗倾覆稳定、抗滑稳定、地基应力稳定为限制条件,根据一级平台宽度以及一级护岸高度变化,利用复形法搜索最小的护岸尺寸满足护岸稳定。以工程造价为最终目标函数,通过护岸造价、征地面积以及绿化面积为变量,寻求既满足稳定条件又使工程造价最小的护岸尺寸。

复形法是解决约束最优化问题的有效方法之一,它是在无约束问题中单纯形法的基础上发展起来的一种直接方法。这种方法的原理简单而直观,容易实现,同时它处理约束较为灵活,特别对于非凸的可行域也可以处理。所谓复合形,就是在可行域内产生一个具有 $k > n + 1$ 个顶点所构成的多面体,n 为设计变量的个数。这种方法就是对复合形的各顶点的目标函数值进行比较,不断地丢掉坏点,代之以既满足约束条件,又使目标函数有所改善的新点,如此重复,逐步逼近最优点。

(1) 设计变量与目标函数

对于某一条需要整治的航道而言,航道等级是确定的,则航道底宽、面宽、最低通航水位、常水位、护岸高度为确定的,则:

$$a_7=C_1;a_8=C_2;h_1=C_3;h_2=C_4;h_5=C_5;H_1+H_2=C_6$$

式中:C_1,C_2,C_3,C_4,C_5,C_6——常数。

存在以下关系:

$$a_7+a_5+a_6+\frac{a_2}{H_1-b}(h_2-h_3)\geqslant a_8 \tag{4.35}$$

$$h_5-h_1=a_5m-h_3 \tag{4.36}$$

从节约资源的角度出发,式(4.35)只考虑等式左右相等的情况,即:

$$a_7+a_5+a_6+\frac{a_2}{H_1-b}(h_2-h_3)=a_8 \tag{4.37}$$

其中,对于某一确定的航道,水下坡比 m 为常数,岸前土坡线宽度一般大于或等于 2 m,在此次计算模型中选取为 2 m,即:

$$a_6=2$$

H_1、b 与一级护岸尺寸有关。所以对于某一个确定的一级护岸尺寸,式(4.36)与式(4.37)只存在两个变量 a_5、h_3。即可通过方程求解得到 a_5 与 h_3。

所以复合式护岸基本断面只存在以下 8 个变量:岸顶宽度 a,底板厚度 b,底板前趾长度 a_1,底板后趾长度 a_4,岸前墙体长度 a_2,岸后墙体长度 a_3,一级护岸高度 H_1,一级护岸平台宽度 L。所以设计变量为 8 个,分别为 a、b、a_1、a_4、a_2、a_3、H_1、L。

在满足护岸稳定的条件下,以工程总体造价最小为目标,其中,工程总体造价包括护岸造价、征地面积费用、绿化费用。

目标函数:

$$S=f_1\times\left[\frac{(2a+a_2+a_3)\times(h-b)}{2}+(a+a_1+a_2+a_3+a_4)\times b\right]+f_2\times(H_1-b)+f_3\times L$$

式中:f_1,f_2,f_3——由当地市场材料价格确定的单位价格。

(2) 约束条件

① 抗滑稳定约束

护岸的抗滑稳定计算根据《港口及航道护岸工程设计与施工规范》要求,约束条件为公式(4.17)。

② 抗倾覆稳定约束

护岸的抗倾覆稳定计算根据《港口及航道护岸工程设计与施工规范》要求,约束条件为公式(4.18)。

③ 地基承载力稳定约束

护岸的地基承载力稳定计算根据《港口及航道护岸工程设计与施工规范》与《港口工程地基规范》要求,约束条件为式(4.19)。

④ 征地线约束

护岸的建造宽度应小于护岸的征地线宽度。约束条件为：

$$l_p \leqslant l_c \tag{4.38}$$

式中：l_p——护岸建造宽度；

l_c——护岸的征地线宽度。

(3) 求解过程

Ⅰ. 产生具有 $k > n+1$ 个顶点的初始复形。要求首先给出一个可行的初始点，其余 $k-1$ 个点的产生有两种方法：

① 决定性方法：即按问题的性质人为灵活选定；

② 随机方法：利用伪随机数设点。

$$x^{(k)} = [a_i + R(b_i - a_i)]^T \tag{4.39}$$

式中：a_i, b_i——分别为设计变量 $x^{(i)}$ 的下限和上限；

R——$[0,1]$ 区间服从均匀分布的随即数，由子程序 RAND 产生。

k 个顶点产生后，除初始可行点外，要逐个检查 $k-1$ 个顶点是否为可行点。设已有 s 个点 ($s \geqslant 1$) 满足所有约束条件，这些点为 $x^{(1)}, x^{(2)}, \cdots, x^s$，则可以按下式求出这些点构成的点集的中心（或称中心点）：

$$\overline{x_c^s} = \frac{1}{s} \sum_{i=1}^{s} x^i \tag{4.40}$$

如第 $s+1$ 个顶点不满足约束条件（即不可行），可将这一点沿与 $\overline{x_c^s}$ 连线方向缩小一半距离，得到新的 $s+1$ 点，即：

$$x_{\text{new}}^{s+1} = \overline{x_c^s} + 0.5(x^{s+1} - \overline{x_c^s}) \tag{4.41}$$

如检验新点可行，则以新点代替原 $s+1$ 点。如新点仍不可行，则再沿新点与 $\overline{x_c^s}$ 连线方向缩小一半距离，又得到新点，再检验是否可行，如此重复，直至所得 x_{new}^{x+1} 点为可行点为止。

按照上述方法继续检查，调整 $s+2$ 点的可行性。逐点检验，直到 k 个顶点都在可行域内为止。于是这 k 个可行顶点便构成复形。初始复形构成以后，再逐步调优以探求最优点，其迭代过程的运算步骤与单形法很相似。

Ⅱ. 计算复形所有顶点的目标函数值 $V(x_i)(i=1 \sim k)$ 以及各顶点中心的函数值 $V(\overline{x_c})$，转向步骤Ⅵ。

Ⅲ. 找出函数值最大的点 x^h，即最坏点。计算去掉点 x^h 后其余各点的中心点 $\overline{x_c}$，

$$\overline{x_c} = \frac{1}{k-1} \left(\sum_{i=1}^{k} x^i - x^h \right) \tag{4.42}$$

检验是否可行，若不可行，说明可行域为非凸域，即令 $a_i = x_i^L, b_i = \overline{x_{ci}}$，并转向步骤Ⅰ；否则，转向步骤Ⅳ。

Ⅳ. 求映射点。将 x^h 对 $\overline{x_c}$ 进行映射，得 x^h 的映射点 $\overline{x_c}$，

$$x^a = \overline{x_c} + \alpha(\overline{x_c} - x^h) \tag{4.43}$$

式中：$\alpha>0$，为映射系数，一般为 1.3。

检查 x_a 是否可行，如不可行可将 α 改取其半（如 0.65，0.325，…）再代入上式计算，直到 x_a 可行为止。

Ⅴ. 计算 x^a 的目标函数值 $V(x^a)$，并比较 $V(x^a)$ 与 $V(x^h)$ 的大小，可以有两种情况：

① $V(x^a)<V(x^h)$：此时可用新点 x^a 替换最差点 x^h 形成新的复形，并转向步骤Ⅵ；

② $V(x^a)\geqslant V(x^h)$：即映射点 x^a 没有改善，可采取缩短步长的方法，将 α 改取其半，求得新的 x^a，计算其函数值，如得 $V(x^a)<V(x^h)$，转向步骤Ⅵ；否则再将 α 减半，如此重复，算得 $\alpha<\xi$（ξ 为已知的很小的正数）；如 $V(x^a)$ 仍无改善，则在步骤Ⅲ中以次差点 x^g 替换最差点 x^h，转向步骤Ⅳ。

Ⅵ. 终止搜索。计算复合形各顶点及中心点的目标函数值，找出复合形中最好点（目标函数值最小的点）x^L，并在检验时满足收敛准则：

$$\left\{\frac{1}{K}\sum_{i=1}^{k}[V(\overline{x_c})-V(x^i)]^2\right\}^{0.5}\leqslant \zeta \quad (\zeta \text{ 为预先给定的一个较小的正数}) \tag{4.44}$$

若满足则输出最好点，结束迭代；否则转向第 3 步。

复合形算法的计算框图如图 4.27 所示：

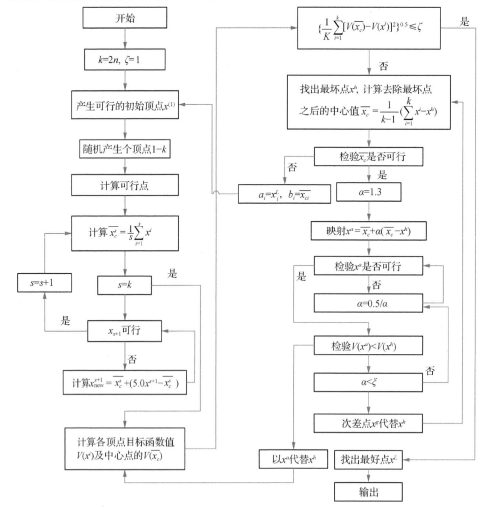

图 4.27　复形法计算流程图

4.5 绿色航道护岸技术应用实例——刘大线

4.5.1 刘大线航道自然特性

1) 特征水位

刘大线航道设计最高通航水位为 2.68 m,设计最低通航水位为 0.7 m。
设计计算工况水位组合见表 4.9。

表 4.9　设计计算工况水位组合　　　　　　　　单位:m

水位组合	墙前水位	墙后水位
使用期高水位	2.68	2.68
使用期低水位	0.70	1.0
完建期	−0.8	−0.3
常水位	▽1.50	▽1.50

2) 地质特征

研究区内饱和沙土层②-2粉土、③-2粉土和③-4粉细砂层中局部存在可液化点。沙土液化后强度降低,影响堤岸的稳定。广泛分布的厚层粉土和粉沙层,渗透系数分别为 10^{-5} cm/s 和 10^{-3} cm/s,渗透性较强,会导致渗漏问题,影响堤岸的稳定。地下水位埋深多为 0.6~3.0 m,局部河堤及路堤段地下水位埋深为 3.0~4.0 m。

沿线地表水及地下水化学类型主要为 HCO_3^-、Cl^-、SO_4^{2-}、Na^+、Ca^{2+} 型。地表水矿化度为 658.14 mg/L,属淡水。地下水矿化度为 1 439.78~7 367.86 mg/L,属微咸水至咸水。

地基容许承载力推荐值见表 4.10。

表 4.10　各土层容许承载力推荐值表

岩土编号	层名	容许承载力值 f(kPa)
1a	素填土	90
1—1	粉质黏土、粉土	110~130
1—2	(淤泥质)粉质黏土	60~90
1—2a	粉质黏土	110~130
1—2c	粉土	120~130
1—3	粉土	120~150
1—3a	粉质黏土	70~100
1—4	粉土	160~180
1—5	(淤泥质)粉质黏土	70~90
2—1	粉质黏土	160~180
2—3	粉沙	160

4.5.2 护岸材料选择

护岸工程具有用材量大的特性,护岸材料的选择是护岸实现生态化的重要步骤。护岸构筑材料的选择应考虑就地取材、安全稳定、生态环保和耐久性原则。

根据《刘大线航道整治工程岩土工程勘察报告》,刘大线航道地下水具有弱腐蚀性。因此在选择护岸材料时应尽量避免选择钢筋、混凝土等材料,即便选择这些材料也需注意对这些材料进行必要的防腐措施。

根据护岸构筑材料的工程特性,本着上述材料选择的原则,充分考虑刘大线土质条件和自然环境,选择刘大线航道护岸工程的材料时,优先使用当地的细粉沙、土工合成材料、木料、混凝土块等。

4.5.3 护岸结构型式

刘大线航道断面设计为复式断面,新型生态型护岸采用上缓下陡式护岸结构型式,一级护岸采用栅栏阶梯式结构,二级护岸采用三维土工网结构种植百喜草,一级和二级护岸之间的护岸平台上种植当地的大米草,形成如图 4.28 所示的两级阶梯型式护岸。

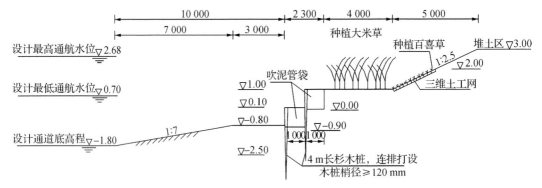

图 4.28 栅栏阶梯式二级护岸结构图

注:除高程单位为 m 外,其他均为 mm

一级护岸采用两级阶梯结构,以杉木桩为护岸材料,阶梯中放置一个宽高均为 1 m 的沙管袋。为保证护岸结构的稳定,防止沙袋被挤破,组成栅栏的桩采用紧密插打的方式。

这种型式一方面充分利用当地沙质粉土,另一方面利用土工沙管袋的透水性可以有效地降低岸坡内的地下水位,降低渗流作用可能造成结构物的失稳。同时,在一级护岸位置采用木桩或仿木桩的直立式结构,可以起到防冲功能,有效地保护岸坡。

1)护岸平台

护岸平台设置为1%的倒坡,并在与二级岸坡的连接处设置砼排水沟。这样,既可增加二级岸坡的稳定性,又可保证岸坡上的水及时排走,以免渗进下层土导致流沙。

根据刘大线航道岸坡土质,大米草耐盐、耐淹的生理生态学特征,以及在消浪、促淤、护岸、减灾、改良土壤等方面具有良好的作用,选择大米草作为护岸平台的防护植物。

2)二级护岸

三维土工网护坡坡比是在满足边坡抗滑稳定的前提下,本着降低工程造价,同时兼顾美观的基础上做出设计的,用整体稳定性验算来确定坡比的。

3) 护岸前沿平台

为增强护岸前排桩的稳定性,在护岸前沿平台上增设两层袋装土。

这种栅栏阶梯式二级护岸结构具有稳定安全、经济性好、生态美观、不受水位涨落影响等特点,实现了稳定性、安全性、生态美观性的统一。同时采用阶梯型结构,便于护岸的日常维护,枯水时二级阶梯可以进行干地维护。

4.5.4 垂向和横向尺度确定

1) 护岸顶高程

刘大线航道的设计最高通航水位为 2.68 m,按照规范本项目中护岸的顶高程为 2.68~3.18 m。由于有节制闸的保护,刘大线航道的防洪压力不大,故护岸顶高程及二级护岸平台高程取 3.0 m。

2) 护岸底高程

根据《江苏省内河航道养护护岸工程管理办法》规定,护岸底高程为设计最低通航水位以下 1.2 m。根据实际调研,刘大线航道岸坡土质为粉土,抗冲能力较差。为保证护岸效果,本书对于护岸底高程定为设计最低通航水位以下 1.5 m,为 −0.8 m。

3) 一级护岸平台高程

(1) 造价分析

复式断面河道护岸的造价可用下式表示:

$$C=(z-z_1)\times p_1+(z_2-z)\times p_2+c \tag{4.45}$$

式中:C——复式断面河道护岸每延米造价;

p_1——一级护岸每延米单位高度造价;

p_2——二级护岸每延米单位高度造价;

c——一级护岸平台每延米造价;

z_1——护岸基底高程(m);

z_2——二级护岸顶高程(m);

z——一级护岸平台高程(m)。

根据该护岸工程的预算造价,每延米木桩护岸单位高度造价为 360 元/m,每延米三维土工网植物护岸单位高度造价为 45 元/m,种植大米草的单价为 3 元/m²,航道设计要求:$z_1=-0.8$ m,$z_2=3.0$ m。于是有:

$$C=315z+435 \tag{4.46}$$

(2) 综合效益

这里的护岸综合效益是指修建生态护岸后河道恢复自然功能产生的效益,即恢复效益。哈弗斯密特利用替代市场法来评价湿地效益,通过从公共机构为保护湿地而购买湿地所支付的价格中推导出对它保护的经济效益,并以此作为湿地的经济效益。综合效益包括生态效益、观赏—文化效益、供水效益以及防洪效益等。

① 生态效益

这里所谓生态性,是指在保证护岸结构强度的同时,使河流最大限度地保留原有生活在其中的各种生物和植物所需的生息环境。

一级护岸平台高程处于枯水位与设计高水位之间。这一区域是水位变化最大的区域，因其自然空间特征和水陆物质能量交流的特征成为动植物生存的良好栖息地环境。因此该高程的确定需要结合水位变动区的水位历时和河段动植物，据此可得出：

$$z_s = z_t \pm \Delta z_1 \tag{4.47}$$

式中：z_s——河道护岸的生态性高程(m)；

z_t——水位变动区某一特征水位(m)；

Δz_1——该区植物的最大喜水深度或最大耐淹深度(m)(由于两栖类动物依靠植物生境而居，故Δz_1暂不考虑动物因素)。

刘大线航道种植的大米草植株高一般在 1 m 左右，当植株高度 $\frac{1}{3}$ 在水中时，其生长较旺。刘大线航道常水位与枯水位之间水位差为 0.3 m，特征水位取常水位，这样一年中至少有半年时间大米草处于最佳生长状态，有利于移栽初期大米草的存活，因此，刘大线航道护岸的生态性高程：

$$z_s = 1.0 - \frac{1}{3} \times 1 = 0.7 \text{ m} \tag{4.48}$$

通过分析从公共机构获得的 3 237 多公顷湿地的数据，可得出湿地野生生物的价值。把河岸带看成野生生物生存空间，当其生态性处于最佳状态时，相应的生态效益记为 k_1 元/m^2。本研究认为，当一级护岸平台高程达到 z_s 时，护岸生态性处于最佳状态，低于或高于这一高程都会降低其生态效益。因此，护岸的生态效益可按下式计算：

$$B_1 = k_1 \left(1 - \frac{|z - z_s|}{z_s - z_1}\right) S \tag{4.49}$$

式中：B_1——每延米护岸的生态效益；

$\frac{|z - z_s|}{z_s - z_1}$——影响护岸发挥最佳生态效益的百分率。

当 $z = z_s$ 时则表示生态效益的发挥不受影响，故 $\left(1 - \frac{|z - z_s|}{z_s - z_1}\right)$ 反映了护岸最佳生态效益发挥的程度，若出现负值，则取效益为 0；S 为护岸的每延米面积(下同)。

将哈弗斯密特的研究成果折算为国内价格得出 $k_1 = 23$ 元/m^2，由式(4.49)计算刘大线护岸的生态效益，则每延米护岸的生态效益为：

$$B_1 = \begin{cases} -34.3z^2 + 136.9z + 131.5 & -0.8 \leq z < 0.7 \\ 34.3z^2 - 239.9z + 361.6 & 0.7 \leq z \leq 3.0 \end{cases} \tag{4.50}$$

② 观赏—文化效益

河道的社会性可归纳为防洪功能、观赏—文化功能、供水功能等。其中，河道的防洪功能指河道的泄洪能力，直接与其过水断面相关。河道观赏—文化功能是河道能够展示给人们的一种舒适、优美的环境。根据一年中水位变化，综合考虑洪、枯水期护岸垂向景观的协调性，一级护岸平台关于观赏—文化上的高程：

$$z_g = z_c + \Delta z_2 \tag{4.51}$$

式中：z_g——河道护岸最佳观赏性高程(m)；

　　　z_c——常水位(m)；

　　　Δz_2——超高(m)。

刘大线航道常年水位变幅较小、水流平稳，结合对附近居民的调查结果，这里取 $\Delta z_2 = 0.2$ m，根据式(5.39)可得 $z_g = 1.2$ m。

通过收集政府购买空地的数据，对其进行资本化计算得出湿地观赏—文化上的价值。本研究认为当一级护岸平台高程达到 z_g 时，护岸在观赏—文化上的效益达到最大，记为 k_2 元/m²，低于或高于这一高程都会降低其观赏—文化上的效益，可表示为

$$B_2 = k_2\left(1 - \frac{|z - z_g|}{z_g - z_1}\right)S \tag{4.52}$$

式中：B_2——每延米护岸的观赏—文化上的效益；

　　　$\dfrac{|z - z_g|}{z_g - z_1}$——影响护岸最佳观赏—文化效益发挥的百分率。

当 $z = z_g$ 时则表示该效益的发挥不受影响，故 $\left(1 - \dfrac{|z - z_g|}{z_g - z_1}\right)$ 反映了护岸最佳观赏—文化效益发挥的程度；若出现负值，则取效益为 0。

刘大线航道观赏—文化效益较为显著，结合哈弗斯密特的研究成果，这里 $k_2 = 89$ 元/m²。则每延米护岸观赏—文化上的效益：

$$B_2 = \begin{cases} -99.7z^2 + 397.3z + 381.6 & -0.8 \leqslant z < 1.2 \\ 99.7z^2 - 796z + 1\,526.4 & 1.2 \leqslant z \leqslant 3.8 \end{cases} \tag{4.53}$$

③ 供水效益

比较从湿地取水成本与从其他最经济的、可能得到的替代水源取水的成本，以两者的差值作为供水效益的资本化价值。设护岸的单位供水效益为 k_3 元/m²，则

$$B_3 = k_3 S \tag{4.54}$$

式中：B_3——每延米护岸的供水效益。

刘大线航道沿线多为荒地，临河企业较少，航道沿线需水较少。根据刘大线实际情况，结合哈弗斯密特的研究成果，这里 $k_3 = 23.1$ 元/m²，则每延米护岸的供水效益为：$B_3 = 23.1 \times [4 + 2.24 \times (3.0 - z)]$，化简为：

$$B_3 = 247.6 - 51.7z \tag{4.55}$$

④ 防洪效益

以采用防洪措施后避免的经济损失作为防洪效益，用 k_4 元/m² 表示。

$$B_4 = k_4 S \tag{4.56}$$

式中：B_4——每延米护岸的防洪效益。

依据哈弗斯密特关于湿地防洪效益的研究，并结合本区的防洪压力，这里取 $k_4 = 6.6$ 元/m²，则每延米护岸的防洪效益为：$B_4 = 6.6 \times [4 + 2.24 \times (3.0 - z)]$，化简为：

$$B_4 = 70.8 - 14.8z \tag{4.57}$$

综上,可以得出刘大线航道每延米护岸的综合效益:

$$B = \begin{cases} -134z^2 + 467.7z + 831.5 & -0.8 \leqslant z < 0.7 \\ -65.4z^2 + 90.9z + 1061.6 & 0.7 \leqslant z < 1.2 \\ 134z^2 - 1102.4z + 2206.4 & 1.2 \leqslant z \leqslant 3.0 \end{cases} \tag{4.58}$$

式中:B——每延米护岸的综合效益;
　　　z——一级平台高程(m)。

(3) 河床断面形态因素

根据水文分析,刘大线航道第二造床流量所对应的水位高程为 1.1 m,这样 $z' = 1.1 \text{ m}$。利用效益—费用模式绘制出图 4.29,求得 $(B-C)_{max}$ 条件下 $z = 0.7 \text{ m}$。

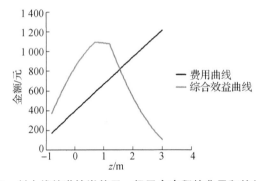

图 4.29　刘大线航道护岸关于一级平台高程的费用和效益曲线图

综合考虑效益—费用和河床断面形态稳定性,刘大线航道复式断面一级护岸平台高程取值应在 $0.7 \sim 1.1 \text{ m}$,取两者的平均值 0.9 m 作为刘大线航道复式断面一级护岸平台高程。但考虑到提高木桩阶梯护岸中充沙管袋的耐久性,本文在二级阶梯内的土工袋上覆盖 10 cm 厚的土层以保护土工袋免受风化破坏,故刘大线航道复式断面河道一级护岸平台高程定为 1.0 m。

4) 一级护岸平台宽度的确定

(1) 最佳水力断面条件下的护岸平台宽度

由于刘大线航道受节制闸影响,其基本不承担行洪的功能,故这里不考虑该条件下的护岸平台宽度。

(2) 衰减船行波波高条件下的护岸平台宽度

根据 1987 年国际航运协会常设技术委员会秘书处 57 号公告推荐深水条件下船行波最大波高值计算的经验公式(如下所示)。

$$H_l = t \times \left(\frac{l}{t}\right)^{-0.33} \times \left(\frac{V}{\sqrt{gh_d}}\right)^4 \tag{4.59}$$

式中:H_l——计算点 l 处船行波的波高(m);
　　　V——船舶航速(m/s);
　　　t——船舶吃水(m);

g——重力加速度 9.81(m/s²);

h_d——航道水深(m);

l——计算点 l 处距船舷距离(m)。

根据上式,可计算没有植物消浪作用下的水体中船行波波高随距离而衰减的表达式:

$$\frac{H_{l_1}}{H_{l_2}} = \left(\frac{l_1}{l_2}\right)^{-0.33} \tag{4.60}$$

式中:H_{l_1}——计算点 l_1 处船行波的波高(m);

l_1——计算点 l_1 处距船舷距离(m);

H_{l_2}——计算点 l_2 处船行波的波高(m);

l_2——计算点 l_2 处距船舷距离(m)。

从式(4.60)可知,当平台宽度达到 25 m 时,波高才衰减了 23.5%。复式河道断面形态通过增加平台宽度来减小丰水期船行波对二级岸坡的淘刷,需要占用大量的土地资源,因此,依靠增加平台宽度来衰减船行波不太现实。

杨建明、白玉川、黄本胜对堤岸植物消浪护岸进行了波浪水槽模型实验,得出河道滩地为平地时,植物的消浪公式:

$$\alpha = 2.028\,119 \left(\frac{H}{h}\right)^{0.604\,4} \left(\frac{b}{h}\right)^{0.887\,9} \left(\frac{gt^2}{h}\right)^{-0.623\,8} \tag{4.61}$$

式中:α——消波系数,消波系数 = $\frac{消前波高 - 消后波高}{消前波高} \times 100\%$;

h——水深(m);

H——到达植物带前沿的船行波波高(m);

b——植物带宽(m);

t——波浪周期(s)。

傅宗甫在实际观测互花米草衰减船行波的基础上,在实验室设计模拟互花米草消浪效果的水槽实验。通过实验,拟合出互花米草的种植宽度 b 与波高传递率 k_t 之间的经验公式:

$$k_t = 0.974\,8 \frac{b}{h_t} \tag{4.62}$$

上式中:k_t——波高传递率,$k_t = \frac{消前波高}{消后波高}$;

b——互花米草的种植宽度(m);

h_t——滩地水深(m);

据现场实际调研,在刘大线航道上航行的 500 t 级船舶的速度一般为 11 km/h。利用式(4.59)计算出平台边缘的波高,再用式(4.62)计算刘大线航道一级平台宽度与经大米草消波后的船行波波高,得到如图 4.30 所示的一级平台宽度与船行波波高的关系。

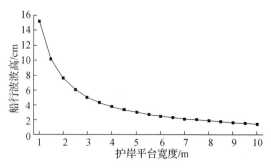

图 4.30 大米草种植宽度与经大米草衰减后的船行波波高关系图

从图 4.30 中可知,当宽度达到 4 m 时船行波波高已衰减 76%,而达到 6 m 时其衰减达 83%。由此可见,当平台宽度达到 4 m 后,随着宽度的增加,波高的衰减并不明显。考虑到刘大线航道土地紧张,从经济节约的角度考虑,取其一级平台宽度为 4 m。

(3)过滤径流功能下的护岸平台宽度

研究表明,河岸植被缓冲带能有效移除氮、磷、钙、钾、硫、镁等营养物质以及一些污染物。由于氮和磷是水体富营养化的主要来源,因此业界对于缓冲带过滤氮、磷功能的研究较为集中。一般种植有草本植物的复式断面河道护岸平台属于生态型河流缓冲带的一部分,可按下式计算满足河岸截污条件下的护岸平台宽度。

$$b_3 = w - m_1(z - z_1) - m_2(z_2 - z) \tag{4.63}$$

式中:b_3——护岸平台宽度(m);

w——满足截污能力的河岸缓冲带最小宽度(m);

m_1, m_2——一级、二级护岸的坡比;

z_1, z, z_2——分别为航道底、一级、二级护岸高程(m)。

国外学者从河岸有效控制污染物(如氮、磷)这一角度进行大量的野外试验研究,对河岸带宽度与污染物(氮、磷)的去除率关系如表 4.11 所示。

表 4.11 河岸缓冲带宽度与对氮、磷去除率关系表

作者	缓冲带宽度(w)为 4.6 m 时的去除率		缓冲带宽度(w)为 9.1 m 时的去除率	
	氮	磷	氮	磷
Dillaha et al(1988)	67%	71.5%	74%	87.5%
Dillaha et al(1989)	54%	61%	73%	79%
Magette et al (1987)	17%	41%	51%	53%
Magette et al (1989)	0	18%	48%	46%

为保证缓冲带的去污(氮、磷)能力,这里将缓冲带宽度取大值为 10 m。这样有保证河岸去污能力条件下的护岸平台宽度:

$$b_3 = 10 - m_1(z - z_1) - m_2(z_2 - z) \tag{4.64}$$

为保证刘大线航道的去污能力,按式(4.64)计算得刘大线护岸所需一级平台宽度为 3 m。

(4) 生物栖息地功能下的护岸平台宽度

根据复式断面河流的结构特点,可将生态河岸分为3个区:近岸水域、水滨区域、近岸陆域。Lowrance的研究认为,近岸水域和水滨区域主要为野生生物提供栖息地。杨天胜等人推荐水生生物栖息地宽度为8~14 m、野生动物栖息地宽度为15~25 m。考虑到内河航道的实际情况,限制性航道河岸边的野生生物一般为草本植被、小型两栖爬行动物、鱼类及微生物等,而大然河流则有可能出现鸟类、大型两栖爬行类动物。故满足生物栖息功能的河岸宽度,要根据实际河流情况区别对待。鉴于这样的理解,可得出河岸满足生物栖息地功能条件下的护岸平台宽度 b_4,具体可用下式表示:

$$b_4 = w - m_1 z_1 \tag{4.65}$$

对于生态型河道而言,护岸功能的发挥程度与护岸平台宽度正相关,鉴于这一理念,本文认为最终护岸平台宽度可由下式确定:

$$b = \max(b_1, b_2, b_3, b_4) \tag{4.66}$$

上式中,各功能条件下护岸平台宽度是保证各项功能发挥的经济宽度,即最小宽度。为保证护岸各项功能的平衡发展,取其最大值作为最终的平台宽度。这也体现了护岸结构经济性与多功能性的统一。

为保证刘大线航道的生态栖息地功能,本研究取刘大线水生生物栖息地宽度为14 m。根据式(4.65),得出:

$$b_4 = 14 - 7 - 2 - 2 = 3 \text{ m}$$

综合,公式(4.66)可得出护岸平台宽度 $b = \max(b_1, b_2, b_3, b_4) = 4$ m。

4.5.5 阶梯排桩护岸结构优化设计

1) 建立稳定性分析对比模型

采用有限元法,建立阶梯排桩护岸结构优化模型,见图4.31。模型总宽45 m,总高13 m,底部约束水平向和竖直向位移,两侧约束水平向位移,同时两侧设置为透水边界,底部设置为不透水边界。假设该土层分布完全水平,土体和桩体参数采用实测断面的材料参数,忽略较薄的 $1a$ 土层。

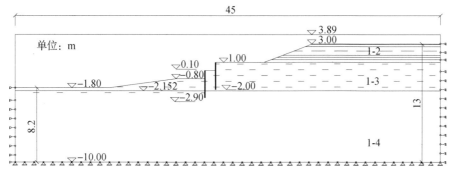

图 4.31 阶梯排桩护岸结构优化模型示意图

模型断面在常水位时岸坡稳定系数是1.63,使用期低水位时岸坡稳定系数是1.52,使用期高水位岸坡稳定系数为1.72,完建期水位时岸坡稳定系数为1.82。

2）桩长优化

模拟阶梯排桩结构中的桩体不同长度对岸坡稳定性的影响,桩长从2.0 m到5.0 m逐渐加长,计算结果见图4.32。

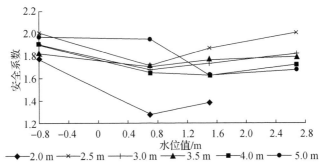

图4.32 不同桩长下安全系数随水位变化曲线

① 在高水位下,岸坡安全系数随桩长的增大而减小,这主要是因为桩体体积越大受到的浮力越大。② 当桩长为2 m时,该护岸结构稳定性最差,且在高水位时岸坡无法维持稳定。③ 在低水位和完建期水位下,桩长为4 m时安全系数较大且较为稳定。

因此,以安全系数为目标函数值时,取4 m桩长。

3）阶梯宽度优化

为了分析排桩与排桩之间距离变化对岸坡稳定性的影响,模拟不同阶梯宽度时岸坡稳定性安全系数的变化情况。在改变阶梯宽度时,保持前排桩位置不变,仅改变后排桩体的位置,同时考虑到工程实际情况,即两排桩体之间应留有足够间距进行回填、同时间距不宜过大,因此将阶梯宽度变化范围设为0.5～2.0 m。

表4.12是不同阶梯宽度下岸坡稳定性安全系数的计算结果表,当阶梯宽度为0.5 m时,在低水位时已低于规范要求的安全系数值1.3,阶梯宽度为2.0 m时的平均安全系数是0.5 m时的1.66倍。

表4.12 不同阶梯宽度下的安全系数表

阶梯宽度	安全系数			
	完建期水位	低水位	常水位	高水位
0.5 m	1.329	1.267	1.310	1.364
1.0 m	1.818	1.522	1.625	1.717
1.5 m	2.016	1.911	1.905	2.097
2.0 m	2.057	2.169	2.242	2.272

同等水位时,阶梯宽度越宽,结构安全系数越大。出现这种现象的本质原因是平台宽度越宽,开挖的土体越多,前排桩体承受的土体侧向土压力越小,结构越安全。

以安全系数为目标函数值时,取1 m阶梯宽度。

4) 岸坡稳定性验算

(1) 计算工况

设计计算工况见表4.9。

(2) 设计指标

① 回填土

根据土工试验成果,墙后回填土采用指标如下：

水上：$\varphi=22°$，$C=13\ kN/m^2$，$\gamma=18.5\ kN/m^3$；

水下：$\varphi=18°$，$C=9\ kN/m^2$，$\gamma=10\ kN/m^3$。

② 材料容重

灌砌块石墙身：$\gamma=23\ kN/m^3$；

砼：$\gamma=24\ kN/m^3$。

(3) 岸坡稳定性计算

栅栏阶梯式二级护岸结构,采用圆弧滑动法分别计算使用期设计高水位、设计低水位以及完建期三种工况下的岸坡稳定性。使用期低水位岸坡稳定系数是1.68,使用期高水位时岸坡稳定系数是2.02,完建期水位时岸坡稳定系数是1.87。各工况条件下岸坡稳定系数均大于1.3,岸坡整体稳定性满足规范要求。

4.5.6 现场沉降观测

工程实施后,项目组分别于2011年3月15日、6月21日、10月15日对工程试验段进行了3次检测。每次检测每5 m取一测点分别对桩顶前沿线位置、桩顶标高、桩身垂直度、相邻桩间错台4个检测项目进行全面测量。从观测结果看,考虑到木桩的天然属性,阶梯沙管桩护岸结构满足护岸的稳定性要求,也达到了相应的工程质量验收标准。

5 绿色河岸廊道营造技术

5.1 概述

5.1.1 绿色河岸廊道结构

河岸廊道是指靠近河边植物群落包括其组成、植物种类及土壤湿度等高低植被明显不同的地带。由于它们特殊的位置,这里成为受水生环境强烈影响的陆地生境,因此它们具有独特的空间结构和生态功能。按其受人类干预程度,河岸廊道可分为:天然河流、城市河流、内河限制性航道河岸廊道。

河岸廊道的结构分为实体结构和空间维结构,实体结构由岸边带生物群落的植被类型和各植被类分布宽度构成,空间结构由纵向(河流上游—下游)、横向(断面)、垂向三维构成。

内河限制性航道河岸廊道叠加了陆地和水域两类地域特点,兼有相邻两侧地域单元的特征,具有通道和阻隔的双重作用,是多种生态功能与社会功能的水陆交界区,是水陆间物质、能量和生物的通道。内河限制性航道河岸廊道空间结构按纵向结构分为:①自然保护区(湿地人文历史保留区等);②资源开发利用区(港口、休闲娱乐区、工农商业区、居民区利用区)③特定功能区(水源区等)。横向结构可划分为:①近岸水域(大型植物生长的下限);②河滨区域(湿地、浅滩沼泽);③近岸陆域(坡、岸上缓冲区);④离岸缓冲区域(承接岸上农田、城镇、小区住宅等)。

岸坡作为一种河岸廊道结构的重要组成部分,由坡顶、坡面和坡脚组成。其中,坡面是水生态系统到陆生态系统的过渡带,坡面可划分为陆向辐射区、水位变幅区和水向辐射区。

5.1.2 绿色河岸廊道特征与功能

绿色河岸廊道是在充分结合河岸立地条件,如气候、水文、土壤、植物、地貌等,因地制宜,达到保护并稳定生态环境的基础上,满足多样性、整体性、连续性、亲水性的景观要求,尽可能创造社会价值,弘扬发展运河文化,实现人、水、环境协调的廊道。

绿色河岸廊道基本特征如下:

1)生态和谐

内河限制性河岸廊道在形态上为线型,能够沟通连接空间分布上较为孤立和分散的生态单元的生态系统空间类型,能够满足物种的扩散、迁移和交换,具有生态廊道功能。同时,它是水陆生态系统的过渡带,具有边缘效应。河岸廊道的生境具有异质性,纵向受河流上下游水文条件(流速、流量)、气候条件以及土壤条件的变化,造成河岸带在上下游上的差异(宽度差异,动植物组成差异等)。横向不同位置受河流水体的影响程度不同,存在较大的差异性。

因此，绿色河岸廊道应是秉持生态建设理念，既实现规划建设标准，充分结合河岸立地条件，如气候、水文、土壤、植物、地貌等，保护并稳定生态环境，最大限度地保护物种安全，实现开发利用与自然和谐。

2）景色宜人

生态学的"景观"是由相互作用的生态系统彼此镶嵌构成，并以相似形式重复出现，具有高度空间异质性。景观是指构成视觉图案的土地覆盖物，这些土地覆盖物由水体、植被、地形等自然景物和人工开发的景物（如建筑）组成。

河岸廊道的景观特性具有如下特点：(1) 明显的形态特征，是结构和功能联系的综合实体；(2) 受到人类活动的强烈干扰，同时也可以通过人类行为（如设计和建设）得到调控；(3) 是人类的生存环境和其他生物的栖息地；(4) 具有尺度性；(5) 具有多重功能价值。

3）安全稳定

河岸廊道经过城镇农村，与人类社会发展密切相关。洪水给人类社会造成的灾害损失大，防洪是区域经济社会发展的需要。河岸堤防是防洪的重要基础设施，稳定的河岸是人类生活生产的重要保障。

4）服务多样

这里的服务多样，包括文化、休闲、港口码头、临河企业、物流等。例如，运河廊道传承发扬运河文化，历史遗产应该被充分保护并适当利用，发挥运河的文化纽带的作用，保证人与社会的共同可持续发展。

绿色河岸廊道功能：基于景观生态学、河流生态学、绿色经济学理论，河岸廊道功能可归纳为：生态功能、景观功能、社会功能。生态功能是对生态环境起稳定调节作用的功能；河岸廊道在生态系统中发挥着提高生态系统生产力、防止水土流失、防洪、稳定河岸、调节微气候、丰富物种数量等作用，并为当地生物提供良好生境（又称栖息地）。景观功能指景观与周围环境给人带来的感受与影响，能让人赏心悦目、为城乡环境添彩。社会功能河岸廊道传承并弘扬运河文化，保护历史遗产，给居民游客提供充足的游乐、休闲场所，让公众满意。

5.2 绿色河岸廊道的总体设计

绿色河岸廊道的整体规划目的主要是为了恢复被破坏的河流生态系统，具体体现在河流净化、驳岸的生态设计、植物的多样性设计与历史人文景点的设计等。

5.2.1 绿色河岸廊道设计原理

绿色河岸廊道的设计应在满足生态功能、景观功能和社会功能等基础上，按照绿色河岸廊道的基本结构特征，遵循其基本设计原理，以达到绿色河岸廊道生态和谐、景色宜人、安全稳定、服务多样的目的。

1）宽度原理

宽度对河岸廊道生态功能的发挥有着重要的影响。太窄的廊道会对敏感物种不利，同时会影响廊道过滤污染物等功能。此外，廊道宽度还会在很大程度上影响产生边缘效应的地区，进而影响廊道中物种的分布和迁移。

2）连接度原理

连接度(connectivity)是指滨水生态廊道上各点的连接程度,它对于物种迁移及河流保护都十分重要。对于野生动物来说,功能连接度(functional connectivity)会根据不同物种的需要发生变化。

3）构成原理

构成是指河岸生态廊道的各组成要素及其配置。廊道的功能发挥与其构成要素有着重要关系。构成可以分为物种、生境两个层次。河岸生态廊道不仅应该由乡土物种组成,而且通常应该具有层次丰富的群落结构。除此之外,廊道边界范围内应该包括尽可能多的环境梯度类型,并与其相邻的生物栖息相连。

4）景观原理

景观原理是指在设计绿色河岸廊道时应遵循景观学理论,构造河岸廊道景色层次、对景、借景等重要构成要素。在绿化植物配置方面应增加河岸绿化。对于临河建筑,在河道弯道、桥梁两端路口的高层建筑的位置布局,体量造型、轮廓特征都应从景观角度统一考虑,精心构思。对于文物建筑、历史性建筑和纪念性建筑设计,充分利用河两岸相邻地区的历史、文物建筑组景,不仅可以丰富景色,而且能够增加景色的文化内涵。对于桥梁及河道相关构筑物,应注重桥梁的造型,加强其标志性,除给人以美感外还应给人以联想。

5.2.2　截污系统设计

为防止水质污染,需建立沿河截污系统。根据污染程度不同,采用相对应的截污方式。对污染较严重的厂房段,采用管道截污的方式对河道水质影响较大的工业排放的金属污染和化学污染进行污水收集和净化,通过湿地净化系统净化轻度污染的污水。没有污染物排放的河段,采用植被截污方式,植被截污需遵从景观、经济、生态的原则,通过生物净化水质,选取该河流或附近区域自然状态下的植被,尽可能选用当地种类,使之在自然力的作用下生长良好并形成稳定的生态系统。恢复自然生态的同时为了增加动物的食源和栖息场所也可适当配置饵食或蜜源植物,有利于生物多样性的提高以及该区域生态的恢复。

5.2.3　护岸规划设计

护岸的规划可参见绿色航道的护岸技术章节,根据实际情况,设计不同型式的护岸结构。具体地,护岸的设计要综合考虑排洪防涝的要求,并要兼顾河道功能形态、生态景观、项目面积和地域文化等元素。不同河流和河岸段应结合具体的要求,因地制宜地根据不同的护岸形式与不同河岸段的现状情况合理地交替布置。在水流冲击部位应采用抗冲击力较强的生态护岸形式。用生态性较好的自然式驳岸。护岸的结构、材料一般有自然草木类、土工合成材料、生态混凝土、植物挡土墙等。

5.2.4　绿化规划设计

航道里程长,经过乡村段及城镇段,考虑到不同区域环境差异性,内河限制性航道河岸廊道绿化可分为四种模式——田园风光段、经济林段、城镇风貌段、滨水风光段,以满足河岸廊道的生态功能、景观功能和社会功能。

遵循景观生态学理论重构河岸廊道"斑块—廊道—基质"。田园风光段因地制宜,结合河岸廊道现有乡村景观,构建自然野趣的绿化模式。经济林段引入苗圃及果林,展现片林特色,构建生态经济的绿化模式。城镇风貌段结合城市及区域文化特色,构建层次多变、功能多样、特色明显的绿化模式。滨水风光段结合城镇重点区域沿线打造运河公园、滨水风光带、休闲走廊、文化长廊等,构建休闲宜人、活力开阔、蕴含文化的绿化模式。

5.2.5 生态景观与公共服务设施设计

1)河岸廊道生态景观与公共服务设施设计要素

河岸廊道生态景观与公共服务设施设计要素主要包括点、线、面三种形状要素。

(1)点

点是构成万事万物的基本单元,是一切形态的基础,它在特定的环境烘托下,展现自己的个性。这种特定环境的大小、色彩、形态、围合方式的不同,影响着点的特性。背景环境的高度、坡度、构成关系的变化也使点的特征产生不同的情态。

在河岸廊道体系中,各种防护材料的单元构成了点。在有条件的情况下,应尽量保持单元材料外形尺度的规则、形态的一致,避免杂乱无章。如果没有条件保持一致,也要尽量减小尺度的过大差异。同时在防护材料的选择上,应尽量贴近自然,保持质感的一致。防护材料可以联合植被配置共同设计。

(2)线

线有长短粗细之分,它是点的不断延伸组合而形成的。线在空间环境中是非常活跃的。线由于有直线、曲线、自然线而形成的形,具有多重"性格"。如直线给人以静止、安定、严肃、上升、下落之感。斜线给人以不稳定、飞跃、反秩序、排他性之感。曲线具有节奏、跳跃、波动、柔软、舒畅之感。所以线在景观环境中的运用,需要根据空间环境的功能特点,明确表达意图,否则就会造成视觉环境的紊乱,显得矫揉造作,故弄玄虚。

在河岸廊道景观设计中,有两条与景观密切相关的线需要注意,即水边线和岸坡上界线。其中水边线是指水面与岸坡的接触线,岸坡上界线是指防护岸坡的坡顶边缘线。应注意各水位期的水边线与岸坡上界线的一致,要通过对岸坡的适当修整、填补,保持岸坡相同的坡度,使这些线条的相对关系保持平行、平顺、整齐、美观。如果两岸同时采取整治工程措施,要注意保证两岸的基本线条的对称性和防护材料拼缝、纹理线条的一致性。

(3)面

面是线的不断重复与扩展,面的不同组合可以形成规则和不规则的几何形体,也具有自身的性格特征。如平面能给人以空旷、延伸、平和的特征,曲面则显示流动、自由、活泼的性格。

在绿色河岸廊道中,水面和防护面构成了面的关系,其中水面是位于底部的基准面,防护面即岸坡面。在防护面上覆盖植被,不仅能增强防护性能,同时也是绿化、美化景观的重要手段。防护面的植被设计应做到空间多样和物种多样,整个面上的景观色彩、风格与周围环境相协调。

2)河岸廊道生态景观与公共服务设施设计

景观服务广义上是指景观中的局部小景,如水景、小品、长廊等,也可以称为园林建筑小品;狭义上是指景观中为游客提供休憩、观赏、服务等具有实用性功能的小型服务设施,如座椅、垃圾桶、指示牌等。景观服务设施或者小品作为城市中景观的组成部分,发挥了极为重要的作用,不仅满足游憩者对功能的需要,其本身也可以作为供人观赏的景观载体。尤其在滨水景观的服务性设施或小品设计中,城市将独特的地域人文风情作为景观元素融入景观各方面设计理念中,不仅可以带来整个地域的特色和场所的氛围,更能给游憩者带来美的享受和精神上的愉悦。

(1) 标识系统布局

标识系统设计元素、色彩均需与原有体系形成呼应,材质上采用绿色生态材料。整体表现简洁大方,并赋予当地的人文情怀,又与现代风格相结合。

(2) 休息配套设施布局

绿道可布置座椅、河岸边廊架以提供休闲服务,充分发挥绿色河岸廊道的社会价值功能。

休憩座椅以简洁大方的木座椅为主,并且不会占用过多的空间。元素提取为以当地风格特色为主,能与周边环境融为一体,同时也具有一定的观赏价值。

(3) 垃圾箱设施布局

垃圾箱的设计为了使景观有一定的统一性,设计元素与座椅、廊架的设计元素相同,每处放置两个并标注干湿垃圾分类,布局半径结合实际情况考虑。

(4) 景观灯的设施布局

根据景观灯的设计规范得知景观照明光源的选择应考虑光效、寿命、光色、显色性、尺寸、形状、安装方便及对所在环境的适应能力。室外灯具防护等级应不低于 IP55。水下灯具防护等级不低于 IP68。树木的照明应选择合适的照射方式和安装位置,避免光照时间和灯具位置对动植物生长产生不利影响。花坛采用自上向下的照明方式,表现花卉本身;草坪灯的选择自上向下照射,避免散光对环境造成的光污染。景观照明应选用功率低、性能稳定的灯附件。绿化照明可分别采用庭院路灯、洗墙灯、投光灯、LED 射灯、小射灯和草坪灯等多种灯具。

5.2.6　人文节点设计

水是生命之源,文明之源,人与动植物的生存从一开始就与河流息息相关。河流承载着当地的历史文明,不同的河流随着时间的流逝会记载着不同的历史文明,并包含当地独有的民族特色。但由于城市的不断扩张,一些富有鲜明的地域特色景观逐渐消失。因此在河岸廊道规划设计的时候应该考虑将当地的历史文明、文化遗产在廊道中展现出来,传承与保护历史文化遗产。在河岸廊道空间中,游憩休闲功能是居民喜欢的,绿道本身也带有一定的休闲功能,廊道的线性景观也参与构建了城市休闲游憩网络系统。美国东海岸廊道,连接了滨海漫步道、大学校园、铁路走廊、文化历史遗址等,在为居民提供绿色空间的同时,连接了城市中的历史文化,使城市的历史文化遗址形成一个整体。京杭运河作为一个活的历史,沿线保留了诸多人文节点,见图 5.1。

图 5.1　京杭运河桥西直街

5.3 河岸廊道植被

5.3.1 河岸植被的功能与作用

河岸植被缓冲带是河岸廊道的重要组成部分,是水陆间重要的生态交错带(ecozone),对水陆生态系统间的物流、能流、信息流和生物流发挥着重要的廊道(corridor)、过滤器(filter)和屏障(barrier)作用,具有重要的水文、生态、美学和社会经济功能。

河岸植被的生态水文功能体现在控制河岸侵蚀、截留地表径流泥沙和养分、保护河溪水质、调节河溪微气候及水温、维护河溪生物多样性和生态系统的完整性以及提高河岸景观的质量等几方面。

1) 减缓水流冲刷,减少侵蚀,减少洪涝危害,保护岸坡稳定

河岸植被有保护岸坡稳定的功能。植被的茎叶可以减缓地表径流,减少侵蚀。岸趾的植被层可以减小河岸一侧水流流速,减轻河岸的剪切作用,降低水流的冲刷作用。河岸植被的枝干和根系与土壤的相互作用,可以增加根际土层的机械强度,甚至直接加固土壤,起到固土护坡的作用。侧根加强土壤的聚合力,在土壤本身内摩擦角度不变的情况下,通过土壤中根的机械束缚增强根际土层的抗张强度;同时垂直生长的根系把根际土层稳固地锚固到深处的土层上,更增加了土体的迁移阻力,提高土层对滑移的抵抗力。河岸带植被对水流起阻碍作用,可以降低洪水流速,保护岸边免受洪水冲刷。

植被护坡的机理如图 5.2 所示。

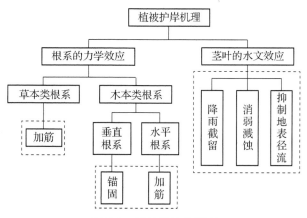

图 5.2 植被护坡的机理

2) 净化水体,保护河流水质

许多研究表明,河岸带植被缓冲带能有效移除氮、磷、钙、钾、硫、镁等营养物质以及一些污染物,具有净化水体,保护河流水质的功能。1979—1980 年,Lowrance 等人发现经过河岸带植物的过滤和林地的滞留,被吸收的氮量是输出到河流中的 6 倍,此外,1/2 的磷流出量也被植物滞留。这是由于伴随河岸带植被生活着大量微生物,该环境微生物活动剧烈,径流中所携带的有机物较多地被降解,并过滤和消灭了大部分有害微生物和寄生虫。河岸带的这些物理化学效应,可以使进入水体的污染物量大为减少,从而有效地净化水体。

3）调节河流微气候及水温

河岸植被对河流的微气候尤其是水温具有重要影响。植被的存在,可以吸收白天太阳辐射的大部分光线或使其反射回大气层,同时可截留夜间流失的长波辐射,进而使得河溪水温、大气温度及湿度等气象因子发生变化。

4）维护河流生物多样性

河岸植被区可为水陆生物提供栖息地及迁徙通道,为水生生物提供能量及食物,有维护河流生物多样性的功能。河岸带植被的根系有助于稳固河岸和减少侵蚀,同时通过吸收地表径流和降低径流流速来减少水流对河岸和河床的冲刷,从而减少对水生生物生存和繁衍的干扰。植被带通过遮蔽、过滤和降低河水流速等作用改善河溪周边的水质条件,从而改善水生生物栖息地。遮蔽作用能够维持较低的水温,有利于鱼类和其他水生生物更好地生存。粗木质残体可以增加河流内部水流流态的复杂性,减缓水流流速,从而减轻对河岸的冲刷侵蚀。植物的枯枝落叶及粗木质残体还能截留水流中的其他有机物质,为各种动物提供食物来源及重要的活动场所。Mc Kee 在美国西部的研究发现,俄勒冈西部的河岸带大约占整个景观的 10%～15%,但其植物种类却占整个景观所有种的 70%～80%。可以说河岸带植被区是良好的物种库和栖息地,对区域生物及种类的多样性保护具有重要意义。

5）提高河岸景观质量,为人类提供理想的户外休闲活动场所

河岸植被的存在,可在河岸区勾勒出一片绿色风景区,与周围景观镶嵌融合,可以大大提高河岸景观的质量,具有美学效应;同时,所营造的良好环境可为人们提供理想的户外休闲活动场所。

5.3.2 常见河岸带植被及其特性

河岸带植被可分为:水生植物、草本植物、木本植物。

1）水生植物

水生植物(aquatic plant)是指那些能够长期在水中正常生活的植物。根据水生植物的生活方式与形态的不同,一般将其分为以下几大类:挺水植物、浮水植物、沉水植物。常见水生植物特性见表 5.1。

表 5.1 常见水生植物特性

类型	生理特点	常见种类	特性
挺水植物	根扎生于水底淤泥,植体的上部或叶挺出水面	芦苇、香蒲、水烛、喜旱莲子草、茭白、水芹、灯芯草、荷花、千屈菜、菖蒲、黄菖蒲、水葱、再力花、梭鱼草、花叶芦竹、泽泻、旱伞草	挺水植物一般具有很广的适应性和很强的抗逆性;对水质有很好的净化作用,尤其对富营养化水体,对重金属也有一定的吸收作用;生长快,常量高,能带来一定的经济效益;有的耐寒性强,四季常绿,如水芹、灯芯草和菖蒲等,通过搭配种植可达到良好的消浪效果

续表

类型	生理特点	常见种类	特性
浮水植物	植物体完全浮悬于水面上或只有叶片浮生于水面	菱、睡莲、凤眼莲、大薸、荇菜、水鳖、田字萍	浮水植物大多为喜温植物,夏季生长迅速,耐污染性强,对水质有很好的净化作用,对风浪也有很强的适应性,有的浮叶植物具有很好的耐寒性,如浮萍可在1℃的低温下生长;浮水植物大多观赏性比较强,也有一定的经济价值,但扩展能力过强易泛滥
沉水植物	植物体完全沉没于水中,部分根扎于底泥,部分根悬沉在水中	黑藻、金鱼藻、眼子菜、苦草、菹草、伊乐藻	沉水植物耐寒性强,一般在冬春至初夏季节生长;耐污性不强,对水环境有一定要求,一般作为水体质量的指示性植物;目前,在植被恢复中的研究和运用较少

2) 草本植物

常见草本植物及其特性见表5.2。

表5.2 常见草本植物特性

品种	类型	特性
假俭草(Eremochloa ophiuroides)	禾本科蜈蚣草属多年生草坪植物	植株低矮,根深耐旱,耐贫瘠,耐阴湿环境,绿色期较长,生长迅速,侵占性和再生能力强,成坪快,覆盖率高,草层厚,耐粗放管理
香根草(Vetiveria zizanioides)	禾本科香根草属多年生草坪植物	根系深,分蘖快,固土能力强;既耐干旱,也耐水淹;对土壤环境要求不严,存活时间长
结缕草(Zoysia japonica)	禾本科多年生草坪植物	适应性强,喜阳光及温暖气候,耐高温、干旱,但不耐阴,与杂草有较强的竞争能力,适于肥沃、排水性好的壤土和沙质壤土种植,形成草坪后耐磨、耐践踏,有良好的柔韧性
狗牙根(Cynodon dactylon)	禾本科多年生草坪植物	适应性强,繁殖容易,能通过种子、地下茎、地下匍匐茎迅速繁殖增生,耐干旱性强,抗寒性能好,但对土壤肥力要求高,且不耐阴
百喜草(Paspalum notatum)	禾本科雀稗属多年生草坪植物	根系发达,抗干旱能力强;叶片粗糙,耐践踏,耐阴,能适应贫瘠的土壤环境,生长期短,有较强的侵占性
野牛草(Buchloe dactyloides)	禾本科多年生草坪植物	具匍匐茎,叶片细长,抗干旱且耐寒,不耐阴,适于在深厚、肥沃且排水性好的沙壤土中生长
白三叶(Trifolium repens)	豆科车轴草属多年生草坪植物	植株较矮,根系发达,主茎短。具有很强的侵占性,繁殖性强,喜光及温暖湿润气候,能耐半荫,对土壤要求不严,冬季可保持常绿
地毯草(Axonopus affinis)	禾本科多年生匍匐型草坪植物	匍匐茎缓慢生长,能适应贫瘠及酸性的土壤,适于粗放型管理

续表

品种	类型	特性
寸草苔（Carex duriuscula）	莎草科苔草属多年生草本植物	植株低矮，青绿期长，分蘖、再生和占空力强，耐寒、耐旱，对贫瘠和盐碱土壤有很强的适应性，耐刈割、耐践踏
多年生黑麦草（Lolium perenne）	禾本科丛生型多年生草坪植物	生长力强、再生速度快、侵占力强、耐寒性中等
小冠花（Coronilla varia）	豆科小冠花属多年生草坪植物	开有粉红色的蝶形花，根系深且分布广，由根上不定芽生新植株，抗寒越冬能力较强，$-28℃$仍能安全过冬，耐旱，能适应贫瘠的土壤，且其根系具有很好的固氮功能
扁穗冰草（Agropyron pectiniforme）	多年生草本植物	根系分布广而深，根须状密生，深达1 m以上，有短地下根茎，分蘖能力强，典型的广幅旱生植物，耐旱、耐寒
高羊茅（Festuca elata）	禾本科多年生草坪植物	根系深而发达，耐寒、耐旱、耐热，绿期长，对贫瘠和盐碱性土壤有很强的适应性，特别适宜在疏松的土壤中生长

3）木本植物

常见木本植物及其特性见表5.3。

表5.3 常见木本植物特性

品种	类型	特性
旱柳（Salix matsudana）	杨柳科落叶乔木	阳性速生树种，不耐阴。封寒，喜温润的土壤。耐干旱，抗SO_2和烟尘。对土壤要求不严，耐重剪；深根性，侧根庞大发达，捆着土壤。喜生于沟谷地及河边，适宜河、湖岸栽植
垂柳（Salix babylonica）	杨柳科落叶乔木	速生，喜光，耐水湿，对土壤适应性强，对有毒气体具有一定抗性。适于湖边、池畔、河岸种植，也可作为高水位低端的行道树、防浪护岸树种。
水杉（Metasequoia glyptostroboides）	杉科落叶乔木	生长迅速，病虫害少。宜配植于溪边、河畔、江河滩地和水网地区。为速生用材树种、园林观赏树种、绿化树种，亦可作防护林
柽柳（Tamarix chinensis）	柽柳科落叶灌木或小乔木	耐水湿、耐干旱、耐盐碱、耐贫薄。常生于盐碱土上，可植于湖边、岸旁、河滩，是河滩及盐碱地绿化树种
小叶杨（Populus simonii）	杨柳科落叶乔木	抗风，喜生于河边和山沟近水地方。可作防护林及用材树木
楝（Melia azedarach）	楝科落叶乔木	喜光，速生，喜温暖湿润，对土壤要求不严，较耐寒，能抗风，不抗干旱，怕积水，萌芽力强，耐烟尘。可植于池边、坡地、步道两侧及草坪边缘，也可种植在公路、铁路两侧及江河两岸

续表

品种	类型	特性
榆(Ulmus pumila)	榆科落叶乔木	喜光,耐寒,耐旱,耐低温,耐轻度盐碱土,适应性强,在石灰冲积土及黄土上生长迅速,根系发达,抗风力强。可列植于路旁,群植于草坪、坡地
枫杨(Pterocarya stenoptera)	胡桃科落叶乔木	喜光,根系发达,生长迅速,稍耐阴,喜温暖湿润气候,耐水湿,较耐旱、耐寒,对土壤要求不严,萌芽力强,易衰老。多生于沿溪间河滩、阴湿山坡地的林中。可孤植于草坪坡地,成片植于低洼地溪滩,列植于公路、堤岸,也可作行道树、防风林树种
白蜡树(Fraxinus chinensis)	木犀科落叶乔木	喜光,较耐荫、耐寒,耐湿地,耐干旱,对土壤要求不严;叶绿荫浓,秋天叶色变黄,为良好的观赏树种。适于池畔、湖滨栽植
乌桕(Sapium sebiferum)	大戟科落叶乔木	速生经济林木,喜光,喜温暖气候及深厚肥沃而含水分丰富的土壤,耐间歇水淹,也有一定的耐旱力,对土壤要求不严,在酸性土、钙质土及含盐量0.25%以下的盐碱地上均能生长;寿命长,深根性,侧根发达,适应范围广,抗风能力强,对有害气体有一定的抗性,易受刺蛾类食叶害虫的危害。常配植于池畔、溪旁、水滨、草坪。色叶树种,春秋季叶色红艳
栾树(Koelreuteria paniculata)	无患子科落叶乔木	阳性喜光,深根系,稍耐阴、耐寒、耐旱,在干燥贫瘠的土壤上生长良好,也耐盐碱及短期水涝,萌芽力强,抗烟尘,生长速度中等。用材及观赏树种,是理想的庭荫树、行道树、景观树,可孤植、丛植于草坪、林缘,也可植于湖畔、河边
紫穗槐(Amorpha fruticosa)	豆科落叶灌木	喜光,对土壤要求不严,耐阴、耐旱、耐水湿和短期水淹,抗风沙,病虫害很少,抗烟、抗污染,抗盐碱性强,生长快,繁殖能力强,根系发达;具有根瘤菌,能改良土壤;在荒山坡、道路旁、河岸、盐碱地均可生长,为保持水土、固沙造林和防护林低层树种
木槿(Hibiscus syriacus)	锦葵科落叶灌木或小乔木	喜光,稍耐阴,耐水湿又耐干旱,耐修剪,易整形,在温暖、湿润、肥沃中性、微酸性或微碱性土壤中均能适应,抗寒性也较强。可群植于草坪边缘,池畔

5.3.3 河岸植被恢复原则

河岸植被将水、河道、堤岸、植被、微生物、水生生物等结合成一个完整的河流生态体系,有着巨大的生态效能。植被恢复应遵循以下原则:

1) 稳定性原则

河岸植被恢复首先应满足岸坡稳定的要求,应综合研究河流水动力因素和植被护岸能力,确保岸坡的稳定。

2）经济性原则

由于河岸带植被恢复工程数量较大,时间跨度长,因此在设计中要尽可能考虑工程基建和维护费用。

3）因地制宜原则

要充分考虑河坡的自然特征,如地形特征、土壤特征和环境特征,以选择乡土树种和适应性强的植被。应尊重传统文化和乡土知识;适应场所自然过程,将带有场所特征的自然因素考虑进去。护岸选型或用材宜与周围人文环境建筑风格相协调,能够较为融洽地融入周边环境中。

4）自我调整原则

河流生态系统受到外来干扰时,总是力图恢复到河流未受干扰前的状态,表现为自我调节的功能。自我调节的过程表现为河岸食物网随时间的发展过程和生物群落的自适应能力。在河岸植被恢复工程中,应充分利用和发挥河岸带生态系统的自我调节能力,适当采用自然演替的被动恢复。这样不仅可节约大量的投资,而且可以顺应自然和环境的发展,使生态系统能够恢复到最自然的状态。

5）生态和谐原则

河岸植被恢复应与其生态过程相协调,使其对环境的破坏影响达到最小。尽量让河岸廊道处于良性循环中,从而使资源可以再生;河岸带作为水体生态与陆地生态之间的边缘带,恢复植被时应充分考虑其边缘效应,注意保持有效数量的动植物种群,保护各种类型及多种演替阶段的生态系统,尊重各种生态过程及自然干扰,实现河岸廊道的生态和谐。

6）景观审美原则

河岸廊道是人们户外休闲的理想场所,应根据景观学原理,对植物进行科学搭配,营造立体多层景观,带给游人审美享受。

5.3.4　河岸植被配置

1）河岸植被选择准则

依据河岸植被的功能、作用,遵循河岸植被恢复和经济合理的准则,在植物选择上可参考以下准则:

(1)根系发达,萌芽力强,生长快,覆盖或郁闭性好,抗洪能力强,并能在短期内起到水土保持的作用。

(2)抗逆性好,适应性广。植物只有与小生境和谐才能良好生长,因此,选择适合当地气候或有较强的地理环境适应性,耐旱、耐湿、耐寒、耐碱和耐贫瘠的植物。

(3)抗病虫害能力强,生长迅速,管理简便。从经济角度可大大减少植物的养护费用,达到种植初期少养护和生长期免养护的效果。

(4)尽量选择本地树种。运用当地植物不仅有利于构建稳定植物群落,而且对于创造本土化地域化的植物景观大有裨益,也是形成独具特色的景观的重要途径之一。

(5)具有较高的环境净化能力,具有截留固氮、固土、保水和吸湿改良土壤的作用。很多水生植物具有很强的净化污水的能力,如菖蒲、水葱、香蒲、芦苇等,配置这些植物,对于净化水质、减轻富营养化有很大作用。同时很多植物尤其是岸边的乔灌木具有净化空气的能力,如杨树、三角枫可以抗二氧化硫;垂柳、朴树、胡颓子可以抗氟化氢;丝棉木、白蜡可以抗氯气等。选择此类植物则有利于护岸生态系统的健康。

(6) 具有很好的生态景观效果。部分航道还承担着很多的休闲娱乐等社会功能,所以其植物应选择观赏价值高的种类,选择姿态优美、色彩美丽以及具有观枝观干价值的种类,或者有独特香味、独特果实的植物种类,以创造丰富有趣的植物景观。

(7) 当河岸设置有防洪堤时,要注意选择的植物不能影响堤防系统的完整性及其功能,不能妨碍堤防的运行、维护以及抗洪能力。对乔木的选用应尤其慎重,以免因树木深根而使堤身产生孔洞,影响防洪堤的安全和稳定。其中防洪堤对树木根系敏感的区域包括堤顶、内外坡脚、渗流出溢区和堤防前滩黏土覆盖层,因此,防洪堤上尽量不种植乔木、灌木,应以草本植物为主。

2) 河岸植被配置的一般方法

内河限制性航道河岸坡面根据水位可划分为最低通航水位以下淹没区、沿岸水位变动区、洪泛区(生态亲水区、生态景观区),见图 5.3。不同区域水动力学特征不同,受水位变动和船行波的影响,一般不在最低通航水位以下淹没区配置植物,主要配置在最低通航水位以上;洪水位线以上配置中生植物,相应于生态景观区;洪水位线与常水位线之间配置湿生植物,相应于生态亲水区;常水位线以下配置水生植物,相应于变动区。

常水位线以下(CX,变动区):以耐长期水淹的水生草本植物或挺水植物为主,首选挺水植物,要求根系发达,枝叶繁茂,能减缓近岸流速、削减波浪,促进泥沙淤积,固岸防冲,同时净化水体。如芦苇、香蒲、菰、水竹等。

常水位线至洪水位线(HC,生态亲水区):应选择湿生、能耐短时间水淹的植物,增加适生植物种类,丰富空间配置层次,以多年生草本和灌木为主,种植少量乔木,据水位情况也可以选择挺水植物。如黄菖蒲、水生美人蕉、芦苇+木芙蓉、蒲苇、灯芯草、花叶芦竹+水杨梅、杞柳等。

洪水位线以上(HS,生态景观区):上部绿化区域,以中生植物为主,尽量采用乔—灌—草配置模式,物种应丰富多样,增加配置的结构层次,提高群落稳定性。可适当增加常绿树种的比例,以弥补下部绿化景观在冬季萧条的缺陷。常绿乔木组合下应选择耐阴的灌木和草本种类,落叶乔木组合下物种则应配置较丰富。

复合式护岸是内河限制性航道最常见的护岸型式,其生态型护岸植被配置见图 5.4,挺水植物一般处于护岸前沿,充分发挥其消浪和促淤作用。芦苇为禾本科多年生挺水植物,其根系浅而发达,能防止土壤被冲刷流失,根茎既可浸入水中也适于江边湿地生长,管理粗放。利用芦苇护岸成功的例子从南至北都有,如京杭运河淮安段、宿迁段等。草本植物一般布置于常水位变动区,即一级护岸平台。百喜草和香根草有良好的生长能力,耐水淹性强,也能抗旱,能很好地适应护岸水位变动。香根草纵深发达根系可深达 2～3 m,根直径一般为 0.7～0.8 mm,生长快,抗性强,根系抗拉强度达到了 75 MPa,抗张力是等径钢材的 1/6,具有很好的穿透性、抗拉强度等优良力学性质,最低限度能抗御 0.028 m^3/s 及 0.3 m 深的洪水冲击。木本植物一般用于二级护坡,各种灌木、草皮和水湿生植物,生态效应好,可改善环境条件。

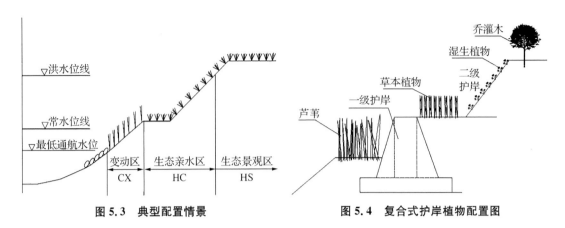

图 5.3　典型配置情景　　　　图 5.4　复合式护岸植物配置图

在河岸带植被配置中,必须考虑到以下几点:

(1) 水生植物种植注意因地制宜,应根据水生植物的生态特征和景观的需要进行合理选择,做到挺水植物、浮叶植物、岸边植物相结合,充分发挥不同特性植物的特点,植物配置力求自然生态。

(2) 多层次的配置,依据地形、土壤水分条件等情况,合理配置乔木、灌木、地被和藤本植物,营造立体多层的园林景观。

(3) 植物多样性和混合配置。依据植物的生物学和生态学特性,进行科学搭配,同时考虑植物配置布局的艺术效果,处理好高大与中小,阳性与阴性,常绿与落叶,观花与观叶,芳香与无嗅植物品种的合理搭配。

(4) 生态效应及景观整体效果。要注意水生生物之间以及水生植物与环境之间的和谐,处理好绿化与硬质铺装、室外家具和配套设施的搭配,营造良好的游憩、交流的环境。

3) 田园风光段植被配置

田园风光段,一级护岸可种植意杨/中山杉/乌桕/榔榆,下层撒播草花。结合田园特有的地形地貌、乡野环境,打造绿色翠堤,展现简洁整齐、竖直向上的景观效果。二级护岸上层种植草皮,下层撒播草花。防护功能和观赏美化自然地结合起来,展现具有乡野韵味的景观效果。

对于周边环境为农田、草场等自然现状的航道段,对其外围景观加以保留并在原有元素基础上做少量增色甚至不加以改动,保留自然景观的田园特色风光而形成生态护岸。上层种植意杨/中山杉/池杉,下层种草,岸前种植芦苇/蒲苇/菱白等水生植物。具备去污净水、生态修复的功能。营造杉影婆娑、芦林摇曳的景观效果。

4) 经济林段植被选择

经济林段一级护岸上层种植银杏/大叶女贞/合欢/桂花,下层种草,靠近航道岸边栽植云南黄馨,柔化岸线。突出规整有致、葱绿明快的景观特点。复式断面采用二级护岸:一级平台种草本植物,靠近岸边栽植云南黄馨,柔化岸线;二级护岸二级平台上层种植栗树/梧桐/国槐/刺槐,控制水土流失、保证常绿量,同时起到美化效果,下层种草。

5) 城镇风貌段植被选择

城镇风貌段绿化种植模式较乡村风貌而言需要更多地考虑绿化的综合性与多元性,根据沿线城市特色、绿化特征,营造诗意的航道空间,同时在植物色彩搭配以及层次效果上,给人以视觉上的"美的享受",改善城镇段航道绿化环境和凸显城镇特色,从而提升城镇形象,打造层次多变、色彩缤纷、长期持续的城镇航道景观。遵循城市滨水空间景观理论,城镇风貌段景观考虑岸线处理艺术性、开敞空间生态性、游憩视野开阔性、滨水建筑融合性、滨水活动安全、滨水活动方便性、滨水活动可能性等方面。

城镇风貌段一级护岸方案:上层成排种植垂柳/黄山栾树/香樟;中层种植木槿/花石榴/紫叶李/木芙蓉;下层草皮满铺。春日红花烂漫,夏日绿意盎然,秋日黄叶缤纷,打造生机勃勃之景。

复式断面二级护岸方案:一级平台种植云南黄馨。二级护岸二级平台上层种植垂柳/香樟/黄山栾树,间隔种植开花乔灌木木槿/花石榴/紫叶李/木芙蓉;下层草皮满铺。营造柔美多彩的航道水岸。

6) 滨水风光段植被选择

滨水风光段绿化模式结合周边城镇重点区域沿线打造运河公园、滨水风光带、休闲走廊、文化长廊等。滨水风光段一级护岸后排乔木种植香樟/垂柳,下层后排灌木种植红叶石楠/金森女贞/山茶,前排乔木种植金桂/樱花/木槿,前排灌木种植金丝桃/海桐/细叶芒,靠近航道岸边栽植云南黄馨,柔化岸线。

滨水风光段复式断面二级护岸一级平台种植云南黄馨,形成开阔的景观视线。二级护岸二级平台第三排乔木种植池杉/中山杉高杆树木,形成良好背景林;第二排乔木种植香樟/广玉兰/乌桕/榔榆;第一排种植开花小乔木金桂/樱花/海滨木槿。前排下层种植粉黛乱子草/羽毛草/芦竹等易养护观赏草类植物,后排下层种植金森女贞/海桐/冬青。自航道护岸边向岸内由低向高渐变,层次分明。春季花开烂漫,夏季树叶葱翠,秋季黄叶纷飞。

5.3.5 护岸植被养护与管理

在河岸植被恢复工程中,植被的养护管理工作,占有十分重要的地位。对于绿化,人们常说:"三分种,七分养"。高效的管理和科学的养护是巩固和提高河岸带植被恢复建设成果的关键环节,关于护岸植被的养护管理要注意如下几方面:

对于植被恢复后的成果要加强保活和养护措施,要将养护管理的被动形势改为主动的管理形式。对于修剪、浇水、施肥、病虫害防治等方面,应当及时进行,保证良好的绿化效果。

要制定和执行相关的养护管理的技术标准和操作规范,使养护管理科学化、规范化。特别需要注意的是,由于水生植物具有吸收水中氮、磷及重金属等有害物质的功能,为防止水生植物死亡后被分解的有害物质又重新回到水中,需要定期收割。

要加强对护岸植物重要性的认识,制定切实可行的护岸植被保护政策和法律法规,加大舆论宣传力度,提高市民保护绿地的意识。

5.4 河岸廊道营造效果评估

5.4.1 评价指标选取原则

绿色河岸廊道评价指标的确定是构建绿色河岸廊道评价模型的基础,在很大程度上决定了评价模型的可行性和评价结果的适宜性。评价绿色河岸廊道不能仅从单一指标进行考量,河岸廊道的各项功能是相互联系,相互作用的,因此,单项评价要与综合评价相结合。为了能较为完整地构建通扬线高邮段绿色廊道评价指标体系,评价指标的选取应遵循以下基本原则:

综合性原则

绿色河岸廊道是一个复杂的河流生态系统,想要较为准确地进行评价,选取的指标需要具有足够的覆盖面,要能系统地反映绿色河岸廊道的特征,并且与评价目的有机统一,形成有序的指标体系。

代表性原则

构建评价指标体系所能选取的指标要能客观地评价通扬线绿色航道的特征,所选取的指标应能最大限度地反映绿色航道的某项本质特征,有较高的集成度和较好的代表性,信息量丰富,切中要点且能反映实际问题。

规范性原则

在选取指标时要有科学依据,尽可能采用标准的名称、概念和计算方法,使得评价指标体系清晰易懂,能同时被专业人士和相关人员所理解和接受。定性的指标进行定量化,以便数据处理,得到客观的综合分析。

可操作性原则

选取指标时应充分考虑到数据资料的来源及获取的现实可能性,尽量选取数据可得、概念明确、计算简便的指标,使得评价方法易操作易理解,有较强的实用性,避免指标过于复杂,无法数据化。

5.4.2 指标体系的框架

绿色河岸廊道营造效果指标体系,从生态功能、景观功能、社会功能三个方面,分为目标层、准则层和指标层3个层次,搭建多层级框架体系,如图5.5所示。

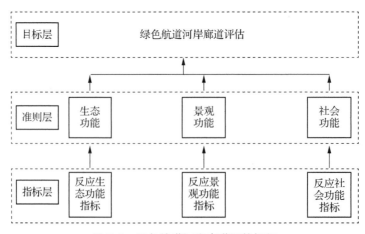

图 5.5 绿色航道河岸廊道评估框架

5.4.3 评价指标筛选及确定

1)生态功能指标

河岸廊道的生态功能反映了河岸廊道人类活动对生态胁迫的累积效应及河岸廊道生态演替的累积效应,体现在供给服务、调节服务、支持服务三个方面。

供给服务是指生态系统中初级和次级生产将有机和无机物质转化为被人类直接或者间接利用的产品的过程。河岸廊道植被资源丰富,为生物提供良好的生境。

调节服务是指河岸廊道植物在可见光的照射下,发生光合作用,吸收大气中的 CO_2 并转为有机物,同时向大气中释放 O_2,具有调节温度功能。

支持服务:河岸廊道具有独特的空间特征和微气候环境,是两栖动物的栖息地,是河岸生物的生命支持系统。河岸植物根系发达,可以固持土壤,防治水土流失,具有土壤保持的生态服务功能。河岸植被通过对地表径流氮素的渗透和沉积、植物的吸收和存储、微生物固定为有机氮存储在土壤中、反硝化作用将亚硝酸盐转变成大气氮等过程实现氮素的截留转化,具有拦截面源污染的功能。河岸的整体稳定性具有防止洪水侵蚀、保护生命安全的生态服务功能,也就是具有防洪功能。

河岸廊道的生态功能指标:生态护岸率、岸坡植被覆盖率、护岸坡度、河岸植被带宽度、生物变化率、防洪达标率。

岸坡植被覆盖率是表征植物群落覆盖岸坡带地表状况的一个综合量化指标,是描述植被群落及生态系统的重要参数。岸坡生态系统是具有独特生物物理景观特征的水陆交错区,其两岸植被通过根系固定土壤颗粒,地上部分阻挡和减弱风沙,成为抵抗土地沙化的阻滞能量,在控制土壤侵蚀与水土流失、维护生态系统稳定方面扮演着重要角色,对水文、生态以及全球变化等都具有重要意义。岸坡植被覆盖率采用岸坡带植被(草被、林地、疏林、果园、灌丛等)面积占岸坡带总面积的比例进行考量:

$$岸坡植被覆盖率 = \frac{岸坡带植被覆盖面积}{岸坡带总面积} \times 100\% \tag{5.1}$$

物种变化率表征工程前后河岸廊道物种(动物)数量的变化,为正表示增长,为负表示减少。

$$物种变化率 = \frac{工程实施后物种数量 - 工程实施前物种数量}{工程实施前物种数量} \times 100\% \tag{5.2}$$

2)景观功能指标

景观功能是河岸廊道建设与环境、城市、乡村和谐的具体体现。根据词频统计结果,结合现有的规范,景观功能指标定为景观协调性、固体垃圾处理措施。

(1)景观协调性

表征航道沿线以及桥梁的景观建设与周边环境和地域文化的协调程度,体现水陆司乘人员对景观效果的视觉满意度。包括水陆景观和谐、区域水文化契合、区域风光带和谐、景观多样性等。

(2) 固体垃圾处理措施

定性指标,环境优美是景观整体观感的基础,而固体垃圾处理措施是保持环境优美的必要条件。

3) 社会功能指标

河岸廊道的社会功能,受历史条件、开发方式、受众的不同有着很大差异,社会功能指标为公众满意度、历史遗产保护。

(1) 公众满意度

使用问卷调查的方法调查满意人群比例,最直接体现受众对于廊道休闲娱乐活动、硬件条件的体验,体现绿色廊道以人为本的运营理念。

(2) 历史遗产保护

通扬线廊道区域内需要保护的历史遗产状况调查,表现对于"传承运河文化"理念的执行,如无须保护的河段,按100%计算。具体公式如下:

$$历史遗产保护度 = \frac{保护完好的历史遗产}{历史遗产总数} \times 100\% \tag{5.3}$$

5.4.4 评价方法

1) 河岸廊道评价方法

通过对河岸廊道的营造效果评价,衡量绿色河岸廊道营造所达到的效果。最常用的评价方法为指标体系法,具体流程为:首先,根据绿色河岸廊道所需要实现的功能和达到的目标拟定效果评价指标体系;其次,根据指标特性及评价对象的特点,选取合适的打分方法;最后,通过问卷调查、现场踏勘或专家调研获取信息进行河岸廊道营造效果评价。其中,关乎评价结果准确与否的几个关键问题在于评价指标的确定、指标权重的确定。

指标权重的确定主要分为主观赋权法、客观赋权法以及主客观组合权重法。主观赋权法是由决策者根据自己的经验及对各属性的主观重视程度而赋权的一类方法,主要有:点估计值法、环比评分法、比较矩阵法、属性重要性排序法/Fuzzy 子集法、判断矩阵法,其中,判断矩阵法是一种常用的主观赋权方法,它是指决策者根据一定的标度对属性进行两两比较,并构造判断矩阵(根据标度的不同,一般可分为互反判断矩阵、模糊互补判断矩阵和混合判断矩阵),再按一定的排序方法求得属性的权重向量。

客观赋权法是利用客观信息(属性值)而赋权的一类方法,该类方法不含人的主观因素。主要有:熵值法、形心法、离差最大化法、线性规划法、目标规划法、基于方案满意度法、基于方案贴近度法、两阶段法等。

组合赋权法是在传统赋权法的基础上改进而来的,其基本原理与主观赋权法和客观赋权法中主要的几种赋权方法大体相似。主要有:方差最大化赋权法、最佳协调赋权法、组合目标规划法、组合最小二乘法。

层次分析法是一种能综合进行定性与定量分析的决策方法,不仅能保证模型的系统性、综合性、简便性、准确性,又能充分应用专家有价值的经验和判断能力,其应用范围十分广泛,涉及交通运输、城市规划、科研管理、经济分析、质量管理、工程项目评价等方方面面,以层次分析法为例来说明评价指标权重的确定。

用层次分析法（AHP）确定各评价指标权重的基本过程是：根据所建立的递阶层次结构，将下一层次的各因素相对于上一层次的各因素进行两两比较判断，构造判断矩阵，通过对判断矩阵的计算，进行层次单排序和一致性检验，最后进行层次总排序和一致性检验，最终得到各因素的组合权重。

判断矩阵 $C=(a_{ij})_{n\times n}$

$$a_{ij}>0, a_{ij}=\frac{1}{a_{ij}}, a_{ij}=1(i,j=1,2,\cdots,n)$$

单一准则下各元素的相对权重一致性检验：

$$CI=\frac{\lambda_{\max}-n}{n-1} \tag{5.4}$$

式中：$\lambda_{\max}$——判断矩阵 C 的最大特征值；

n——判断矩阵阶数。

层次总排序一致性检验：

$$CI_z=\sum_{j=1}^{m} a_j CI_j \tag{5.5}$$

式中：CI_j——与 a_j 对应的 B 层次中判断矩阵的一致性指标。

层次总排序平均随机一致性指标：

当 $n<16$ 时，RI 可由表 5.4 选取：

表 5.4 RI 值选取表

n	1	2	3	4	5	6	7	8	9	10	11	12	13	14	15
RI	0	0	0.52	0.89	1.12	1.26	1.36	1.41	1.46	1.49	1.52	1.54	1.56	1.58	1.59

$$RI_z=\sum_{j=1}^{m} a_j RI_j \tag{5.6}$$

式中：RI_j——与 a_j 对应的 B 层次中判断矩阵的平均随机一致性指标。

层次总排序随机一致性比例：

$$CR=\frac{CI}{RI} \tag{5.7}$$

$CR<0.10$ 时认为所计算的层次组合判断具有满意的一致性。

经计算得准则层权重和指标层各指标权重如表 5.5 所示。

表 5.5 河岸廊道评价权重分配表

目标层	准则层		指标层	
	功能	权重	指标	权重
通扬线高邮段绿色航道河岸廊道评价	生态功能	0.64	生态护岸率	0.12
			岸坡植被覆盖率	0.12
			护岸坡度	0.08
			河岸植被带宽度	0.08
			防洪达标率	0.12
			物种变化率	0.12
	景观功能	0.18	景观协调性	0.09
			固体垃圾处理措施	0.09
	社会功能	0.18	公众满意度	0.09
			历史遗产保护程度	0.09

2) 评价计分标准

河岸廊道评价方法采用100分制方法进行评价,90分及以上为优秀绿色航道河岸廊道,完全符合绿色定义与要求;80~89分为良好绿色航道河岸廊道,基本符合绿色定义与要求;70~79分为中等绿色航道河岸廊道,部分符合定义与要求;69分及以下为小部分或不符合定义与要求,需要进行相关方面的整改。

指标计分采用四级打分法,定量指标按计算结果得分,定性的指标按项累加计分。

主要指标的计分标准如表5.6所示。

表 5.6 评价计算表

功能	指标	满分	计分标准
生态功能	生态护岸率	12	达50%得12分,40%~49%得8分,30%~39%得4分,30%以下不得分
	岸坡植被覆盖率	12	达90%~100%得12分,80%~89%得8分,70%~79%得4分,69%以下不得分
	岸坡坡度 m(边坡系数)	8	1.5(含)以上得8分,1.2~<1.5得6分,0.5~<1.2得分4分,0.5以下不得分
	河岸植被带宽度	8	5~<10 m得8分,10~<15 m得6分,15~20 m得4分,其余不得分
	防洪达标率	12	达到100%得12分,否则不得分
	物种变化率	12	5%及以上得12分,0~<5%得8分,-5%~<0得4分,小于-5%不得分

续表

功能	指标	满分	计分标准
景观功能	景观协调性	9	a. 岸坡无大范围混凝土覆盖,景观连通性良好,得2分 b. 构筑物与环境协调及植物色彩、空间配置满足观赏的舒适度要求,得3分 c. 植被结构完整,能够很好地融入周边环境,得2分 d. 桥梁景观和谐,视觉美感丰富,得2分
景观功能	固体垃圾处理措施	9	按规范设置固体垃圾设施,得3分 固体垃圾回收处理符合规范要求,得3分 定期检查,得3分
社会功能	公众满意度	9	大于95%得9分,94%~85%得6分,75%~84%得3分,低于74%不得分
社会功能	历史遗产保护程度	9	大于98%得9分,90%~97%得6分,80%~89%得3分,低于79%不得分
综合得分		100	

5.4.5 实例——通扬线高邮段河岸廊道评估

1) 通扬线高邮段基本情况

通扬线高邮段西起运东船闸下游远调站末端(武安大桥上游约80 m处),东迄于高东线高邮与兴化分界处,总里程35.077 km。除城区盐河段落约3 km航道护岸已按照三级航道标准建设外,其余航段现状等级为五级,规划等级为三级,航道总体线型顺直。

航道整治线路方案遵循原河道进行单边或双边拓宽整治;航道横断面采用复式梯形半直立式断面,水下坡比1∶5,一级护岸(重力式、灌注桩或预制桩等)顶高程按常水位加上超高并结合原地面情况确定,采取二级护坡的形式与原地面衔接。一级挡墙主要采用素混凝土重力结构,二级护岸采用互锁块护坡等结构型式。

景观绿化设计理念为锦绣水乡,展运河文化古韵。通过对地域特色的提炼,绿化景观以多节点带状分布,实现航道建设与自然环境、生态平衡、人文景观的和谐统一。

工程建设区合理布设水土保持防治措施,建立有效的水土流失防治体系。主体工程完工后,航道沿线的绿化、复耕及防止水土流失的护岸、护坡能逐渐使陆域生态环境得到恢复。

2) 指标计算

生态护岸率:通扬线高邮段护岸总里程为35.077 km,其中生态护岸里程为27.7 km,生态护岸率为76.12%。

岸坡植被覆盖率:两岸植被覆盖区域2.26 km^2,植被覆盖率为92.08%。

护岸边坡系数折算为1.514。

植被带平均宽度:10.0 m。

施工前调查区域内动物种数(包含水生动物)为50种,施工后为51种,物种变化率为2%。

工程后防洪达标率为100%。

景观调查:调查日期为2020年12月17日,气候较为寒冷,调查人员的主观感受为景观多样性较丰富、植被结构较完整,能与周边环境与区域水文化相协调,桥梁景观比较和谐,水陆司乘人员有一定视觉美感。

环境调查:沿线按规定设置了垃圾回收站,固体垃圾回收处理遵守国家有关环境保护和环境卫生管理的规定,公众满意度调查结果为93%。

文化遗产:沿程需要保护的历史遗产共6处,全都得到了合理的保护。

3)评价结果

通扬线高邮段各功能的指标得分如表5.7所示。

表5.7 通扬线高邮段绿色河岸廊道评价得分表

功能(分值)	指标	得分	总分	综合得分
生态功能(64)	生态护岸率	12	60	91
	岸坡植被覆盖率	12		
	岸坡坡度 m	8		
	河岸植被带宽度	8		
	防洪达标率	12		
	物种变化率	8		
景观功能(18)	景观舒适度	7	13	
	固体垃圾处理措施	6		
社会功能(18)	公众满意度	9	18	
	历史遗产保护程度	9		

综合评价:通扬线高邮段航道河岸廊道得分91分,为优秀绿色航道河岸廊道,符合绿色定义与要求。

仍可改进之处:河岸带植被根据植被特性进一步改进,提高观赏性和植物的截污效率;景观布局目前还没有到位,后期应根据环境进一步落实,提高河岸廊道的观赏性;对固体垃圾回收情况进行定期检查,以确保措施的可持续落实。

6 航道生态疏浚

6.1 航道生态疏浚的概念与内涵

6.1.1 航道生态疏浚的概念

生态疏浚旨在清除水体中的污染底泥,疏浚后的基底可为后续生物修复创造条件。其本质是以工程、环境、生态相结合来解决湖泊可持续发展或称湖泊"生态位"修复。

航道生态疏浚是在工程疏浚中融入生态疏浚的理念,浚深航道时,注意清除航道中的污染底泥,严格控制疏浚过程中的二次污染,为航道所在水域水生生态系统保护与修复创造基质。

航道生态疏浚区别于常规的工程疏浚的特点就是要考虑为水生生态系统的修复和重建创造条件,关注底泥污染及去除,需特别注重疏浚的精度、疏浚过程中污泥的扩散、运输过程的洒漏、堆放场地的二次污染等方面的控制。疏浚的范围和深度由航道工程性质决定。

6.1.2 航道生态疏浚的内涵

航道生态疏浚的内涵:精确疏浚,控制疏浚过程中污泥的扩散,控制疏浚土运输中的洒漏,处理和利用好疏浚弃土,从而实现控制污染,减少对生态环境影响和修复生态环境的目标。精确疏浚:高精度定位与高精度挖深,达到疏浚要求并尽量减少超挖量,即在保证疏浚工程效果的前提下,降低工程成本,尽可能减少开挖原生土。控制疏浚过程中底泥的扩散:采取先进的疏浚设备和工艺,保证高浓度吸入,减少悬浮物浓度,从而降低悬浮物对水生环境的影响。控制疏浚土运输过程的泄漏:对疏浚土输送进行实时的监控,避免输送过程中的泄漏对水体造成二次污染。疏浚土处理和再利用:水下淤泥质土成分复杂,需经科学处理,防止产生二次污染。

建立生态航道。航道疏浚工程在实现浚深航道的同时,必须保护和修复航道所在水域的生态环境。研究表明,对于受污染的河流,疏浚工程去除污染的底泥可以实现底栖动物群落结构的恢复和重建。因此,实施航道生态疏浚是航道生态环境保护与修复的途径。

6.2 航道生态疏浚的实施途径

6.2.1 确定疏浚区域物种保护区和保护带

建立GPS局域网,对疏浚范围内的淤积状况进行精密地测量,尤其要在富含污染土或有毒物质以及水下地形复杂的区域进行加密测量,对底泥性质及分布进行分析,测算出疏浚总量、污染底泥量等,合理选定疏浚范围和深度。

当已确定的疏浚区域较大时,应专门划定一定面积的物种保护区,或留出保护带不予疏浚,作为物种基因库。疏浚以后,以保护带物种库为基点,借自然之力繁衍扩大,力求在较短时间内疏浚区域物种得以恢复和发展。具体施工设计中也可布置成条田状,隔一疏一,待疏浚带植被经4～5年自然繁衍后,再疏浚生物保留带。具体的疏一隔一宽度和间隔时间应由试验工程、生物科技积累,调查研究后取得设计参数。物种主要包括水生植物、底栖生物等。

6.2.2 确定适宜施工期

确定底泥疏浚的时机非常关键,选择合适的疏浚时节可以将疏浚对底栖生物的影响最小化,错误地选择疏浚时机会对生物带来灾难性的后果。在外源污染存在时,氮、磷营养盐只是在某个季节或时期会对湖泊富营养化发挥比较显著的作用。气温较高的月份,通常是底栖生物幼虫的再生期和繁殖期。生态疏浚的时间季节,要根据待疏浚河湖污染成因确定,要避开易造成水质恶化事件的时令和底栖生物幼虫再生期和繁殖期。环保疏浚作业最佳期为冬初至春末,此时开展疏浚可做到费用省、底泥扩散度较小,最大限度取出营养物质。

6.2.3 合理地选择和配备疏浚设备

根据工程的环保目标、规模、水域及周边环境条件,比较不同挖泥船的性能,选择最佳的挖泥船,这是事关疏浚工程生态效果好的关键要素。如在滇池疏挖工程可行性研究中,曾对气力泵船、链斗船、环保绞吸船进行充分比较,根据工程疏挖量大、挖层薄、排距远、水草茂密、吃水浅,适应陆路进场,以及不能破坏原生土层等综合因素,最终选定配有环保型绞刀头且具有超薄层挖掘功效的海狸600型和1600型绞吸挖泥船作为主力船。

6.2.4 严格控制二次污染

严格控制挖掘精度:过多疏挖会增加疏浚和处理成本,未达到指定深度和范围,又达不到疏浚和清除污染物的目的。高精度定位与高精度定深,达到疏浚要求并尽量减少超挖量,即在保证疏浚工程效果的前提下,降低工程成本,避免伤及原生土。常规挖泥船的施工精度为20～50 cm,生态疏浚一般要求挖泥船的挖掘精度小于10 cm。

控制疏浚过程中悬浮颗粒的扩散:采取防扩散和防泄漏措施,保证高浓度吸入,以避免处于悬浮状态的污染物对周围水体造成污染,满足防扩散范围小于5 m、细颗粒去除率大于95%的要求。

控制疏浚弃土运输:避免输送过程中的泄漏对水体造成二次污染,要对底泥输送进行实时的监控,将泄漏量控制在最小。

6.2.5 疏浚弃土处理与后期评估

航道疏浚产生的大量疏浚弃土,要根据土的性质和污染情况采取相应的方法,防止产生二次污染的同时,充分利用好弃土资源。

疏浚工程实施后,在其工程范围内应该进行监测评估,以便及时采取生态修复。

6.3 航道生态疏浚设备与弃土处理

6.3.1 航道生态疏浚设备

疏浚设备是控制二次污染,有效实施生态疏浚的必备手段。随着技术创新,生态疏浚的设备有了长足的改进。

1)先进疏浚船舶的主要特征

根据生态疏浚的特点,生态疏浚对疏浚设备有以下要求:

(1)为了适应被污染泥层的几何尺度,对挖泥船上的监测和控制设备的自动化程度,尤其是挖掘设备的定位系统要求更高。控制疏浚船舶的船位,同时控制疏浚船舶上挖掘头与疏浚船舶的相对位置,通过上述两方面实现对挖掘头的控制,进而达到对疏浚精度的控制。

(2)为了尽可能减少待挖污染沉积物的体积,以及便于对含有不同污染特点的泥层做选择性疏浚,要求按预先设定的挖掘剖面进行疏浚。

(3)为了避免污染沉积物向周围水体扩散,要求减少疏浚和抛卸过程中悬浮泥沙的产生,同时要求避免或减少散落物。

先进疏浚船舶的特征如下:

(1)先进的施工控制技术:挖泥船GPS定位技术、水下地形测量及成图技术、挖泥船操作集成控制技术及现代电子通信技术等。

(2)先进的挖掘机具:挖泥船应具有足够的挖掘深度和挖泥浓度,能够挖掘坚实硬土和岩石,具有内层抗压外层抗磨的双壳泵。

2)生态疏浚设备的选择标准

生态疏浚的施工应采用环保无扰动型挖泥船,尤其是疏浚头部设备,密闭和抽吸是关键。

疏浚设备选择主要参数:底泥密度<1.8 g/cm^2,采用环保绞吸式疏浚船;底泥密度>1.8 g/cm^2,采用环保斗轮式疏浚船。生态疏浚为薄层精确疏浚,要求超挖深度$\leqslant 10$ cm,底泥扩散$\leqslant 5$ m,平面平整度好,不漏疏或形成沟坎。

3)常用的航道疏浚挖泥船

(1)绞吸式挖泥船、耙吸式挖泥船

绞吸式和耙吸式挖泥船是最常见、使用最广泛的水力式挖泥船,能够将挖掘、输送、排出和处理泥浆等疏浚工序一次性完成,生产效率高,成本低。不仅适合短排距(一般115 km以内)泥浆输送,对于超过额定排距的疏浚工程,还可加设接力泵站,进行长距离泥浆输送。近年来,随着人们的水环保意识日益增强,绞吸式和耙吸式挖泥船更趋于大型化、高环保性能发展。

根据疏浚区土质污染报告,对污染河段疏浚,可把常规绞刀头改用成环保绞刀头。

(2)抓斗式挖泥船

抓斗式挖泥船:其特点是开挖深度较大,最大挖深可达30 m以上;抓斗可拆下,又可兼作起重船,清除水下障碍物;自航抓斗挖泥船,无须辅助船舶协助移位施工,机动灵活性能高。抓斗式挖泥船采用泥驳运土,受运距影响较小,但挖运卸设备间相互影响大,生产效率低。对开挖深度不易控制,开挖工作面不平,施工质量较差,并且对液态淤泥难清除。

对污染河段疏浚,可把抓斗改为封闭抓斗,使疏挖时不泄漏污泥。

(3) 铲斗式挖泥船

铲斗式挖泥船不仅受运距影响较小,机动灵活,而且挖掘硬质土能力强。但同抓斗式挖泥船一样,挖运卸间相互影响大,施工质量较差,生产效率低。除不适用挖掘流态淤泥外,其余泥沙或混合物土质皆可挖,如淤泥、重黏土、沙质黏土、石质土、卵石、块石、较粗颗粒沙等。另外,可以用来清理围堰和水下障碍物。

对污染河段疏浚,可在普通铲斗上增加一活动罩,使污泥封闭在铲斗内,在提升铲斗时污泥不流出。

6.3.2 航道生态疏浚土处理

航道疏浚弃土量大,弃土的性质不同对环境影响也不同,尤其是受污染的底泥对环境影响更大,处理好疏浚弃土是生态环境保护的重要技术手段之一。

1) 分析疏浚弃土的性质

首先要确定疏浚弃土是否污染。确定疏浚弃土是否污染有以下三种试验项目:

(1) 疏浚土是否由泥沙和砾石,或由任何粒径大于粉沙的泥沙所组成;

(2) 在疏浚次数正常的情况下,疏浚区的水质是否适合鱼类、贝类和野生生物的繁殖;

(3) 待挖底质能否通过标准的淘洗试验。

将疏浚现场的河床湿泥沙与抛泥区的水以 1∶4 的比例进行混合,并剧烈摇动 30 min 后让其沉淀 1 h,然后对上层澄清液进行过滤,或用离心法处理,除去颗粒状物质,并测定其中是否含有可溶性污染物和测定其生物需氧量。

2) 污染底泥处置

目前对清除后的污染底泥的处置技术主要有:

(1) 将污染底泥储存在水下存泥场或积泥坑封闭处置。利用挖泥船将污染底泥吹填或抛填到水下存泥场或积泥坑,然后在其上面覆盖一层干净土进行处置。该种处置方法的处置能力大,目前应用较多,适用于被污染的任何土质,而且处置费用相对较低。

(2) 将污染底泥储存在土工织物袋中集装化封闭处置。利用斗式挖泥船将污染底泥装入土工织物袋中,装满后将土工织物袋纵向开口缝合,然后将袋装的污染底泥抛到指定的水下卸泥区。该种处置方法在处理工程量较小的情况下较适用,适用于被污染的沙性土,而且处置费用比较低。

(3) 将污染底泥疏挖后运到工厂进行处置与回收。利用卡车或驳船将挖泥船疏挖的污染底泥运输到疏浚土再生工厂,在工厂采用物理化学方法或生物方法来消除污染底泥中的污染物,然后对处置后的土进行回收,生产出清洁的沙,泥浆除水后做成固体泥饼。该种处置方法的处理能力较小,适用于被污染的沙性土,而处置费用较高。

对吹填场址的选择、堆场围堰设计、污染底泥处置工艺等要有专业的设计和监测。一般应注意以下几点:

(1) 选择地下水位低、土层吸附性能好、适于衔接输送管道的地带作为堆场场址。对堆场沉降池尺寸进行科学估算。

(2) 当污染土中的主要污染物是磷和氮而不含重金属及有毒物质时,堆场是否设置防渗层,应在对有关地形、地质资料调查后决定,必要时应进行淋溶试验,提出加速污染底泥沉淀的措施。

(3) 可将疏浚淤泥充灌进一种特殊高强度土工织物做成的管袋内,只排水、不漏泥,形成堆场围堰。以底泥作充填料,不需远距离取土石方,对生态环境没有任何损害,还降低了工程造价。同时还能有效过滤底泥中的污染物,能起到疏浚、筑堰和清洁水质的作用。

(4) 对堆场区的平面地形进行分析,考虑隔埂的布置,以延长泥浆的流程,减缓流速,增加泥浆颗粒的碰撞,加快其沉淀,使余水达标排放,避免造成水体的二次污染。

(5) 对疏挖泥浆进行干化处理。污染底泥一般属含高有机质的淤泥质土类,淤泥质土自然干化固结过程缓慢,可采用人工强化脱水措施。常用方法包括真空预压法、堆载预压法、化学沉淀法、机械脱水法、堆场主动排水法等。

(6) 对排泥场进行后期处理。排泥场淤泥在风干后即覆盖新鲜的种植土、人工种植草被,植被可大量吸收淤泥中的磷、氮等元素。

(7) 覆盖,即在离岸回填区使用洁净疏浚物覆盖污染疏浚物。

3) 弃土处理(未曾污染的疏浚土处理)

传统疏浚底泥处理方法无法充分利用底泥的有益成分,造成资源浪费。疏浚底泥的资源化利用无疑是更好的选择。疏浚底泥的资源化利用应遵循无害、可靠、经济的原则。根据疏浚底泥的来源、成分特征,以及当地经济、技术条件,因地制宜地选用疏浚底泥资源化的途径。疏浚底泥的用途很大程度上取决于它的物理性质和化学成分。根据疏浚底泥不同的用途,采用特定的处理方案。

对于弃土处理和利用,主要有以下途径:

(1) 建筑和其他工程用途,包括港口、机场建设、城市和住宅建设、限制性抛填等;

(2) 建筑材料,如加入固化剂使其固化、制成建筑砌块;

(3) 置换回填;

(4) 海岸保护和侵蚀控制;

(5) 人工补滩;

(6) 野生动物栖息地的扩建;

(7) 用于渔业;

(8) 建设国家公园和娱乐场所;

(9) 用于农业、森林业和园艺。

在我国,疏浚底泥的用途主要为做填方材料、建筑材料和供土地利用三方面:

(1) 填方材料

疏浚底泥经过一定措施处理后,可降低其含水量,提高底泥的强度,从而作为土木交通建设工程的填方材料,用于填海、筑堤、道路等工程。

对疏浚底泥进行处理的一般方法通常包括物理方法(干燥、脱水)、化学方法(固化处理)和热处理方法(烧熔处理)。从工程应用出发,采用化学原理的固化处理法是最灵活、适用范围最广、造价最理想的方法。固化处理后的疏浚底泥成为填方材料，可代替沙石和土料使用。与一般的土料相比，固化土具有不产生固结沉降、强度高、透水性小等优点，除可以免去进行碾压、地基处理外，有时还可达到普通土沙所达不到的工程效果。

（2）建筑材料

疏浚底泥可用于制造建筑墙体材料、混凝土轻质骨料和硅酸盐胶凝材料，如砖瓦、陶瓷、水泥等。加工方法多为热处理方法（熔烧处理）。用底泥制砖即为将疏浚底泥作为添加剂，通过高温焙烧，疏浚底泥中的有机物在高温中产生大量微孔，降低产品密度，而绝大部分重金属也被固化在产品中，产品的重金属的浸出率相对于原料而言大大降低，不会对周围环境造成影响。与普通建材相比，加入疏浚底泥的建材有质量轻、保温隔热性能好等优点。南淝河底泥制砖的试验结果表明，成品符合 MU7.5 级砖的等级要求，干容重为 $1\ 364\ kg/m^3$，低于烧结普通砖容重的 20%，其导热系数为 $0.44\ W/(m \cdot K)$，比烧结普通砖低 53%，具有较好的保温隔热效果。由于砖瓦、水泥等各行业都对黏土有着大量的需求，黏土资源的大量开采已影响到农村耕地的数量和质量，而当前黏土砖、混凝土等仍是最大宗的墙体材料。因此，利用疏浚底泥替代黏土可减缓建材制造业与农业争土，是疏浚底泥资源化的又一途径，这种方法在我国有着广阔的发展前景。

（3）土地利用

疏浚上来的无污染的淤泥含有有机质和植物所需的营养成分，具有化学肥料所没有的有机质肥料，具有多种比较均衡的肥料成分，具有腐殖质胶体，能使土壤形成团粒结构，保持养分作用，可促进植被生长，是有价值的生物资源。这类疏浚底泥可应用于农田、林地、湿地、园艺、市政绿化、野生动物栖息地的扩建及露天矿的回填等。

疏浚底泥的土地利用需要具备的一个重要的条件是：其所含的有害成分不超过环境所能承受的容量范围。一般来说，污泥要做土地处置必须经无毒无害化处理（一般采用高温堆肥）才能用作土地利用。

若疏浚底泥中的重金属超标，则有可能对环境造成二次污染，需要采取一定措施对疏浚底泥进行预处理，再进行土地利用。可采用以下四种措施减轻重金属的危害：① 适量地使用碱性物质（石灰、硅酸钙炉渣、钢渣、粉煤灰等）提高土壤的 pH 值，使重金属形成硅酸盐、碳酸盐、氢氧化物沉淀，阻碍植物吸收；② 调节疏浚底泥的氧化还原电位，对于中、轻度污染区的底泥，还田后可采用淹水种植的方法降低氧化还原电位，将镉、铜、锌等重金属还原为难溶性元素，以减少污染程度；③ 在受重金属严重污染的疏浚底泥中种植抗污染且能富集重金属的植物（如柳属的某些植物），从而使其重金属含量逐年递减，当底泥中的重金属含量降到一定浓度后，再种植可食性植物，应注意的是收获植物时，应连根拔起；④ 增施有机物质，如生物活性有机肥、动物粪便、鸟粪等，生物惰性有机肥、泥炭、泥炭类物质及各种添加矿物添加剂的混合物等，可提高土壤缓冲能力，降低土壤中盐分浓度，从而阻碍重金属进入植物体，降低对植物的毒性。

6.4 航道疏浚工程的生态保护与修复措施

6.4.1 生态环境保护措施

1) 施工前精心准备

合理组织施工。施工单位应在全面研究合同条件和技术要求、调查和分析现场施工条件的基础上编制施工组织设计,合理选择疏浚设备和施工方法,对整个工程的施工质量、施工进度以及资源消耗做出合理的安排,使工程质量、工期达到合同规定的要求。航道疏浚施工应避开鱼类的产卵和洄游季节,以降低工程疏浚施工对当地渔业资源的影响。同时,为了达到疏浚工程的生态环保,在施行疏浚工程前,首先要截断外部污染源,同时了解清楚底泥特征和纵向分布,以便较精确地确定疏浚深度,尽可能地防止超挖、漏挖、乱挖。

2) 采用先进的疏浚设备和工艺要求

所有疏浚船、测量船和运输驳船装备有精确的自动监测设备、DGPS定位设备和疏浚头深度指示器,此外自航式耙吸挖泥船也需装有连续载荷指示器,以便施工人员根据船舶吃水深度和潮位变化随时调整下耙深度,从而实现高精度的定深挖泥,提高疏浚施工精度,确保疏浚作业和疏浚泥沙处置工作准确、有效地进行,减少疏浚作业中不必要的超深、超宽,降低疏浚作业对周围水体的扰动,减轻对周边水域水质和生态环境的影响。

3) 加强过程控制

施工前应对所有的施工设备尤其是泥舱的泥门进行严格检查,发现有可能泄漏污染物(包括船用油和开挖泥沙)的,必须先修复后才能施工。疏浚过程中严格按照疏浚规范作业的要求控制满舱溢流时间,减少悬浮泥沙。在施工过程中应密切注意有无泄漏污染物的现象,并安排相应人员配置必要的监测仪器,定期对周围水质进行监测,如发生油料及泥沙泄漏应立即采取措施。

4) 减缓对水域污染

在项目河段疏浚作业应采取布设防污屏的措施来减缓和避免对水域生态的污染影响,或者设置隔泥幕,阻止悬浮物输移,同时在航道底泥污染严重区域覆盖未污染的原状底泥,掩盖污染物,从而避免污染物扩散。吹泥场尾水应经过多级沉淀处理达标后排放。

5) 疏浚吹填污染控制

疏浚弃土吹填必须在围堰形成后方可实施。泄水口上安装拦污栅并且沿泄水通道设置两层防污屏阻挡漂浮物排出。严格控制吹填高程,防止疏浚弃土由吹填区围堰上向外扩散,吹填施工时应在围堰内侧铺垫防渗布,以减少泥沙外渗和对围堰安全的影响。加强对泄水口泥浆浓度的测定,确保泥浆排放浓度指标满足规范要求。

6) 弃土无害化处理(弃土受到污染时)

在对底泥进行无害化处理时,采用相关技术,变废为宝,进行二次利用。具体措施包括:①固化处理法,在疏浚底泥中添加固化材料,进行搅拌混合,达到固化疏浚底泥、提高疏浚底泥强度、防止疏浚底泥中污染物扩散的目的。此法可将疏浚底泥处理为填方材料,减缓疏浚底泥中污染物的溶出速率,减少对周围环境的二次污染,但处理效率不高,成本贵。②加热处理法,通过加热、烧结,将疏浚底泥脱水,转化成建筑材料。对疏浚底泥有一定要求,处理大规模疏浚底泥能力不足。③真空电渗及动力挤密联合处理法,在对疏浚底泥真空电渗降水的基础上施加动力荷载,有效排除疏浚底泥中的水分和污染物,降低疏浚底泥孔隙比,提高疏浚底泥的强度。可以快速高效地排出疏浚底泥中的大量水分和污染物,从根本上防止二次污染的发生,有性价比高、施工期短等特点,适用于生态疏浚产生的高污染疏浚底泥。

7) 堆场污染控制

余水中的污染物大部分是颗粒态或黏附在污泥细小颗粒上,通过对余水中的悬浮颗粒的去除,基本上可以控制余水的水质。堆场需采取隔离措施,常用的控制方法有在堆场底部加黏土或复合的垫层,如果该地区没有黏土,也可以铺土工布或土工膜,从而隔绝堆土中污染物向地下输移的通道,避免造成二次污染,杜绝堆场陆域污染和地下水污染。植物和动物直接摄取污染物后通过生物累积作用使重金属或有毒、有害的有机物进入食物链中,对环境造成潜在的危害,可以通过堆场的管理,防止某些积累污染物的物种在堆场上生长。某些受严重有机污染的底泥,可能向空气中挥发一些有毒、有害物质(如 PCB、PAH),可以采用表面覆盖的方法,防止污染物的挥发。

8) 土地恢复

施工结束应及时清理施工临时用地,恢复植被,在可能的情况下造田还耕,能够实现保持水土,起到固土护岸作用,同时满足生态环境的需要,改善生态环境,还可进行景观造景。坡面植草是一次性营造人工植物群落的工程措施,以使坡面迅速覆盖上植被。应尽量考虑本地植物,并注意避免植被物种选择的单一化,植被的选用应注意能够帮助丰富河流生态系统的物种多样性,帮助防止外来物种入侵。

9) 相关规定严格执行

建设单位应加强对施工过程的环境监控,施工承包合同中应包括有关环境保护相关条款,施工单位应严格实施。

6.4.2 生态修复措施

1) 弃土区植被恢复

弃土区占用植被,在施工结束后尽可能复植,同时采用本土物种,恢复原有植被面貌,避免生物入侵。

2) 湿地保护与恢复

结合航道疏浚工程,吹泥上滩成陆工程,将弃土吹填到浅滩,逐步促其形成湿地。将疏浚的淤泥运用于滨岸带水下造滩,构建深浅不一的滨岸带生态环境,形成河湖滨岸带自然湿地,弥补护岸建设时对自然浅滩湿地侵占的影响。比如:从 2002 年起,长江口工程开始结合疏浚抛泥施工,与上海市有关单位合作在北导堤实施了吹泥上滩成陆工程,将弃土吹填到横沙浅滩,逐步促其形成湿地。规划一期促淤区面积达 5.4 万亩,二期促淤区面积达 4.7 万亩。上海土地资源宝贵,吹泥上滩成陆扩大了湿地面积,促进了环境保护。

3) 生物增殖、放流

对于疏浚区域,在工程实施前调查资料的基础上,向河流投放原生生物幼苗,促进底栖生物系统恢复,修复受损生物链。比如:长江口航道疏浚工程,从 2001 年起,长江口进行了四次放流。2001年,放流中华鲟幼鱼3080尾;2002年底,放流底栖生物牡蛎300万只;2004年3月底,底栖生物群落式放流;同年12月,放流中华绒螯蟹蟹苗2.5万只。根据最新调查表明,长江口中华绒螯蟹蟹苗继续呈旺发趋势;底栖生物的投放为长江河口区水产生物提供饵料基地,并为栖息于长江口区的中华鲟等提供充足的活性饵料;同时,也提高了长江口底栖生物的物种数量和多样性,逐步改善了底栖生物的种类和群落结构,增强了河口区生物资源可持续利用的支持力度。

6.4.3 疏浚工程环境监理

为了做好施工期的环境保护工作,减轻施工悬浮污染物对环境的影响程度,应成立专门机构进行环境保护管理工作。参与本工程环境管理的机构应包括如下具体部门:行政主管部门,施工单位环境保护机构,建设单位环境保护管理机构,环境监理单位。环境监理工作的内容是依据施工污染防治方案和监理细则,对施工过程出现的环境污染影响问题进行全过程的监督检查。工程环境监理的主要依据是与建设项目环境保护相关的法律、法规、技术规范和标准、工程及环境质量标准、环境影响报告书(表)、设计文件、工程监理合同和建设工程承包合同等。从事建设项目工程环境监理活动,应当遵循守法、诚信、公正、科学的准则。同时,水运工程环境监理纳入工程监理体系内,其相应的各项制度也纳入工程监理工作制度范畴。在工程监理的工作制度如设计审核制度、工作记录制度(包括会议记录、监理工程师(或监理员)的日报表、总监日记、监理月报、总监巡视记录等)、人员培训制度、报告制度(如监理工程师的月报、季度报告、半年进度评估报告以及承包人的月报等)、函件来往制度、例会制度等各项制度中都要体现环境监理的工作内容。

6.5 工程实例

6.5.1 工程概况

容桂水道南华至板沙尾39 km、洪奇沥水道板沙尾至义沙头14 km、下横沥水道义沙头至南沙口14 km及枕箱水道南沙口至广州港出海航道9 km,共76 km的河段(统称"西伶通道")进行整治。西伶通道拟按通航3 000吨级内河船舶双向航道标准建设,航道尺度4.9 m×85 m×650 m(水深×航宽×最小弯曲半径),主要建设内容包括疏浚工程、炸礁工程和航标、站房、船舶、水位站等配套工程。

航道疏浚工程疏浚总量17.1万 m^3,具体疏浚量见表6.1。

表6.1 西伶工程疏浚工程量表

河道名称	容桂水道	洪奇沥水道	枕箱水道	合计
疏浚长度/km	0.8	0.5	3.5	4.8
疏浚工程量/万 m^3	1.9	1.3	12.9	17.1

6.5.2 疏浚区底泥调查

从生态环境保护与修复的角度出发,在工程初始阶段,对工程实施过程中和完成后可能产生的环境问题进行环境评价,提出环境评价报告为设计选择疏浚工艺提供依据。

容桂水道容奇大桥至板沙尾河段河床底质为灰黄色、黄褐色的细沙、中细沙,含少量贝壳。枕箱水道凫洲大桥至广州港出海航道河段主要为粉质黏土和淤泥,还有部分为粉细沙、淤泥质粉质黏土、淤泥质黏土。

容桂水道除粪大肠菌群以外的各项水质指标均达到Ⅲ类或以上水质标准;洪奇沥水道水质符合Ⅳ类标准,除石油类外,其余22项指标符合或优于Ⅲ类标准;枕箱水道水质达Ⅲ类标准,水质优良。而粪大肠菌群主要来源于沿岸生活区的粪便排放。

疏浚区上游是西江,下游为伶仃洋。有关研究表明,西江和伶仃洋以及相关水道都不同程度地受到COD、重金属等污染,故不排除疏浚区底泥存在污染的可能性。由于航道水流条件较好,泥沙运动活跃,容桂水道工程段呈现冲槽淤滩,河床总体基本稳定;洪奇沥水道、下横沥水道、枕箱水道整体呈现冲刷状态,预测底泥污染情况轻微或中等程度。需要按照《土壤环境质量标准》(GB 15618—2018)进行监测,然后对航道底泥的污染情况进行详细鉴定。

6.5.3 疏浚弃土处理措施

本工程疏浚弃土选择抛填在洪奇沥水道十一涌到十六涌之间的堤围两侧,其中疏浚弃土为沙类的抛填至堤围内的莲藕种植池,疏浚弃土为淤泥的吹填至堤围外的农耕地。淤泥吹填至农耕地前,要进行污染水平测定。

根据本工程疏浚弃土的工程特性,部分疏浚淤泥土可用于制造建筑墙体材料、混凝土轻质骨料和硅酸盐胶凝材料,建议根据当地情况,在条件具备的情况下与当地的企业合作,用来制作砖瓦、陶瓷等。同时也可以与附近相关筑堤道路工程结合,对工程疏浚弃土进行一定处理,使弃土的含水量降低、强度提高,用作土木交通建设工程的填方材料,实现弃土的再利用,减少弃土占用莲藕池和农耕地。

疏浚弃土根据污染水平不同,采取不同的措施进行处理:

① 污染水平达到安全标准的弃土,可以进行直接吹填,之后恢复耕地或种植香蕉等经济作物。

② 轻度或中度污染的弃土,在进行再利用前,可考虑进行去污染化处理或对弃土区进行防渗漏处理,对弃土进行遮掩,避免污染扩散。在弃土上覆盖一定厚度的原生未污染土层,可以实现进行种植经济植物或用于其他用途。

③ 如果污染程度较严重时,需要去污染化处理。严重污染的弃土,推荐采用真空电渗及动力挤密联合处理法处理疏浚弃土,不仅可以降低疏浚弃土的含水量和污染物含量,使疏浚弃土转化为对人类有益的土壤资源,而且工法费用低廉,处理效率高。

④ 对于受到严重重金属污染的弃土,采用搅拌或曝气法以及草酸工业试剂处理。

6.5.4　施工过程中生态环境保护措施

1）疏浚船选择

根据工程区域自然条件和生态保护要求,本工程采用 8 m^3 抓斗船进行开挖,然后采用 500 m^3 泥驳运到弃土区的吹泥池抛卸,再由 800 m^3/h 的吹泥船吹填至弃土区。

抓斗式挖泥船加装刮吸式和铲吸式挖掘头,这种挖掘头没有旋转装置,靠一套可以转向的刮刀或铲片,从水底铲起泥土送入吸口,浑浊度小,精度也比较高。

2）施工过程控制

(1) 船舶控制

① 挖泥船、运泥船必须性能良好,证照齐全,并实行登记建册管理。严禁使用开底船舶。

② 挖泥船和运泥船及弃土区必须建立对应关系,调配或调整关系时,必须登记台账,且由项目部管理人员向挖泥人和弃土区管理员开出"船舶及弃土区调整通知单"。

③ 施工船舶所产生的生活废物,严格按照《中华人民共和国防治船舶污染内河水域环境管理规定》执行。航道内船舶应配备有盖、不渗漏、不外溢的垃圾储存容器或垃圾袋,收集生活垃圾和生产废物,待船舶靠岸处理船舶废水时,由有资质的单位收集后送岸处理,严禁将船舶垃圾投入河道中。施工船舶每日维修产生的维修垃圾,交船舶修理厂处理。施工船舶在通过沿岸城镇、城区以及学校、医院等声环境敏感点时禁止鸣笛;施工船舶在施工过程中,停靠岸边时应关闭马达;风镐等施工机械应定期接受噪声检测,一旦噪声超标,应立即维修。

④ 防止船舶超载,定期对船舶整顿,确保防污设备正常运行。

(2) 挖泥及装船作业控制

① 挖泥作业时,严禁就近向深水区抛弃土。

② 不得用非指定运泥船装泥,严禁用开底船装泥。

③ 装泥完成时,挖泥人员必须登记"挖泥船装船台账"。运泥人员必须用影像资料证明该船土是在这条挖泥船上装船的,并在影像拍摄不久从该位置开始运出的(即挖泥船、运泥船、地点背景、拍摄时间在该影像资料上同时反映)。

3）运泥过程控制

① 运土船必须严格按照所规定的弃土区进行弃土,杜绝未到达指定区域便弃土现象的发生。严格实施定点到位弃土。

② 运土人员必须用影像资料证明运泥船舶到达指定的弃土区的时间、弃土结束时间和该船土是否弃在指定的弃土区(即要拍摄到达、弃土、结束三个过程都带有该弃土区特征性固定标志背景和本弃土船的影像)。

③ 弃土区管理员必须对每船来土登记"来船弃土登记台账"。

④ 确保泥门密闭,严防泥浆泄漏;提高安全意识,防止翻船等事故发生。

4）弃土施工控制

① 弃土区

弃土区必须经地方政府和相关部门批准,并经监理检查批准后报项目办备案。弃土区必须有专人进行检查和维护管理,其检查维护情况必须记录。必须保存好弃土区使用前后的影像资料。必须保证监理能较准确地测得弃土区的弃土量。

② 测量

项目部必须加强对弃土区测量控制桩的严密保护。定期测量弃土区的土方量,防止水沙外溢。

③ 统计和核查

每天核查装泥船船数和对应弃土区弃土船数是否相等且与台账吻合,当发现弃土区弃土船数少于对应挖泥船装泥船船数时,必须立即向项目部负责人和总监报告。

5）施工组织控制

推荐选择枯水、平水季节施工,减少疏浚悬浮物对水质影响。疏浚施工会对水生生物,特别是渔业水产资源造成扰动。施工应避开洄游性鱼类的产卵场,施工时间应避开洄游季节。

严格控制施工时间,建议施工时间安排在8:00～12:00、14:00～20:00,避免干扰居民休息,非特殊情况下不要安排夜间施工。施工船舶在通过沿岸城镇、城区以及学校、医院等声环境敏感点时禁止鸣笛。

进行疏浚施工时,应分段施工,适当延长工期,以利于生态环境恢复。

6.5.5 生态修复措施

工程位于珠江三角洲网河区,河道中有机物含量丰富,有潮汐影响,生态环境特殊,有较丰富的水生动物和底栖生物,陆域植被良好。工程施工会对水生动物产生一定影响,堆土区对陆域植物产生影响。因此,在工程施工后进行相关的监测评价,采取以下措施修复生态:

1）陆域生态修复

由于莲藕要求耕作层较深(30～50 cm)且保水能力强的黏性土壤,故吹填后的藕塘无法恢复。可考虑在其表面覆盖符合要求的土壤,恢复植被或种植植物。

本工程弃土占用农田,弃土堆放前,应先剥离30 cm的表层熟土,暂时存放在各自场边,待施工结束后用于表层覆土和复耕。

2）水生生物修复

施工后应进行生物增殖、放流。同时,注意特有珍稀动物的保护,对其数量种群进行监测。

6.5.6 建立风险事故应急措施

疏浚工程中可能发生的风险事故主要类型有:船舶漏油溢油汇到疏浚河流,造成环境污染以及水上交通事故。

应联合当地相关部门成立事故应急组织机构,制定船舶溢液事故应急预案。各类船舶在发生紧急事件时,应立即采取必要的措施,同时向事故应急中心及有关单位报告,启动事故应急反应,减缓船舶事故溢油对环境的污染影响。

7 绿色航道辅助设施和施工技术

7.1 绿色航道服务区设计

7.1.1 航道服务区功能划分

内河航道水上服务区是航道通航配套设施,主要功能是为过往船舶(员)提供锚泊和生活生产补给服务,服务区应以用户需求为导向,提供满足船舶(员)和航道管理部门需求的服务。航道服务区的基本出发点是提升水路运输服务水平和保障能力,体现政府公共服务职能,因此航道服务区应主要提供公益性服务,如安全稳定的泊船环境、方便快捷的陆上交通条件,将服务区发展为船员与陆上沟通交流的节点。在此基础上,提供一定的增值服务,方便广大船员的日常生活和生产活动。

航道服务区应以提供锚泊为核心的公益服务为主,功能可分为基本功能、辅助功能和拓展功能,见表7.1。

1) 基本功能

服务区的基本功能包括:航运管理、物资供给和环境保护。

航运管理功能是服务区最主要的功能,承担船舶的签证、报港、超载处理、规费征收等,同时承担监控、指挥、治安和水上安全,协调整个服务区的运行秩序。

物资供给功能主要是设置船舶加水、加油、加气站,配置岸电箱和局域网,设置菜市场、日用小商品店、餐饮、住宿、诊所、厕所等设施,满足停靠在服务区的船民吃饭、住宿、看病、如厕等基本生活消费需求。

环境保护主要是进行污水、固体废物收集和分类处理等。在服务区内需设置船舶废油回收站,生活分类垃圾回收站,实现水上污染物处理功能。

2) 辅助功能

服务区的辅助功能包括:船舶维修和应急保障功能。

船舶维修功能包括配件出售、工具配备、应急修理等。通过在服务区内设置船舶维修区、船用零配件销售区来实现停靠在服务区船舶的维修需求。

应急保障功能主要是支持保障、应急救援等。配备有视频监控、警务室、小药箱、救助码头等。在船舶待闸、堵航等紧急情况下提供应急救援、船舶调遣服务。

3) 拓展功能

拓展功能主要包括:物流货运和人文旅游等。

物流货运主要是通过建设公共信息和交流平台,使船民获得最新滚动的运输市场信息,及时调整自己的运输目标,提高运输效益,减少船舶返空率。还可以利用现代化的电子交易平台,通过网络进行电子交易。对于服务区周边有丰富货源的水上服务区可以进行物流功能的开发,建立现代化的物流系统,现代化的仓储运输设施等。

服务区可提供人文历史、航运发展、宣传教育、休闲旅游等。随着社会发展和人们对美好幸福生活的追求,亲水休闲旅游也开始流行发展起来。

表 7.1 航道服务区功能划分

功能划分	分类功能	服务内容
基本功能	航运管理	船舶的签证、报港、超载处理、规费征收、治安、监控、指挥等
	物资供给	船舶加油、加水、加气、岸电、网络等,人员休息、购物、就餐、通信、住宿、医疗等
	环境保护	污水、固体废物收集和处理等
辅助功能	船舶维修	配件出售、工具配备、应急修理等
	应急保障	支持保障、应急救援等
拓展功能	物流货运	货运中转、信息交流等
	人文旅游	文化服务、宣传教育、休闲、旅游等

服务功能应当契合船员和管理服务部门的实际需求,充分考虑各项需求的内在逻辑,使服务功能配置协调和规模建设合理,也可为行业主管部门的安全生产进行监管与服务。

7.1.2 绿色航道服务区设计

目前多省颁布了相关航道服务区相关的规范和标准,江苏、浙江、安徽先后发布了关于航道服务区的地方标准,《内河航道服务区总体设计规范》(DB 33/T 845—2011)、《内河水上服务区总体设计规范》(DB 32/T 2885—2016)、《内河水上服务区建设标准》(DB 32/T 3158—2016)、《内河航道服务区建设要求》(DB 34/T 3707—2020)等对于航道服务区的总体设计以及建设标准都提出了明确要求。

1) 设计与建设原则

(1) 航道服务区设计应遵循节约岸线、节约用地、节约能源和安全环保的原则,合理利用资源,保护环境。

(2) 综合服务区应具备环境保护功能,垃圾接收设施宜与城市公共服务体系对接,充分利用社会资源,实现绿色共享。

(3) 积极应用节能技术和绿色能源。综合服务区宜建设岸电设施,岸电桩配备与船舶接电设施匹配,视情况建设 LNG 加气站。

(4) 综合服务区宜布设生活服务区,丰富服务区功能。

2) 航道服务区总体规划

在我国高等级航道中,船舶密度和货物运输量总体是一直在持续增加。服务区总体规划要将区域高等级航道视为相互联系的有机整体,运用可持续发展的观点整体布局考虑。要考虑航道远期规划,精准预测货运量变化,采用适度超前的建设标准进行规划布局。同时要与城市布局统一协调,要分析与航道服务区总体布局密切相关的城市干线航道两侧用地性质的发展变化,为航道服务区的总体布局分析提供依据。要考虑船闸和城镇布局状况,在条件许可的情况下,服务区布局应尽量结合船闸布局建设,另外航道沿线城镇布局对服务区的布局也有一定的影响。航道服务区是水路运输重要的基础设施，为确保综合运输发展总体要求，必须进行各种运输站场和交通路网的分析，从而为航道服务区的功能定位分析和总体布局分析提供更加具体的依据。

(1) 服务区选址规划

服务区选址要充分考虑船闸、码头和沿途地域特色，对多种影响因素进行综合比较确定。

① 船闸位置选址法

在船闸上下游附近选址进行服务区建设是一种简单可行的办法。目前高等级航道航速相对低，待闸时间长，闸区服务不健全，航道服务区的建设正好契合这种需求。在船闸处建设服务区，不仅给过闸船舶提供停靠等待过闸的场所，规范过闸秩序，同时功能完善的服务设施可以给等待过闸期间的船舶、船民提供各种服务需求。同时也要考虑到有些近市区的船闸规划用地审批难度大，建设费用高等问题，尽量利用原闸区设施进行改扩建，也要结合远调站进行整体布局规划。对位于远离市区的船闸，服务区的选址尽量设在引航道以外，减少船舶停靠对船闸安全通航带来安全隐患。

② 码头位置选址法

结合沿线码头进行选址建设。如果船闸间距过大，可以考虑在两船闸间建设服务区，满足运输服务需求。服务区可以结合航道沿途码头进行选址，开发物流业，创建物流市场。一方面船舶在码头装卸货物，另一方面船户可以在服务区进行休整、交易，提高航道运输效益。

③ 地域特色选址法

当前，绿色航道和人文航道建设得到各主管部门的重视。服务区的规划选址应考虑所在区域的基础条件、自然环境、人文景观等地域特色，尽量选择风景秀丽、山水迷人的地方，从以人为本、生态优先、亲水人文的理念出发，进行旅游功能开发，带动周边城镇旅游业发展。

(2) 服务区建设规模

服务区建设规模包括水域规模和陆域规模，由船舶和人员数量决定，而船舶数主要与船舶到达间隔、服务概率和服务时间有关。航道服务区的服务对象主要包括：船舶、船员、游客、居民等。因此首先要对船舶流量、船民数量、游客和居民数量进行预测。船舶、船员的预测主要基于船闸设计水平年的货运通过量预测，根据单船和船队数据统计，每艘船上人员配备大约 2.5 人，服务区按航道沿线服务区数量等概率服务船民，实际服务对象量还要受服务区所处的地域影响，科学预测对于确定服务区的总规模以及内部各种设施规模具有重要意义。游客量的预测也是按照整条航线游客总量根据沿线服务区等概率服务预测，随着服务区功能的完善，以前转移到城镇获取服务的游客将逐渐过渡到服务区。居民量的预测需要根据附近居民居住地与服务区距离、人员组成以及附近有无休闲设施等有密切关系。

① 水域规模

根据航道断面资料统计获得航道日船舶流量，可根据航道年货运量、船舶平均吨位、船舶实载率计算得到日平均船舶流量。同时需要考虑船舶流量的日不均衡性。通过船舶流量，根据航道船舶流量和服务区泊位数量的关系，得到服务区泊位数。服务区锚地面积根据服务区泊位数量以及单个泊位停泊面积来计算。可参考国内相关规范要求，根据工程航段的实际资料和情况进行调整。

② 陆域规模

航道服务区的陆域规模主要指陆域建筑物的规模,包括各类物资供给、生活服务设施和办公设施等,应参照相关设计规范,根据服务区船舶停泊数量、船舶流量、人员停留量等确定,如表7.2所示。

表7.2 航道服务区陆域规模确定因素

服务设施		配备确定依据
基本设施	办公场所、停车场	服务区类型
	加油站、加气站	船舶流量
	岸电设施	船舶停泊数量
	超市、卫生服务站、招待所	船员停留量
	垃圾分类回收设施	船员停留量
辅助设施	维修站	船舶流量
	救援设备	船舶流量
拓展设施	信息共享平台	根据货运和人员需求
	学习休闲设施	船员、游客、居民人员停流量

(3)服务区间距确定

应根据远期货物运输量以及船舶交通流的特性,合理地确定服务区间距。航道运输相对速度较慢,运输周期长,距离长,运输过程中船民的生活需求基本上都在水上实现,服务区的间距设置要满足船民的生活需求和心理需求,要考虑满足船舶的加油、维修需求。应综合考虑靠近沿线的城市的位置与大小,以及对沿线环境的影响等因素确定服务区间距。

7.2 智能航道

7.2.1 船舶智能过闸系统

近年来,随着物联网传感技术、大数据综合分析技术、GIS技术等信息技术的发展,全国各个省份均在积极探索及试点推动船舶智能过闸服务,部分船闸已取得较好的应用效果。船舶智能过闸系统(水上 ETC)是利用先进的信息技术和装备,有机整合登记、识别、确认、调度、通知、收费等过闸环节,实现船舶过闸信息化、自动化、高效化的复合型系统。船舶智能过闸系统是我国第一批国家物联网示范工程——船联网的重要组成部分,其目的在于优化船舶过闸流程,不上岸远程办理过闸手续,缩短船舶过闸时间,降低过闸成本,减轻船员劳动强度,促进水运节能减排,提高船闸智能化监管水平和船闸运行效能。

船舶智能过闸系统的实现过程可以概括为三点:船舶身份自动识别、基于移动互联网的远程申报、过闸费的电子支付。通过这种模式,改变了船员下船—上岸—回船的传统过闸方式,在实现船舶远程办理过闸手续,降低船员劳动强度,节省过闸时间,提升船闸通行效能的同时还实现了船舶从到达船闸直至离开船闸的全过程自动监管,提高了船闸现场监管水平。

江苏省港航事业发展中心和京杭运河苏北航务管理处在全国内河率先启动"水上

ETC"和"船讯通"手机应用 APP，在智能手机上实现船员与智能运行系统的人机对话，实现船员由被动接受运调信息向主动查询的转变。安徽合裕线航道上巢湖船闸、裕溪船闸的水上过闸系统投入运营后，船舶待闸费用节省效益、节约货值利息效益、通过能力增加效益、船舶运行时间效益以及管理减员效益都有较大程度的改善。

7.2.2 航闸智能运行系统

航闸智能运行系统是一种集电子申报、资讯服务、GPS 定位及辅助调度于一体的创新型运河指挥调度与服务支持平台。系统主要分为指挥调度、船闸、船舶、航道、综合支持五大部分，包括船闸运行调度、综合支付平台、船舶诚信档案、多闸联合调控、过闸智能监控、动态船舶监测、船闸综合保障、电子航道图、航道断面立体分析、通航能力辅助分析、航运信息采集、信息发布平台、电煤提放审批等多个子系统，涵盖船闸运调、航道管理、应急保障等多项业务。该系统通过对船闸运调管理研究和运行数据分析，利用现代信息技术，弥补传统管理上的不足，在保证秩序优先、兼顾效率的原则下，实现船闸计算机智能调度和船闸联合调控，持续性提高闸室利用率和通行能力，减少船证不符现象，降低船闸调度人员工作强度，减少自由裁量权，有效提升船闸管理效能和服务水平。

航闸智能运行系统可以显著提升船闸的利用率，从而为整个流域提供了更大的运输能力和更便捷的水路通道，为提高沿线的国民经济和企业的市场竞争力起到基础性的支持保障作用。同时，水路运输能力的增加，可极大地减轻公路的运输能力，降低公路的养护成本和环境成本，促进交通运输方式向更加绿色环保的方向转变。

苏北运河全面采用船闸智能运行系统后，根据 2014 年报统计数据显示，相比公路运输方式，全年节约运输成本 160 多亿元，节省油耗约 250 万 t，减少二氧化氮排放 2.52 万 t、二氧化硫排放 2.94 万 t，烟尘排放 0.53 万 t，减少二氧化碳排放 947 万 t。由此可见，航闸智能运行系统产生的经济效益是十分可观的。

7.2.3 电子航道图系统

电子航道图是将内河航道的地物、水深、航标等信息以数字化形式表达的航道图，是在内容、结构和格式上标准化的数据集。电子航道图是经过"数据采集—数据处理—图生成"的过程后得到的地图成果，是航道图数字化、标准化的产物，是数字航道的重要体现形式。

电子航道图主要为各级航道管理部门的航道维护管理提供各类信息服务，同时也为航运企业、船舶、社会大众等相关行业和人员提供电子航道图服务，同时也提供信息服务接口，为各类应用系统（如航运类 APP）的运行提供基础数据支撑。电子航道图作为测量成果的重要表现形式和各类应用系统的数据基础，将航道数据生产与航运管理需求、社会公众服务需求有机地结合在一起，在数字航道体系中起着空间数据基础和系统支撑的关键作用。

电子航道图的主要功能及其要求包括以下几个方面：

（1）数字化信息服务：以航道基本数据和实时航运信息为支撑，将物联网、云计算、大数据、移动互联网和 GIS 等应用在航道信息服务中并及时更新，实时显示航道要素、临跨河建筑物、航运信息、公共信息等，进行信息共享。

（2）航道设施管理服务：实时监测内河航道的临跨过河设施、航标、标志标牌等设施位置信息和工作状态,并可通过 GIS 和 BIM 三维展现技术进行展现,利用高分影像对比分析,对航道临跨过河设施、违章建筑、护岸的变形进行预警。提高船舶航行安全和使用效率。

(3) 三维数字化服务:对重点航段及设施实现航道基础设施和实体空间的三维数字化,实现在三维空间中交互操作,并可获取实时操作数据。

(4) 导航辅助决策服务:根据水文和航道信息,为航运船舶提供全面的助航服务,也可提供设计经济航线,辅助编制航次计划及配载等服务。

(5) 船舶安全监控服务:对船舶的位置及航运状态进行实时监控,对航道内突发状况(碍航物、事故现场等)进行预警提示,可通过 APP 推送给附近所有船舶谨慎驾驶。可通过航行轨迹及视频协助事故调查,通过各类信息的大数据分析进行安全事故原因研判及预警。

由于我国内河航道分布范围广、规模大、管理主体不统一等特征,导致内河航道电子航道图的制作难度较大。为规范内河航道电子航道图建设,统一建设标准,2019 年交通运输部发布了《内河电子航道图技术规范》(JTS 195—3—2019),有利于不同地区内河航道电子航道图成网成环及后期维护。

目前我国多省已完成或正在建设一些高等级航道电子航道图。浙江省目前已经完成多条高等级航道的电子航道图的制作,平台汇聚了航道基础信息、码头、水上服务设施、临跨航桥梁、管线等重要设施、锚地、船闸及航标等重要标志要素数据,主要应用于浙江港航规划建设、航政管理、安全监管和便民服务。广东省在以往电子航道图建设经验的基础上,继续进行二三维时空数据库建设、三维地理信息建模等,使电子航道图提质扩围建设向纵深推进。江苏省交通运输厅《关于落实习近平总书记指示推进运河转型提升的实施意见》规划到 2023 年,京杭运河江苏段全线 687 km 航道将全部建成电子航道图,通航环境显著改善。

7.2.4 航道视频监控系统

随着安全信息化发展,为了加强航道管理,视频监控系统逐渐配备到各级航道管理系统中。航道视频监控系统由架设于航道现场的监控平台和为远程用户提供服务的综合交互平台组成。它是通过各类可视化智能设备对航道的运行情况、交通状况、安全情况、非法采沙、占用航道等现场情况进行监控,这种方法直观、真实、有效、实时,可以第一时间把航道现场的视频图像传回管理或执法等主管部门,主管部门通过电子监控系统的画面指挥调度,及时制止违法行为及破坏活动,并能将监控点、监控目标与雷达系统实现联动,极大地保障了航道的运行安全。视频监控系统是数字航道的重要组成部分,具有与其他航道数据监测、采集系统、航道管理系统集成联动的功能,真正形成集多种高科技手段为一体的航道动态信息管理系统。

伴随着数字航道可视化远程视频监控系统的成熟应用,传统的监控设备由于监控范围小、解析度低、夜视能力差等问题,已经不能满足航道水运大面积安全管理的应用需求,航道数字化远程昼夜监控系统已逐步替换传统的近距离监控设备,开始大范围应用于航道安全导航、航道入侵监测、桥跨安全通航监控等方面。它可以实现远距离监控,对各种天气环境的监控能力得到了大幅度提高。该系统还可扩展到水文监测、防汛指挥及社会治安联动报警等功能,实现信息共享,全面提升区域航道通航秩序。

在福建省湄洲湾港口航道建设与管理中,应用船舶动态与航道视频监控信息系统可以对船舶异常行为进行分析。2017 年 8 月 13 日识别到 MMSI 码为 413907174 的船舶触发异常行为监控启动条件,被系统判定为异常行为,启动自动摄像跟踪并报警。

7.2.5 航道要素感知系统

通航环境是指船舶自身条件以外的自然客观及社会外部因素构成的系统,通航环境是船舶赖以安全航行、停泊和作业的基础和保障,系统中的因素称为"航道要素"。航道要素包括:航道设施状态数据、水位实时数据、航道河床断面数据、船舶交通量的实时数据等。

航道要素感知系统是利用数字视频、声呐测深、水位传感器、定位值守传感器、激光传感器等各种传感器进行各种数据采集而实现的。作为数据采集层,航道要素感知系统是建设和发展"智能航道"的重要环节。

航道要素的数据采集设备布设要考虑两方面的内容:致因和影响。致因是指会对航道元素感知设备施加影响的因素,包括气象条件、水文条件、船舶流量、通信环境等;影响是指在某处布置航道要素感知设备后,对外界因素的反馈作用,主要包括通航条件和通信环境。

1) 水文条件

内河航道中,航道水文条件主要包括流速、流向、潮汐、波浪等。洪水期、中水期、枯水期的变化会改变船舶对地航速,影响船舶航行。水流速度的分布会极大地影响航道要素感知设备布设,主要体现在流速中发生的要素感知设备的摇晃、漂移等问题,部分设备甚至可能会出现断电、失效等问题。

2) 气象条件

航道气象条件包括水域的能见度、风速、风向、雷暴、雪及其他气象条件,这些气象要素中影响航道要素感知设备布设的主要是能见度和风速。这两者都会影响船舶的正常航行。

3) 通信环境

内河通信环境较为复杂,布设航道要素感知设备要考虑各种通信手段的正常使用和覆盖。有些山区河段,公网信号可能出现盲区或信号不稳定情况,在航道要素感知设备的布设中需要予以考虑。

4) 通航条件

通航条件主要包括水深、航道宽度和弯曲半径。船舶安全航行的基本条件之一是航道水深,由于航道的航宽、航道的弯曲半径等其他航道尺度会由于水深的变化而变化,因此水深是限制船舶吨位和影响通航能力的最主要因素。内河航道的标准宽度指的是在设计最低通航水位时,满足航道最小水深要求的航槽底宽。航道宽度标准的确定取决于代表船型(或船队)的长度和宽度以及航道等级,还取决于是单行航道还是双行航道,另外航道中横向水流等因素也会影响航道的宽度。

使用航道要素感知系统开展航道建设管理工作,不仅能够为航道提供更多的保护,还能使航道的运输能力得到提高。通过为船户和管理人员提供航道信息,也能够有效降低航道运输和管理成本。因此,感知航道系统的建设,有助于实现航道的节能减排,为实现"双碳"提供可行的建设路径。

早在2011年苏南运河无锡段率先应用最前沿的物联网技术,配备了五大类数百个传感器,"感知航道"初步建成。这条航道采用无线传感网络、GIS、虚拟现实等技术手段,对苏南运河无锡段航道39.276 km以及航行的船舶,实现全覆盖实时监管。该航段2012年船舶交通量为 2.3 亿 t,按照普通货车的 CO_2 排放量为 35.1 g/(t·km),内河运输的 CO_2 排放量为 11.7 g/(t·km)计算,水路运输每年可以减少 152.4 万 t 的碳排放量,节能减排效益明显。

7.3 绿色航道施工辅助技术

7.3.1 低碳施工工艺与技术

1) 水上混凝土运泵一体化工法

水上混凝土运泵一体化船可解决航道护岸工程中所需大量混凝土的运输问题,避免大量的临时用地用于修建施工道路,提高航道绿色建设水平。它实现了混凝土岸上生产、水上运输、水上浇筑作业,打破了过去混凝土成品需在岸上进行搅拌然后装船运送的惯例,使得混凝土运输和施工均在水上进行,再利用水上标准化的布料系统,安全、快速地布料至护岸模仓,使作业效率、安全性、标准化程度大大提高,克服了多年来内河航道工程混凝土施工效率低、水上作业机械化水平低、标准化施工难等一系列问题,航道绿色建设能力大幅提升。其主要特点有:

(1) 采用水上运输方式,低碳;

(2) 不需要修筑沿河施工便道,可节省大量建筑资源,节省施工成本,也不需要侵占施工用地,减少土地占用;

(3) 运输和施工均在水上进行,受天气的影响较小;

(4) 与陆上运输施工相比,不会对沿线产生噪音、粉尘污染和交通干扰。

在江苏丹金溧漕河溧阳段航道整治工程标段 DJLLY-SG-HD1 标段和 DJLLY-SG-HD2 标段中采用该环保集约化施工船舶,取得了较好的工程效果。

2) 双管法水下混凝土浇筑技术

"双导管法"工艺能够在船行波动态冲击和航道深水位状态下,严格按照水运工程规范要求,进行大面积的普通水下商品混凝土浇筑,既加快了施工进度,又比使用特种混凝土节约 30%的材料费用。

水下混凝土浇筑保证质量的关键是尽量隔断混凝土与水的接触。采用"双导管法"可以避免单根导管浇筑混凝土的上述缺陷。采用双导管法施工时,第 1 根导管浇筑混凝土,第 2 根导管布置在第 1 根导管浇筑混凝土的区域边缘处,使导管的出口埋入已浇筑的混凝土拌合料中;待第 1 个导管浇筑的混凝土达到一定的高度就停止浇筑,第 2 根导管开始浇筑混凝土,达到规定的高度后再用第 1 根导管浇筑,轮流浇筑,最后完成全部混凝土的浇筑。

与单管浇筑相比,双管法水下混凝土浇筑技术保障了浇筑后的混凝土的整体性,提高了使用寿命,从护岸使用的全生命周期而言,能在一定程度上降低护岸工程的碳排放量。

苏南运河无锡段三级航道整治工程 BTD 标段老驳岸加固水下大面积混凝土浇筑施工中,该技术得到了成功的应用。

3) 3D 打印护岸施工技术

3D 打印是一种以数字模型文件为基础,运用粉末状金属或塑料等可黏合材料,通过逐层打印的方式来构造物体的技术。工程建筑用 3D 打印机是通过设有 X/Y/Z 三轴的立体控制支架实现定位,3D打印机喷头在三轴的导轨上移动进行打印混凝土等材料,具有高灵活性,可对各种复杂布局的建筑物进行打印作业。

在航道护岸施工中,使用3D打印机对设计护岸进行打印预制,运到现场进行安装,是一种新型的施工方法。打印材料可以使用工程拆旧废料,可以实现复杂构造的护岸结构预制,施工效率高,成本低,一次成型,低碳环保。

2019年4月开始,江苏苏申外港线(江苏段)实施航道整治工程,全线按三级标准建设,屯村段护岸在施工中创新运用了3D打印技术。根据设计方案,屯村段护岸主体采用扶壁式空腔结构,按每段4m长进行划分,每段重约5t,逐段打印,逐段安装,6个月全部安装完成。3D打印技术应用于内河航道整治工程在国内尚属首次。

3D打印技术的优点。首先,3D打印技术使用的原材料中含有大量经过特殊处理的建筑废材,实现了建筑材料的循环利用,更加环保。综合计算,护岸的造价极大地降低,初步估算可以节省30%。其次,3D打印技术降低了工程施工难度,施工效率提高近六倍;3D打印技术还能实现个性化的景观设计需求,使工程更好地融入沿线环境,贴近自然。传统护岸施工使用模板,样式固定单一,尤其圆弧状的护岸很难做得流畅自然,通过3D打印技术对护岸线型精准控制。利用3D打印技术,屯村段护岸顶部还设置了错落的绿化种植空箱,空箱底部与墙后回填土贯通,可实现水体互换,为绿植生长提供水分基础。护岸整体性好,线型流畅,能有效保护来自波浪和水流的侵袭,为打造"水美、岸美、环境美"的新航道增光添彩。

4) 组合式移动钢模板施工技术

组合式移动钢模板施工技术适用于各种现浇钢筋混凝土工程,可事先按设计要求组拼成梁、柱、墙、楼板的大型模板,整体吊装就位,也可采用散装散拆方法。与传统技术相比,组合式可移动钢模板具有强度高、行走方便的特点。其在使用时,车轮在液压千斤顶的作用下上升收起,同时框架通过花篮螺丝固定在地面指定位置上,加强与地基的连接强度,浇筑过程中不易产生位置偏差;而在浇筑完毕后利用液压千斤顶将车轮伸向地面以支撑起框体,并在牵引作用下移动至下一浇筑位置上,极大地提高了现浇大型混凝土的施工效率及质量。

京杭运河浙江段三级航道整治工程嘉兴段护岸建设中成功应用了该技术,取得了较好的工程效果。通过这一技术,减少了应用项目约40%~50%的人力投入,同时降低了约15%的材料成本,提高了近一倍的施工效率,同时提高了作业的安全性。

7.3.2 内河航道桥梁顶升技术

桥梁顶升技术进行同步顶升,桥梁上部结构不需拆除,保持其上部结构原状,通过移位加固保证或恢复其使用功能,可以最大限度地利用原有桥梁,降低工程造价,减少现场施工时间,从而降低对航运和道路交通的影响,具有技术先进、安全可靠、节约环保的特点。

该施工技术是根据托换理论改变其传力系统,在下部的适当位置使移位部分与原结构部分脱离开,使移位部分形成独立的可移动单元体,然后通过提升、推拉等技术手段,使桥梁上部结构达到新的预定位置,并与新(旧)基础进行就位连接完成移位。

该施工技术适用于具有结构完整、功能完好的桥梁或管道等跨河构筑物,但航道改造、等级提升等原因,通航净空达不到要求,限制了航道通航能力。也有一些跨河构筑物是具有重要历史意义的文物,该技术可避免拆除造成的难以估价的人文损失。对于不允许长时间中断使用功能,工期紧张,拆除重建可能会产生不安定因素的桥梁也可以考虑使用该技术进行改造。

近年来国内多个内河航道碍航桥梁通过顶升改造技术,取得了较好的效果,见表7.3。

表7.3 内河航道碍航桥梁顶升改造工程案例

桥名	改造时间	结构形式/跨径/m	顶升重量/t	顶升高度/m
浙江湖州岂凤大桥	2006	下承式桁架拱(73.3)	主桥1 800 总重4 320	2.5
浙江湖州南林大桥	2009	三跨变截面连续梁(36+60+36)	主桥5 000 总重13 000	3.0
上海横潦泾大桥	2010	三跨变截面连续梁(85+125+85)	单幅主桥10 408 总重48 400	1.58
浙江绍兴富恩大桥	2016	下承式钢管混凝土系杆拱桥(60)	主桥7 000	2.3
江苏昆山吴淞江大桥	2018	塔梁墩固结矮塔斜拉桥(101+101)	主桥2.3万 主墩1.8万	1.87
江苏常州南河特大桥	2019	下承式钢管混凝土系杆拱桥(130)	单幅主桥7 500	2.16
上海松浦大桥	2019	预应力连续双层钢桁架(96+112+112+9)	主桥4 300	0.2

7.3.3 智慧工地

随着航道工程的结构复杂度和体量等的不断提升,对水运施工企业的管理水准、人员素质、工艺工法等提出了更高要求,施工现场是项目成功交付的重要环节,施工项目管理所要满足的质量、安全、成本、工期四大指标均聚焦施工现场。因此,抓好施工现场管理是工程项目管理的核心和关键,而互联网技术的突破和广泛应用使施工项目现场变成一个有感知、有生命、有智慧的有机体,"智慧工地"应运而生。

智慧工地是通过物联网、互联网、云计算等技术,全面感知工地各环节信息,建立信息共享和协同管理平台,实现工地作业智能生产、科学监管、辅助决策等功能。通过施工可视化智能管理,可提高工程管理信息化水平,从而逐步实现绿色建造和生态建造。其主要硬件设备包括:感知层、网络基础设施、控制机房和信息应用终端。软件主要功能包括:综合管理、人员管理、设备管理、物料管理、质量管理、安全管理、环境管理和BIM管理等。智慧工地平台要进行日常维护和系统升级。

1) 智慧工地的基本特征

(1) 信息系统的交互性和有效性

"智慧工地"以一种万物互联的方法改进工程各干系组织和岗位人员相互交互的方式,以便提高交互的明确性、效率、灵活性和响应速度。在规范不同系统的标准数据接口的基础上,建立集成化的平台系统,实现"智慧工地"集成监管系统,并需要保证其与现在的管理体系和软件系统等进行无缝整合。

(2) 信息化技术与生产过程深度融合

实现施工现场的各种资源要素更有效率,质量、进度、成本的监控更加到位,将信息化技术应用到一线工作中,真正解决现场的业务问题。比如:在劳务管理上,将一卡通、人脸识别、红外线或智能安全帽等新技术应用到劳务管理的考勤、进出场、安全教育等业务活动中,实现现场劳务工人的透明、安全和实时的管理。

(3) 基于数据的现场协同工作

充分利用图像识别、定位跟踪等物联网技术手段,实时获取现场的人、事物等管理数据,并能通过云端实现多方共享,保证信息的准确性和及时性。同时,在信息的共享方面,按照项目现场业务管理的逻辑,打通数据之间的互联互通,形成横向业务之间、纵向管理层级之间的数据交互关系,避免信息孤岛和数据死角,并通过移动终端等技术手段,基于这些数据实现协同工作,加快解决问题和处理问题的效率。

(4) 智慧预测和辅助科学决策

"智慧工地"应建立数据归集、整理、分析展示机制,并对现场采集到的大量工程数据进行数据关联性分析,形成知识库,利用这些知识对信息进行分析、计算、比较、判断、联想、决策,提供管理过程趋势预测及专家预案,及时为各个管理层级提供科学决策辅助支持,并通过智慧的预测能力对管理过程及时提出预警和响应,实现工地现场智慧管理。比如:对挖泥船等施工机械的关键数据进行记录和智能分析,对其施工过程中的违规操作进行预警和控制。

2) 智慧工地的建设思路

"智慧工地"信息化应用架构涉及现场应用、集成监管、决策分析、数据中心和行业监管等5个方面的内容,航道工程的"智慧工地"建设思路主要从4个方面统筹考虑。

(1) 满足施工和监管控制要求

"智慧工地"建设要围绕人、机、料、法、环,即"4M"(人员 Man,机器 Machine,物料 Material,方法 Method)和"1E"(环境 Environment)这5个影响生产和施工质量的关键要素展开管理,通过"智慧工地"的信息化手段实现要素的智能监控、预测报警和工作的数据共享、实时协同等。在满足施工现场管理的基础上,要能够满足公司法人和项目管理者对项目建造过程的实时监管,对工程的进度、质量、安全、经营等信息及时获取,辅助项目决策。

(2) 整体规划,循序渐进

智慧工地建设需要水运施工企业进行整体规划,可以采用"从上到下"的方式,综合考虑公司层到项目层,有针对性地梳理"智慧工地"的业务需求、技术标准和建设成本等,规划适合于本企业的智慧工地整体架构和实施步骤,选择重点或关键项目进行试点,逐步推进和推广。围绕现场施工核心业务,有针对性地降低工作量,提高工作效率,减少管理漏洞。

(3) 平台软件建设方式

智慧工地平台建设的软件具有供应商多、技术集成程度高、数据不一致等特点。智慧工地的建设方式宜采用多种方式结合完成。一是直接购买商业软件,主要是一些商业化程度高、较为成熟的系统,如视频监控、劳务实名制等;二是定制或半定制化软件系统,针对有明确需求的大型项目,具有明显的个性化特征且市场无对应成熟产品的情况;三是自行研发或合作开发,一般是企业自行研发,对企业自身研发能力有着更高的要求,投入较多。

(4) 岗位和流程制度建立

智慧工地使施工管理跨越了时空限制,改变了现场管理和协同的方式。因此,需要建立相应的岗位、流程制度。如 BIM 应用可能会改变图纸审核、各种交底的方式,可视化模型成为审核交底的必备,这就需要增加专门的 BIM 岗位。同时,这种工作方式必然会要求修改、完善原有的流程和制度。

3) 智慧工地的实现方式

智慧工地能够利用更多的信息技术来解决施工现场管理问题,施工现场的管理可划分为施工组织设计、施工控制和施工决策 3 个方面。

(1) 以 BIM 为核心的施工组织设计

以 BIM 为核心,对施工组织过程和施工技术方案进行模拟、分析,提前发现可能出现的问题,优化方案或提前采取预防措施,以达到优化设计与方案、节约工期、减少浪费、降低造价的目的。

(2) 基于物联网技术的施工控制

物联网技术是智慧工地应用的核心技术之一,可以分为自动识别技术、定位跟踪技术、图像采集技术和传感器与传感网络技术。比如:通过传感器、射频识别(RFID)、二维码等物联网技术,随时随地获取工地现场信息,实现全面感知、实时采集;通过移动互联网和云平台实现信息的可靠传送,实时交互与共享;通过精密传感技术、自动控制技术、GPS 定位技术、无线网络传输技术等综合应用于工艺工法或机械设备、仪器仪表等施工技术与生产工具中,提高施工的自动化程度及智能化水平。

(3) 大数据下的施工决策

在施工全过程和工后评价等环节中,通过基于云端的集成系统和大数据分析技术,对海量的、多维度和相对完备的业务数据进行分析与处理,建立分析模型,进行关联性分析,并结合分析结果进行智慧预测、实时反馈或自动控制,可帮助企业更好地预测项目风险,提前预测,提高决策能力。

江苏通扬线高邮段航道整治工程"智慧工地"平台为江苏省内河航道工程首次运用,以"互联网+交通基础设施"为思路,综合利用互联网、云计算、大数据、物联网等技术,以"标准化、可视化、数字化、智能化"为核心,开创了江苏省水运工程"智慧工地"建设先河。该智慧工地主要包括人员管理、设备管理、物料管理、质量管理、生态环保管理、安全管理、项目管理、BIM 技术应用 8 个功能模块,可实现人机活动轨迹可视化、混凝土拌合站实时监管、试验数据实时采集、工程质量可追溯、施工工艺 BIM 技术交底、现场施工视频监控全覆盖、农民工工资动态管理等功能。该平台通过信息化的方式,对项目建设进行监管,提升了项目管理效率、现场安全监管能力,引领了航道智慧工地管理模式的革新。

8 绿色航道养护技术

8.1 概述

航道养护工作按其性质、复杂程度、规模大小可划分为日常维护、专项养护工程和应急抢通工程。航道日常维护包括航道维护观测、护岸维护、维护性疏浚、清障以及航标、标志标牌、航道工作车船等航道设施、设备的运行、监测、检查、保养维护等。专项养护工程,是指为恢复或者改善航道技术状况,提高航道维护装备水平,列入航道养护年度计划的规模较大的养护项目,包括规模较大的航道养护及航道设施的检测、修复、清障、航道养护设备、航道设施备品备件的采购以及其他资金规模较大的养护工程。航道应急抢通工程,是指为了排除影响航道通航和船闸运行突发情况而实施的修复、加固等工程。

航道日常维护观测是指航道养护管理人员驾驶巡逻艇或巡逻车到航道现场进行考察,并使用观测设备对航道本身、航道设施、航道建筑物等进行测量。观测内容包括:① 巡查航道通航情况,有无堵塞和违规现象发生;② 检查航标、临跨河建筑物、护岸等航道设施的运行情况;③ 对航道地理、尺度等进行维护性测量;④ 扫床作业。

护岸维护指日常维护、破损护岸的修补,老旧驳岸加固,护岸重建。其中,护岸重建能耗与一般新建护岸工程相比,多了拆除能耗、废料弃除能耗以及废弃材料再利用技术。

航标维护是指专职的航标管理人员对航标进行日常巡检、保养和维修。具体的工作内容包括:① 检查标体部分是否污损、毁坏;② 检查电器部分是否正常工作;③ 检查航标水深、位置等;④ 对使用遥测遥控系统的航标定时遥测。

航道维护疏浚,按养护性质分为改善性养护疏浚、维护性养护疏浚、应急性养护疏浚。改善性养护疏浚,是指为恢复或者改善航道技术状况,在较长时期内根本改善航道通航条件,按照养护年度计划安排进行的专项疏浚。维护性养护疏浚,是指对照公示的航道养护范围和维护标准,维持现有航道技术尺度而进行的经常性疏浚。应急性养护疏浚是指为了排除影响航道通航突发情况而实施的抢通性疏浚。

航道养护是保护航道资源、延续航道寿命、实现航道可持续发展的重要环节,是一个全寿命的过程。通过航道的例行养护作业和专项养护工程,使航道处于良好的技术状况,实现航道畅通、高效、安全、绿色发展的目标,适应经济社会发展需要。

8.2 绿色航道日常低碳养护模式

8.2.1 日常维护观测的现状模式

截至2020年,江苏、广东、湖南、浙江、四川等省份的内河航道通航里程都超过或接近1万km。航道养护线长、点多,养护对象分散,养护工作量十分庞大。

为了及时掌握航道情况,确保航道畅通,航道管理部门必须开展日常维护观测工作,比如安排巡逻艇对航道进行巡逻,巡查航道通航情况,检查航标等辅助设施,巡视护岸、码头、桥梁等临跨河建筑物,是否有侵占航道情况,是否存在违章建筑,进行航政巡查执法。此外,还需要对航道地理、地形、水文、通航尺度等进行检查、测量与记录,按照一定的频率要求进行扫床作业,为维护性疏浚和清障工作提供基础资料。同时,还要排查出受损护岸,调查护岸损坏情况,为进一步的护岸维护收集现场资料。

对于航道日常维护观测的频次,《江苏省内河航道养护测量管理办法》规定:航道水下地形至少5年测量1次;四级以上航道按航段典型断面每年测量2次;五、六级航道按航段典型断面每年测量1次;航道护岸每季度巡查1次。

目前,江苏省内河航道管理机构开展以上日常维护观测工作的模式主要是根据部门制定的观测计划,利用巡逻艇、巡逻车或测量船等,借助相关的观测仪器或设备,在航道现场进行巡查、测量和记录,再将观测结果存档并上报,即人工型传统模式。此过程耗费的人力、物力、财力都比较多,花费的时间也较长,观测效率不高,而且由于水文、气象等条件的影响,观测时间的选择受到限制。考察该模式的碳排放情况,主要来源于观测船舶和观测车辆对油类燃料的消耗。见图8.1。

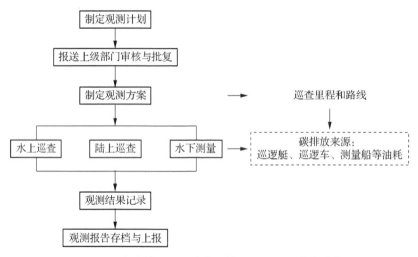

图8.1 日常维护观测现状模式的工作流程及碳排放来源

也有非人工的方式,比如在航道现场安装监控摄像头,管理人员在室内通过监控画面即可及时、准确地掌握航道及沿岸情况;通过智能的水位测量仪器,将水位测量结果直接反馈到室内控制中心。该方式能大大减少日常维护观测船舶、车辆的调用,有效减少碳排放,但并未广泛使用,对辖区航道的覆盖面有限。

8.2.2 日常维护观测的低碳模式构建

1) 基于现场观测的低碳模式

在未来一段时间内,现行的人工型传统模式还会继续存在且占据主导地位。因此,对现行模式中主要的碳排放点提出减排措施,用以约束和减少现行模式的碳排放,制定基于现场观测的低碳模式。可以从3个方面构建基于现场观测的低碳模式:

(1) 观测设备一体化

现行模式的碳排放主要来源于观测船舶和观测车辆对油类燃料的消耗,那么减少观测船舶和观测车辆的调用有助于降低碳排放。观测设备一体化是指通过技术改进,在同一艘观测船舶或者同一辆观测车辆上安装多个不同用途的观测设备,即打造多功能的观测船舶和观测车辆,以最少的船、车投入执行最多的观测任务,实现最多的观测目标。观测内容包括航道全景、测深、测距、设施定位、扫床等。

"十一五"期间,江苏航道设计建造的"内河航道数字化测量船"实现了"水声呐"测量设备与船艇的一体化,解决了内河航道测量效率低、测量效果差等难题。近几年来,利用数字化测量船实施了苏北运河、扬州古运河段近 500 km 的水下空间数据资源采集工程,采集了包括水深数据、全断面河床数据、水下地形地貌的数字高程等水下基础数据,完成了全省航道 2 000 km 的规划控制线数据,为航道的建设、管理和养护提供了资料依据。

浙江省港航管理局会同嘉兴市港航管理局、芬兰 KAT 有限公司、中科院东海研究所、浙江大学和嘉兴市世纪交通设计有限公司共同研发、建造了一艘具有国际领先水平的多功能的航道扫测船。该船拥有结合 RTK 技术、GPS 的双频宽条带水声呐水下地形扫测系统和 360°全景图像采集与处理系统,能准确、快速、全面地收集航道及港口码头的水下地形数字资料,同时可以同步收集沿岸 360°全景图像,为数字化航道建设收集全面可靠的航道水下、岸侧、空间环境基础信息。

(2) 雇佣社会船舶进行日常巡查

通过减少观测船舶和观测车辆调用从而降低碳排放的另一种方法是,雇佣社会船舶代替部分观测船舶执行日常巡查任务,社会船舶在运输货物的同时,通过船上安装的观测设备实现对航道的巡查等。被雇佣的船舶必须具备特定的条件:①有长期固定的航线,可为某段航道提供稳定的巡查服务;②有长期固定的航行时间,可定期向航道管理部门反馈巡查信息;③有较好的硬软件设备,便于安装观测设备和正常运行。

(3) 节能减排型船舶、车辆的应用

日常维护观测过程的碳排放归根结底是由为船、车提供动力的油类燃料燃烧产生,倘若能减少油类燃料消耗,或者直接以清洁能源代替油类燃料为观测船舶、车辆提供动力,将十分有利于减少碳排放。

据测定,汽油、柴油动力汽车排放的废气中含有害物质达 160 多种,城市空气污染中所含 CO 的 75%、HC 和 NO_x 的 50%来自燃油汽车的废气排放。相比燃烧汽油、柴油,以天然气、电力等清洁能源为驱动力的观测车辆能显著减少观测过程的碳排放。

随着汽车油改气技术的日益普及,船舶油改气也逐渐引起人们的重视。2013 年底,交通运输部印发了《关于推进水运行业应用液化天然气的指导意见》,推进水运行业应用液化天然气(LNG),加快绿色水运建设步伐,实现水运节能减排、转型升级和用能结构优化;到 2020 年,内河运输船舶能源消耗中 LNG 的比例将达到 10%以上。以安徽省为例,早在 2011 年 4 月,长江首艘内河柴油—LNG 混合动力改造船"红日 166"就在芜湖市成功首航。通过近几年来的改造、推广应用,安徽省水运行业的船舶"油改气"积累了一定的经验,改造船舶涉及长江、淮河干线及其支流。改装后的船舶排放与使用柴油相比,二氧化碳减排 20%~25%,氮氧化合物减排 35%~40%,硫氧化合物和碳烟排放降低 70%以上,无颗粒排放,发动机噪声降低 10%以上。据测算,如果安徽省的近 3 万艘内河船舶经过改造,使用柴油—LNG 双燃料动力后,每年可减排二氧化碳 37.5 万 t、氮氧化合物 3.2 万 t、硫氧化合物 3.1 万 t。除了节能减排效果显著,使用柴油—LNG 混燃模式还有很大的成本优势,将比全柴油模式燃料成本降低 20% 以上;延长了发动机的使用寿命,机油消耗降低 10% 以上;降低发动机维护费用 30% 以上。

2) 基于信息化观测的低碳模式

随着现代科学技术的发展,未来的航道养护将逐渐走向信息化、智能化,航道日常维护观测的人工型传统模式也将逐渐退出主导地位,被信息化的模式所取代。基于信息化观测的低碳模式是指在航道日常维护观测中,利用电子、通信、计算机、物联网、卫星定位等现代化的信息技术手段,整合航道的各种资源,实现航道观测的信息化、智能化,减少人工观测的工作量,提高观测效率。基于信息化观测的低碳模式,既能实现航道日常维护观测的低碳目标,同时也是对航道养护理念、养护手段、管理手段的彻底革新。

根据日常维护观测的工作内容,航道观测信息化可以分为 4 个模块:① 对通航情况的视频监控;② 对航道实物设施的视频监控;③ 对航道尺度、河床地形等数据信息的采集;④ 其他方面的信息化观测,如电子巡航、船舶流量监测、货运量监测等。航道观测信息化是当前航道管理领域相当热门的一项技术趋势,不仅能克服传统手段的各种缺陷,提高测量精度,实现 24 h 动态监测,还能明显减少观测过程中的碳排放。在航道观测过程中,以现代化的信息技术手段代替传统的船舶、车辆完成观测任务,以电力消耗代替油耗,从根本上减少了航道观测所产生的碳排放。日常维护观测的低碳模式图见图 8.2。

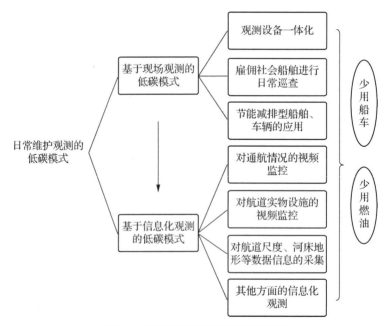

图 8.2 日常维护观测的低碳模式图

苏南运河无锡段"感知航道"信息化系统于 2011 年初步建成,采用无线传感网络、GIS、虚拟现实等技术手段,覆盖苏南运河无锡段航道 39.276 km 以及航行的船舶,实现对各类航道设施及航行船舶的 24 h 全天候、全区域、全过程、全方位且及时、动态、准确的监测、管理和服务。数百个传感器被安装在近 40 km 的运河航道两岸,将感知到的数据通过无线传感网和基干网络,传送进入指挥中心平台。该系统可以实现日常维护观测的全部任务,如航道设施监控、水位信息采集、水深及航道断面分析、电子航道图、通航船舶信息采集、通航状况分析等。管理后台系统集合传感器还可以对船舶的航行方向、吨位、通过时间等要素形成三维模型,还原成立体船只,从而对水运货物流量走势实现实时统计。

8.2.3 不同模式的碳排放计算与比较

由于全国各地航道管理部门的航道养护技术、装备等情况多种多样,不便于收集数据和计算,以下计算碳排放时以南京处为例。

根据从南京处搜集到的航道养护船艇参数,以 17 m 航政艇为代表船艇对日常维护观测的碳排放做粗略的估算。17 m 航政艇的燃油舱容量为 3 000 kg,续航距离为 970 km,可计算平均每公里消耗柴油 3.1 kg。根据联合国政府间气候变化专门委员会(IPCC)的推荐,柴油的排放系数为 3.179 ($kgCO_2/kg$),可计算 17 m 航政艇平均每公里产生碳排放 9.854 9 kg。

2013 年南京市内河通航里程合计 630.06 km,包括四级航道 17.17 km,六级航道 156.11 km,七级航道 75.68 km,等外级航道 381.1 km。从南京处调研可知,南京处辖区的内河航道水深每年测量 1 次,六级以上航道每年扫床 2 次,辖区内没有航道部门负责维护的护岸。航道年度巡查 4 次。计算公式如下:

$$总碳排放 = \sum 分项碳排放 = \sum (单位里程碳排放 \times 单次里程 \times 年度次数) \quad (8.1)$$

南京处日常维护观测现状模式的碳排放如表 8.1 所示。

表 8.1 南京处日常维护观测现状模式碳排放表

观测项目	单次里程/km	年度次数/次	船艇单位里程的碳排放/(kg·km^{-1})	分项碳排放量/kg
航道巡查	630.06	4	9.854 9	24 836.71
测水深(典型断面)	630.06	1	9.854 9	6 209.18
扫床	173.28	2	9.854 9	3 415.31
总碳排放量				34 461.20

南京处日常维护观测现状模式的年度总碳排放为 34 461.20 kg,约 34.46 t,折合到每公里为 54.69 kg。2013 年江苏省内河通航里程为 23 945.4 km,可估算整个江苏省日常维护观测现状模式的年度总碳排放为 1 309 573.93 kg,约 1 309.57 t。

引入上文构建的低碳模式,估算各种低碳模式的碳排放,如表 8.2 所示。基于现场观测的低碳模式包括 4 个部分:① 观测设备一体化,将测水深、扫床并入航道巡查;② 雇佣社会船舶进行日常巡查,无法计算,暂忽略不计;③ 节能减排型船舶的应用,改装后的船舶碳排放可减少 20%～25%,这里取平均值 22.5%;④ 观测设备一体化+节能减排型船舶的应用,在设备一体化的基础上再对船舶进行"油改气"改造。基于信息化观测的低碳模式:航道巡查、测水深、扫床可以通过视频监控、水下传感器等智能方式完成,但这里规定每年的洪季、枯季还需执行航道现场巡查,可以联合使用船舶节能减排改造措施。

表 8.2 南京处日常维护观测低碳模式碳排放表

低碳模式种类		碳排放量/kg	减少碳排放量/kg	减少碳排放比
基于现场观测的低碳模式	观测设备一体化	24 836.71	9 624.50	28.0%
	雇佣社会船舶进行日常巡查	—	—	—
	节能减排型船舶的应用	26 707.45	7 753.77	22.5%
	观测设备一体化＋节能减排型船舶的应用	19 248.46	15 212.76	44.1%
基于信息化观测的低碳模式	不采用船舶节能减排	12 418.36	22 042.86	64.0%
	采用船舶节能减排	9 624.23	24 836.99	72.1%

根据表 8.2 数据,采用低碳模式后,南京处日常维护观测的碳排放明显减少,其中基于现场观测的低碳模式最多可减少碳排放 44.1%,基于信息化观测的低碳模式最多可减少碳排放 72.1%。根据这两个比例进一步估算整个江苏省的碳排放减少量,基于现场观测的低碳模式可减少碳排放 577.57 t,基于信息化观测的低碳模式可减少碳排放 944.29 t。

8.3 航道水深低碳养护技术

8.3.1 航道水深低碳维护思路

航道建设不能代替养护,综合利用水运资源,必须坚持建养并重的原则。一方面,随着航道等级逐步提升,通航需求不断扩大,对航道养护的要求也不断提高;另一方面,航运发展,船舶通过量大、未经过改造升级的航道养护工作量大、任务重。由于航道自然特性的作用,如果不加强航道的养护,航道的通航条件就会逐步恶化,从而影响航道建设的成效,因此必须重视航道水深维护。

为了达到规定的维护尺度(水深和航宽),当航道淤积达到维护标准时,则需要对航道进行疏浚施工,以确保达到航道相应尺度。进行航道维护疏浚设计时,航道底高程为达到航道设计水深时的泥面高程,当航道水深达不到维护标准时需要疏浚。《上海市河道维修养护技术规程》3.2.2 规定,淤积的平均厚度大于设计标高 50 cm 的河段应进行疏浚。

维护性疏浚能耗和碳排放不仅与疏浚挖泥船、施工方案有关,还与维护标准、疏浚频次等有关。因此,从航道维护标准、维护性疏浚频次、疏浚船舶的类型、疏浚施工组织安排等方面入手,选择典型航段设计一套低碳型水深维护模式,有效减少维护性疏浚碳排放。

维护频次需要根据不同航段,分析出各段的回淤规律,根据淤积强度来选择不同的维护频次以及一次维护量,从中选出能耗最小的方案。这种利用回淤规律来指导水深维护的模式称为基于回淤规律的预防性水深维护模式,见图 8.3。

当备淤深度取值较大时,根据泥沙淤积的规律,可以保证在一长段时间内不需要进行疏浚,延长疏浚周期,但单次的疏浚量较大;当备淤深度取值较小时,疏浚周期较短,单次疏浚量较小。因此需要在这两者之间提出一个合理的建议值,使得最终疏浚总能耗最小。

8 绿色航道养护技术

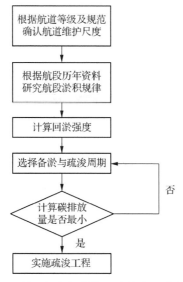

图 8.3 基于回淤规律的预防性水深维护模式

8.3.2 维护性疏浚碳排放点

疏浚主要包括挖泥、运泥和抛泥3个过程。在水深维护的过程中，碳排放来源主要有两个方面：一方面是船舶、车辆调遣（进场和收工）等方面耗能带来的碳排放，与疏浚频率有关，疏浚频率越高，船舶车辆调遣产生的碳排放则越多。另一方面则是疏浚施工的碳排放，这与疏浚量、施工船舶、施工工艺有关，见图8.4。其中，疏浚量由航道回淤量、航道维护标准以及设计备淤深度有关。施工船舶的碳排放与船型和船舶性能，以及施工方案、施工组织有关。此外，运泥和抛泥过程的碳排放不仅与疏浚量有关，还与抛泥区及抛泥方式的选择相关。

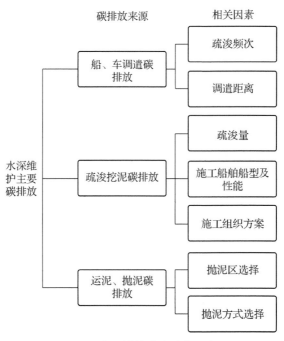

图 8.4 水深维护碳排放点示意图

施工过程的全生命周期评价是认识并且评价施工因素如何影响环境的基础。全生命周期的能耗分析(LCEA)是指计算施工过程的整个生命周期中的能源输入量。疏浚施工工程中,全生命周期过程能耗主要包括疏浚船舶调遣能耗、配套设施调遣能耗、辅助车辆调遣能耗、疏浚挖泥能耗、疏浚抛泥能耗。通过耗能计算来识别出疏浚施工工程的高能耗环节,从而提出降低疏浚过程中能耗的措施,最终降低疏浚作业的碳排放量。疏浚作业能耗也是环境影响中温室效应评价中的一个重要指标。

1) 疏浚设备的碳排放

目前内河航道维护性疏浚最常见的施工机械是绞吸式挖泥船、抓斗挖泥船等。在维护性疏浚的过程中,疏浚设备带来的碳排放主要体现在两个方面:其一,不同性能的挖泥船超宽超深规定不同,因此挖泥量不尽相同,进而影响碳排放的多少;其二,不同挖泥船能耗水平不同,从而影响碳排放量。

挖泥船选择原则包括:对于排泥距离在 5 000 m 以内的应使用绞吸挖泥船,成本低、对土壤适应性强;为了增加排泥距离,可设接力泵,必要时也可以将两条绞吸挖泥船串联。对于排泥距离在 5 000~15 000 m 的航段,通常采用抓斗船组合泥驳、泥浆泵,适合开挖沙质土、黏性土类,挖淤泥效果差。

根据调研,长三角内河限制性航道疏浚主要采用的是液压抓斗式挖泥船,抓斗容量一般在 0.75~1.0 m³。因此,以液压抓斗式挖泥船的施工过程进行耗能和碳排放分析。

在相同情况下应选择能耗低的疏浚船舶以及辅助车辆。

2) 疏浚船舶航行能耗与碳排放

疏浚船舶航行能耗是维护性疏浚碳排放的一个重要部分,在疏浚船舶航行的过程中,假设船艇沿航道纵向行驶,不考虑船舶调头、横移等操作产生的碳排放,所产生的碳排放主要与船舶主机功率、航行里程、耗油量以及航行次数有关。其中柴油机功率与油耗的关系为,产生 1 kW·h 的功需要消耗 190~280 g 的柴油,这里选取平均值为235 g/kW·h。

计算公式如下:

$$C = \sum (C_0 \times L \times n) \tag{8.2}$$

式中:C——总碳排放量(t);

C_0——单位里程碳排放(t/km);

L——单次航行里程(km);

n——全生命周期内挖泥次数。

由总碳排放量公式可以看出,疏浚船舶航行产生的碳排放主要与单位里程碳排放量、单次航行里程以及全生命周期内疏浚次数 3 个方面相关。因此,减少疏浚船舶航行碳排放则需要减少单次航行里程,满足就近调配原则;除此之外,也需尽量减少辅助设施(船、车等)单位里程的碳排放量。

3) 疏浚挖泥能耗与碳排放

疏浚船舶在挖泥过程中的碳排放与多种因素有关。以抓斗式挖泥船为例,当抓斗工作时,若每一抓斗中抓泥量过少,施工效率降低,抓斗工作次数增多,碳排放量增大,则最终平均 1 m³ 挖泥的碳排放量增多;反之,若每一抓斗抓泥量过多,则会造成漏泥现象,增加重复作业,导致碳排放增多。因此,需要寻找合适的抓斗抓泥量,使得最终 1 m³ 挖泥碳排放量最低。同样,在确定挖泥厚度时,也需要根据抓斗性能寻找挖泥厚度的最优点,使得该情况下最终平均的 1 m³ 碳排放最低。

$$C = \sum (C_1 \times V \times n) \tag{8.3}$$

式中:C——总碳排放量(t);
C_1——每立方米碳排放(t/m³);
V——单次挖泥量(m³),V=(断面平均面积-断面设计面积)×航道长度;
n——全生命周期内挖泥次数。

由上式可知,要使得总碳排放量最小,则需要根据 1 m³ 碳排放量、单次挖泥量以及全生命周期内挖泥次数之间的相互关系,选择最为合理的方案。

4)疏浚弃土能耗与碳排放

维护性疏浚过程中,疏浚弃土碳排放与弃土区域选择以及弃土方式的选择相关。在选择弃土区域时,应根据航道具体情况选择水上抛泥或水下抛泥的合适地点,使得在满足施工要求的情况下抛泥区域与疏浚区域之间的距离尽量缩短,减少碳排放量。此外,在选择运泥时,可采用泥驳与输泥管两种方式,在具体工程中应当对两种方式碳排放量进行计算对比,选择碳排放量较小的运泥方式。

泥驳弃土碳排放计算公式:

$$C = \sum (C_0 \times L \times n) \tag{8.4}$$

式中:C——总碳排放量(t);
C_0——单位里程碳排放(t/km);
L——单次弃土航行里程(km);
n——全生命周期内航行次数。

选择输泥管运输方式,碳排放主要由管线布设和泥泵工作两部分组成。为了达到节能降耗的目的,需要从这两方面着手:① 减少泥浆输送管道的沿程能耗;② 提高柴油机—泥泵机组的工作效率。具体来说就是,合理选择工况点,调节泥浆流速,提高泥浆浓度,降低管道比能耗,以及优化匹配柴油机—泥泵机组、控制泥泵流速、提高效率。选择泥驳运输方式碳排放主要由泥驳航行、装泥以及卸泥三部分组成。为了达到节能降耗的目的,需要根据实际工程状况,在泥驳每次耗能以及总运输次数之间选择最为经济合理的泥驳运输方式,以减少碳排放。

5)备淤深度与碳排放

航道备淤深度指为保证挖槽内的航行水深,按在一定维护周期内挖槽中可能发生的回淤厚度,在挖泥时规定的增挖深度。是预留给两次维护疏浚施工期间的泥沙回淤空间的厚度。备淤深度取值是否合理对维护疏浚工程至关重要,它决定着维护标准、维护周期及每次维护疏浚工程量。理论上,备淤深度与疏浚周期的关系为:

$$T = \frac{\Delta h + (h_{设计} - h_{维护})}{P} \tag{8.5}$$

式中：Δh——备淤深度(m)；

$h_{设计}$——航道设计水深(m)；

$h_{维护}$——航道维护水深(m)；

P——淤强(m)；

T——两次疏浚时间间隔(年)。

备淤深度的确定主要与单次挖泥量以及疏浚频次相关。当备淤深度较小，单次疏浚挖泥量较小，则单次疏浚工程的碳排放较小，疏浚频次则会增大。反之，当备淤深度较大，单次疏浚挖泥量增加，则单次疏浚工程的碳排放增加，而疏浚频次则会减小。因此需要在备淤深度与单次疏浚量之间提出一个合理的建议值，使得最终疏浚总能耗最小。

航道回淤强度的确定以半理论半经验公式为主，较为常用的有刘家驹、乐培久以及罗肇森公式。刘家驹和罗肇森公式主要针对外海进港航道，考虑到内河航道一般连续疏浚长度较短，受风浪影响较外海进港航道更小，乐培久在《航道开挖后的淤积计算方法》中提出了关于内河航道单位面积淤积强度公式：

$$P_a = \frac{\alpha \omega S_{*1} T}{\gamma_0}\left[1 - \left(\frac{H_1}{H_2}\right)^{4m}\left(1 + \frac{\Delta q}{q_1}\right)^{3m}\right] \tag{8.6}$$

式中：P_a——单位面积淤积厚度(m)；

ω——泥沙的絮凝沉降速度(m/s)；

T——淤积历时(s)；

γ_0——与粒径有关的表层淤积物的干密度(kg/m³)；

H_1——原航道平均水深(m)；

H_2——航槽平均水深(m)；

S_{*1}——水流挟沙能力；

Δq——挖槽内流量增量；

q_1——挖槽内总流量；

α——泥沙动水沉降的紊动修正系数，<1；

m——泥沙条件函数，由当地实测资料确定。

江苏内河航道范围广，水文泥沙情况以及河床边界情况差异大，且泥沙淤积机理与长江等天然河流的回淤不同，不仅受来水来沙影响，还受船行波的影响，需要根据航段实际情况建立淤积强度公式。

8.3.3 实例分析

1) 研究区域概况

苏南运河镇江段"四改三"工程的陵口先导段 5.05 km，航道底宽 60 m，水深 2.5 m，两岸为直立式护岸。镇江市航道管理处于 2010 年、2011 年、2013 年、2014 年分别按 200 m 一个断面实施固定断面测量，共分析 25 个断面的情况。

2) 回淤强度

年淤积厚度是指航道单位面积年淤积厚度，计算公式为：

$$P'_{CSi} = \frac{S'_{csi} - S_{csi}}{B_{CSi}} \tag{8.7}$$

式中：P'_{CSi}——i 断面的年回淤厚度(m)；

S'_{csi}——设计最低通航水位时，i 断面当年的面积(m^2)；

S_{csi}——设计最低通航水位时，i 断面上一年面积(m^2)

B_{CSi}——设计最低通航水位时，i 断面宽度(m)

年平均回淤强度则是统计期内年回淤厚度的平均值，计算公式为：

$$P = \frac{\sum_{1}^{n} P'_i}{n} \tag{8.8}$$

式中：P——年平均回淤强度(m)；

P'_i——第 i 年淤积厚度；

n——统计期内总年数。

计算得出年淤积强度为 $P = 0.51$ m。

3) 两种模式碳排放对比

现有模式：航道设计水深 3.2 m，维护水深 2.5 m。进行航道维护疏浚设计时，航道底高程为达到航道设计水深 3.2 m 时的泥面高程，当航道水深达不到 2.5 m 时需要进行维护疏浚。

低碳模式：航道疏浚标准仍为 3.2 m 设计水深，维护水深 2.5 m。进行航道维护疏浚设计时，根据航段的回淤规律，在设计水深基础上增加合理的备淤深度，当航道水深达不到 2.5 m 时进行下一次疏浚。

假定本航段维护期 20 年，根据前述水深维护流程和水深维护碳排放点的分析，计算维护期航道疏浚的年均碳排量。

(1) 一次船舶(车)调遣碳排放

① 一次单船(车)调遣碳排放

根据江苏省几个疏浚单位具体地理位置情况，调遣距离选取为 80 km。疏浚设备选择斗容为 1.0 m^3 液压式抓斗挖泥船。

考虑到调遣船舶过程中燃料消耗主要为航行耗能，因此碳排放计算公式：

$$C = T \times W \times \alpha_1 \times \alpha_2 \tag{8.9}$$

式中：C——二氧化碳排放量(kg)；

T——航行时间(h)；

W——船舶功率(kW)；

α_1——功和油耗转换因子，取 0.235 kg/(kW·h)；

α_2——二氧化碳排放因子。

计算得到的一次单船(车)调遣碳排放量见表 8.3。

表 8.3 一次单船单程调遣碳排放计算表

单程调遣距离/km	单个挖泥船碳排放/kg	单个拖轮碳排放/kg	单个辅助车辆碳排放/kg
80	1 776.21	2 968.34	230.69

② 船舶数量及调遣次数

疏浚调遣过程总碳排放量见表8.4。

表8.4 一次调遣碳排放计算表

1艘挖泥船碳排放/kg	3艘拖轮碳排放/kg	4个车辆碳排放/kg	一次调遣总碳排放量/kg
3 552.29	17 809.63	1 845.43	23 207.36

(2) 一次挖泥碳排放

以斗容1 m³抓斗式挖泥船为例,生产效率为120 m³/h,功率为147 kW。根据计算,结果如表8.5。

表8.5 疏浚船舶挖泥碳排放计算表

备淤深度/m	施工里程/km	设计断面面积	实际断面面积	总挖泥量/m³	挖泥时间/h	挖泥能耗/(kW·h)	耗油量/kg	挖泥总碳排放量/kg
0	5.05	270.89	152.56	597 550	4 979	731 998	172 019	546 850.94
0.1	5.05	279.41	148.70	660 121	5 501	808 648	190 032	604 113.43
0.2	5.05	289.10	144.95	727 981	6 066	891 776	209 567	666 215.56
0.3	5.05	297.64	141.08	790 639	6 588	968 533	227 605	723 557.69
0.4	5.05	306.47	137.21	854 752	7 122	1 047 072	246 061	782 231.31
0.5	5.05	315.39	133.34	919 340	7 661	1 126 192	264 655	841 339.39

注:挖泥量计算 $V=$(断面平均面积-断面设计面积)×航道长度。

(3) 一次弃土处理碳排放量

疏浚弃土的过程中,碳排放主要与泥驳航行距离、泥驳功率、施工时间以及施工次数有关。京杭运河镇江段在进行疏浚弃土的过程中,50%的淤泥需拖运35 km至长江进行抛泥,剩余的50%淤泥则就近选择合适抛泥区,抛泥距离为5~7 km,疏浚抛泥选择280 m³非自航开体泥驳,拖轮主机功率为298 kW。

根据计算,疏浚船舶弃土碳排放计算结果如表8.6。

表8.6 疏浚船舶弃土碳排放计算表

备淤深度/m	抛泥量/m³	泥驳装卸次数	拖轮就近抛泥行驶时间/h	拖轮长江抛泥行驶时间/h	抛泥总能耗/(kW·h)	总耗油量/kg	弃土总碳排放量/kg
0	298 775	1 067	779	3 889	2 782 342	653 850	2 078 591.67
0.1	330 061	1 179	861	4 297	3 073 691	722 317	2 296 247.97
0.2	363 991	1 300	949	4 738	3 389 662	796 571	2 532 299.46
0.3	395 320	1 412	1 031	5 146	3 681 415	865 133	2 750 257.93
0.4	427 376	1 526	1 114	5 564	3 979 942	935 286	2 973 277.28
0.5	459 670	1 642	1 198	5 984	4 280 681	1 005 960	3 197 948.74

(4)备淤深度与疏浚间隔时间和维护期疏浚次数的关系

将备淤深度以 0.1 m 为间隔,总备淤深度 0.5 m,备淤深度与对应的疏浚间隔时间、维护期疏浚次数见表 8.7。

表 8.7　基于回淤强度的备淤深度与疏浚间隔时间和维护期疏浚次数

方案	备淤深度 Δh/m	淤积强度 P/m	疏浚间隔时间 T/年	维护期疏浚次数/次
1	0	0.51	1.37	15
2	0.1	0.51	1.57	13
3	0.2	0.51	1.76	11
4	0.3	0.51	1.96	10
5	0.4	0.51	2.16	9
6	0.5	0.51	2.35	8

(5)备淤深度与碳排放的关系

对比发现,当备淤深度为 0.5 m 时年均总碳排放量最小。因此建议该航段备淤深度选取为 0.5 m,疏浚周期为 2.35 年,维护期内疏浚需要疏浚 8 次。

根据表 8.8 数据,不留备淤深度的现状模式与预留备淤深度的模式相比,预留备淤深度的预防性水深维护模式较现状维护模式年均碳排放量减少约 12%。

表 8.8　维护期备淤深度与年均碳排放关系

维护模式	备淤深度/m	一次调遣总碳排放量/kg	一次挖泥总碳排放量/kg	一次弃土总碳排放量/kg	维护期疏浚次数/次	维护期年均碳排放量/kg
现状模式	0	23 207.36	546 850.94	2 078 591.67	15	416 101.00
预防性维护模式	0.1	23 207.36	604 113.60	2 296 247.97	13	3 931 791.78
	0.2	23 207.36	666 215.72	2 532 285.01	11	391 717.74
	0.3	23 207.36	723 557.85	2 750 257.93	10	381 002.73
	0.4	23 207.36	782 231.31	2 973 277.28	9	372 888.25
	0.5	23 207.36	841 339.55	3 197 948.74	8	367 892.24

在水深维护的过程中,主要能耗点是疏浚设备和设施的调遣、挖泥以及弃土处理等 3 个方面。备淤深度的预防性维护模式可有效减少疏浚设备和设施的调遣过程中的碳排放,从而使得维护期内总碳排放量减小。

8.4 护岸低碳养护技术

8.4.1 护岸破损程度分类与评定

护岸在使用了一定年限后,在自然因素及人为因素作用下出现破损。据调查,护岸破坏位置的分类及破损原因见图8.5。

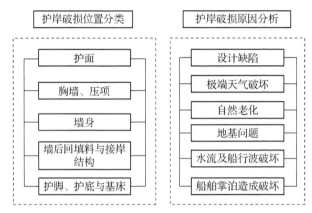

图8.5 护岸破损位置及破损原因分析

根据定期检测的结果,可将护岸按破损程度划分为以下四类:
(1) 技术状况良好,功能发挥正常的为第一类(不做处理);
(2) 护岸有少量变形,但不影响护岸稳定和整治功能的为第二类(及时修复);
(3) 护岸损坏较明显,尚能发挥功能但需及时修复的为第三类(加固或改建);
(4) 护岸损坏严重或有明显缺陷,已经或即将失去整治功能的为第四类(拆除重建)。
护岸各类破损的具体情况见表8.9。

表 8.9 重力式护岸破损评定表

项目		技术状况			
		第一类（不做处理）	第二类（及时修复）	第三类（加固处理）	第四类（拆除重建）
外观尺寸；结构心块体；位移、沉降；整体稳定		现有尺寸同竣工时无差异；位移、无沉降；整体稳定	现有尺寸竣工时有差异，但不影响功能；无明显沉降；位移、整体稳定	现有尺寸竣工时有明显差异；有明显沉降；不影响整体稳定	现有尺寸竣工时有很大差异，即将或已经失去整治功能；沉降、位移严重，影响整体稳定或整体稳定不满足
上部结构	护面层	完好，或有一般裂缝、表面缺陷，变形无	小于面积10%的面层有浅坑槽、板块断裂或浪形起伏；变形局部缺损，影响正常使用	占总面积10%～20%的面层出现浅坑槽、板块断裂或面层发生浪形变形起伏；变形普遍缺损，影响正常使用	现有尺寸竣工时坡工有浅坑槽、板块断裂、严重破损；60%板块断裂，严重破损
	压顶	完好，或构件剥落露石，破损深度较小，并不超过钢筋保护层厚度小于0.5 mm；裂缝宽度完好	小于总长度10%的构件压顶出现面积10%～20%的剥落露石，剥落深度未超过钢筋保护层，表面破损深度或面积较大或剥落、裂缝宽度在0.5～3.0 mm之间，钢筋明显锈蚀	占总长度10%～20%的压顶出现面积10%～20%的剥落露石，剥落深度未超过钢筋保护层，或小于10%的压顶出现面积20%以上破损深度或面积成空穴、表面破损深度或面积较大或剥落、裂缝宽度0.5～3.0 mm之间，钢筋明显锈蚀	压顶端段出现面积50%以上剥落
	胸墙	同本表中压顶"一类"	同本表中压顶"二类"	同本表中压顶"三类"	同本表中压顶"四类"
墙身	方块浆砌块石混凝土砌筑	完好，或构件破损深度较小并不超过钢筋保护层厚度小于剥落、表面无明显剥落、裂缝宽度小于0.5 mm，钢筋无锈蚀	小于总数量10%的构件出现面积10%～20%的剥落露石与表面破损深度未超过钢筋保护层，裂缝宽度在0.3～3.0 mm之间，或小于构件10%总数量10%以上破损深度或面积成空穴、钢筋有局部锈蚀	总数量10%～20%的构件出现面积10%～20%的剥落露石，剥落深度未超过钢筋保护层，裂缝宽度在0.3～3.0 mm之间；或小于构件10%总数量20%以上破损裂缝、钢筋暴露出现成空穴、裂缝宽度大于1.0 mm，钢筋有明显锈蚀	总数量10%以上的构件出现面积10%～20%的剥落露石，剥落深度超过钢筋保护层，裂缝宽度在0.3～1.0 mm之间，或构件出现面积20%以上破损深度超过钢筋保护层出现成网状裂缝、裂缝宽度大于3.0 mm，钢筋严重锈蚀
	沉箱扶壁方筒	完好，或构件剥落露石较小并未超过钢筋保护层厚度5%剥落、表面无明显裂缝，无结构性裂缝，钢筋无锈蚀	小于总数量5%的构件出现面积5%～10%的剥落露石，剥落深度未超过钢筋保护层出现成空穴，无结构裂缝，裂缝宽度在0.3～1.0 mm之间，钢筋有局部锈蚀	总数量5%～10%的构件出现面积10%～20%的剥落露石，剥落深度未超过钢筋保护层，无结构裂缝，出现顺筋裂缝，裂缝宽度在0.3～1.0 mm之间；或小于构件总数量10%以上破损裂缝、钢筋暴露出现网状空穴、钢筋保护层裂缝、裂缝宽度大于1.0 mm，钢筋有明显锈蚀	总数量10%以上的构件出现面积10%～20%的剥落露石的剥落深度超过钢筋保护层，出结构裂缝，出现裂宽度0.3～1.0 mm之间，无总数量5%以上构件出现面积20%以上破损深度超过钢筋保护层出现剥落钢筋暴露成网状穿性裂缝、裂缝宽度大于1.0 mm，或构贯穿性裂缝、钢筋穿性裂缝
	构件安装接缝	完好，或砌体接缝微细裂缝无松动，无漏沙	小于总长度5%的砌体接缝有明显裂缝或松动，无漏沙	总长度5%～10%的砌体接缝有明显裂缝或松动，无漏沙	总长度10%以上的砌体接缝有明显裂缝或松动；或5%以上的砌体接缝局部断裂或剥落，影响使用
回填料、后方接岸		回填料基本无淘空、塌陷，无漏沙；后方接岸平顺，无差异沉降	回填料基本无淘空、塌陷，交接基本平顺，无差异沉降，但不影响正常使用	回填料出现淘空、塌陷，交接欠平顺；有差异沉降，影响正常使用	回填料出上回填料出现淘空、塌陷，有漏沙；有明显差异沉降或局部塌陷，影响使用
护脚、护底、基床		完好，无淘刷损坏	有轻微淘刷损坏，但墙身基底淘空	小于总量10%的回填料出现淘空，墙身基底淘空深入墙身长度超过墙身宽度的10%	有明显淘刷损坏，墙身基底淘空深入墙身长度超过墙身宽度10%

注：① 正砌空心块体和一次安装出水空心方块，按沉箱、扶壁、圆筒类执行。
② 当表中技术状态类别采用百分数有重叠时，取示有叠的具体状况类别。
③ 当护岸不同部位的技术状况存在差异时，根据该段护岸各部位判定其技术状况最差的部位判定其技术状况类别。

根据护岸破损情况,制定不同的维护措施,维护措施也分为以下三类:

(1) 修补工程:技术状况为第二类的航道护岸,应采取原样修复的方法对护岸进行维修;

(2) 局部加固或改建工程:技术状况为第三类的航道护岸,当采取局部加固措施可弥补原护岸功能缺陷;否则应根据实际需要进行改建;

(3) 拆除重建工程:技术状况为第四类的航道护岸,经检查评定为无修复价值(修复困难或修复成本过高)的航道护岸应重新设计,拆除新建。

8.4.2 护岸加固方案碳排放分析

护岸加固方案的碳排放比较分为两大类:第一类是护岸使用情况较好,不需要拆除原护岸,仅对护岸临水侧加固;第二类是原护岸上部结构破损较为严重,需要拆除原护岸上部结构且保留使用条件较好的下部基础再进行加固。

1) 第一类护岸临水侧加固方案碳排放比较

第一类护岸临水侧加固方案,选用无锡排桩幕墙法所在航段进行加固方案比较,加固工程针对的是无锡苏南运河的四级航道改建为三级航道。该航段的土质情况:无锡东、西两段土质接近,上部为灰黄、灰棕色黏土和亚黏土,含铁锰结核,硬塑状态,中等压缩性,其顶部由于后期冲沟切割,间断沉积了灰色淤泥质亚黏土,形似倒锥;中部为灰黄、灰色亚黏土,混夹粉沙,软塑至可塑状态,中等压缩性,层厚2~4 m;其下部为灰色粉沙土,稍密至中密状态,层厚6~8 m,多见于无锡东段;下部为绿灰、灰黄色亚黏土、黏土层,硬塑状态,局部夹少量灰色软亚黏土混腐殖物。原驳岸底标高-0.9 m(85高程,下同),不考虑胸墙,护岸的顶标高为+3.6 m。设计最低通航水位标高为+0.6 m,最高通航水位标高为+2.9 m。在以上条件下设计符合稳定性要求的加固方案。

针对上述地形及原护岸使用情况,设计了如下五种加固方案:排桩幕墙加固法、生态改进的排桩幕墙法、U型预应力混凝土板桩法、高桩承台加固法和钻孔灌注桩加固法,见图8.6。

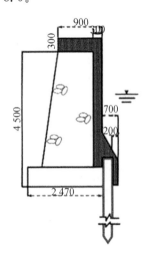
排桩幕墙加固法

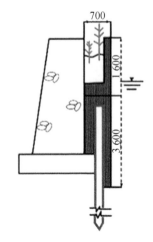
生态改进的排桩幕墙法

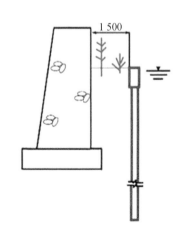
U型预应力混凝土板桩法

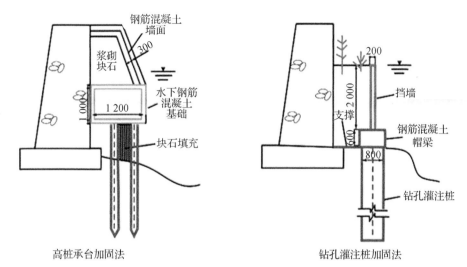

图 8.6 第一类(护岸临水侧加固)护岸加固方案图示

(1) 排桩幕墙加固方案:施打的方桩尺寸为 20 cm×20 cm×600 cm,方桩之间的间距为 50 cm,折算下来每延米的护岸有方桩 2 根。方桩入土深度达到 5 m 以上,原护岸墙身侧覆的混凝土厚度为 30 cm,考虑到墙前覆的混凝土厚度小,在混凝土中布置钢筋笼。

(2) 生态改进的排桩幕墙加固方案:施打的方桩尺寸与排桩幕墙加固方案相同。方桩在水面以上的长度为 2 m,原护岸墙身临水侧加固的混凝土厚度为 0.7 m,加固结构上部的 L 型结构凹槽高为 1.8 m。L 型结构内布置少量钢筋来增强加固结构的整体性。

(3) U 型预应力混凝土板桩加固方案:根据给定的地形条件及原护岸破损现状,确定采用的 U 型预应力混凝土板尺寸为:截面宽度为 1 m、截面厚度为 0.12 m、截面高度为 0.6 m,U 型混凝土板的长度为 6 m。新旧结构间间距为 1.5 m,U 型混凝土板的上导梁的顶高程高于设计最高水位。碳排放计算时,板桩所用钢筋归入地基工程的 U 型预应力混凝土板桩内,钢筋工程中所记钢筋为浇筑导梁时所用。

(4) 高桩承台加固方案:前后桩间距为 40 cm,每排桩之间的间距也为 40 cm,桩长为 6 m,折算下来每延米的护岸使用的方桩为 4.5 根。方桩的入土深度为 5 m,水下钢筋混凝土的宽度为 1.2 m、高度为 1 m,其上砌筑浆砌块石,浆砌块石项上再铺筑 0.3 m 厚的钢筋混凝土。

(5) 灌注桩方案:灌注桩长度为 6 m,直径为 0.6 m,桩间距为 1.4 m,桩之间布置板桩,板桩长度为 1 m,全部入土,灌注桩及板桩上浇筑高 0.6 m、宽 1 m 的帽梁,帽梁上布置厚度为 0.2 m 的混凝土挡墙,挡墙顶高于航道的最高设计水位。新旧结构间的间距为 0.9 m。灌注桩的钢筋用量计入桩基工程中。

就土方工程而言,第一类加固的五种加固方案中,排桩幕墙法、生态改进的排桩幕墙法和高桩承台法主要是清除墙前土,便于方桩的施打,因而工程量相近且较小,但 U 型预应力板桩法和钻孔灌注桩加固法需在新旧结构间回填大量土方,土方工程量相比较大。第一类加固方案见表 8.10。

表 8.10 第一类(护岸临水侧加固)加固方案

各类分项工程单位工程量碳排放		单位工程量的碳排放量(1)	第一类(护岸临水侧加固)加固方案									
			排桩幕墙加固法		生态改进的排桩幕墙法		U型预应力混凝土板桩法		高桩承台加固法		钻孔灌注桩加固法	
			工程量(2)	分项碳排放量(7)=(1)×(2)	工程量(3)	分项碳排放量(8)=(1)×(3)	工程量(4)	分项碳排放量(9)=(1)×(4)	工程量(5)	分项碳排放量(10)=(1)×(5)	工程量(6)	分项碳排放量(11)=(1)×(6)
分项工程												
雨堰工程		0.956 kg/m³	0	0	0	0	0	0	0	0	0	0
土方工程	土方开挖	0.256 kg/m³	1.26 m³	0.32 kg	1.26 m³	0.32 kg	0	0	1.86 m³	0.48 kg	18.7 m³	8.94 kg
	土方回填	0.256 kg/m³	0	0	0.5 m³	0.13 kg	5.25 m³	1.34 kg	0	0	3.555 m³	0.91 kg
地基工程	钢筋混凝土方桩 20 cm×20 cm×6 m	791.2 kg/m³	0.48 m³	379.8 kg	0.48 m³	379.8 kg						
	U型预应力板桩 12 cm×1 m×6 m	830.6 kg/m³					1.296 m³	1 076.5 kg				
	灌注桩 φ600 mm×6 m	814.8 kg/m³							1.08 m³	854.5 kg	1.211 m³	986.7 kg
混凝土工程	混凝土护岸	22.14 kg/m³	1.638 m³	879.6 kg	2.06 m³	1 104.6 kg	0.3 m³	161.1 kg	1.3 m³	698.1 kg	1.114 m³	598.2 kg
拆除工程												
块石工程	块石类护岸	5.968 kg/m³	0	0	0	0	0	0	0	0	0	0
		9.94 kg/m³	0	0	0	0	14.9 kg	29.8 kg	1.88 m³	18.69 kg	7.45 kg	16.84 kg
钢筋工程		2.26 kg/kg	68.62 kg	155.1 kg	8.4 kg	19 kg			32.6 kg	65.2 kg		
碳排放量总计		0.537 t/m³		1 414.8 kg		1 503.9 kg		1 268.7 kg		1 637 kg		1 611.6 kg

对比各加固方案的碳排放,U型预应力混凝土板桩法和排桩幕墙法的碳排放量较小,高桩承台加固法、钻孔灌注桩加固法和生态改进的排桩幕墙法加固每延米护岸产生的碳排放量相差不大。

钻孔灌注桩加固法和U型预应力混凝土板桩法相当于新建护岸,相比之下,U型预应力混凝土板桩的截面较小,该方案的碳排放量较钻孔灌注桩加固法的碳排放量小。

高桩承台加固法加固部分尺寸大,混凝土用量大,故其在第一类加固方案中碳排放量最大。

生态改进的排桩幕墙法与排桩幕墙加固法相比,虽然L型凹槽结构内填土代替部分混凝土以及循环利用了拆除下来的旧块石,但是由于墙前混凝土厚度的增加,碳排放量略有增加。生态改进的排桩幕墙方案种植绿色植物,景观性和生态性好。生态改进的排桩幕墙法优于排桩幕墙加固法。

2) 第二类部分拆除加固方案碳排放比较

第二类部分拆除加固方案,原护岸破损严重,需要凿除破损的墙身并整平。方案比选时采用泰州某一航道工程的驳岸资料,该地区原有的重力式浆砌块石护岸损坏严重,出现坍塌,但是护岸下部结构使用条件较好。

航段的土质:1层(标高4.35~7.21 m,层厚2.2~5.9 m)由黏质粉土、沙质粉土、粉质黏土或粉质黏土混粉沙组成,局部夹腐殖物及各种杂物;2层(标高-0.28~3.07 m,层厚3.5~7.3 m)和3层(标高-3.6~4.4 m,层厚9.5~18 m)均由粉沙组成;3-1层(层顶标高-14.5 m,层厚1.7 m)由黏质粉土组成;4层(层顶标高-13~-22.1 m,层厚为2~15 m)由粉质黏土混粉沙组成,其中粉质黏土软塑,局部夹薄层细沙。

加固段所在航段为三级航道,航道等级高,相应的加固要求也高。原护岸结构形式:底部为宽3.5 m、高0.8 m的浆砌块石基础,其上为底宽2.7 m、顶宽0.6 m、高为3.7 m的直立式浆砌块石挡墙。原有基础的底标高为-1 m,设计高水位+2.8 m(85高程)。考虑到原护岸上部结构破损严重,拆除标高在1 m以上的墙身,拆除的墙身高度为2.5 m。

拆除原护岸的三种加固方案在工期要求不高的情况下均不需要围堰,在低水位时施工,见图8.7。

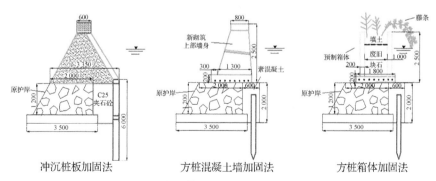

图8.7 第二类(部分拆除)护岸加固方案

(1) 冲沉桩板加固法：凿除上部破损的墙身，保留使用条件较好的下部基础。用水冲沉钢筋混凝土小桩，桩间采用冲沉钢筋混凝土预制板相连接，桩板之后填充夹石混凝土，将新旧护岸结构连成一个整体，其上再浇筑混凝土，确保护岸结构安全稳定。钢筋混凝土方桩为 35 cm×40 cm 工字型断面，长 6 m，中间设置矩形实体分隔梁，混凝土预制板嵌于工字型的钢筋混凝土方桩上部，面板的竖向高度为 2.5 m，为保证结构稳定性，预制板打入土中 0.5 m。涉及的工程有围堰工程、土方工程、原护岸的拆除、混凝土方桩基础、夹石混凝土砌筑工程、钢筋工程、混凝土预制面板工程以及现浇混凝土工程。加固后的护岸结构最上部还需浇筑钢筋混凝土压顶。其中新旧护岸间下部填充的夹石混凝土的比例以具体工程要求为准，本方案设计混凝土与石块的体积比为 1∶2。工字方桩间距为 5 m，折算每延米护岸需方桩 0.19 根，预制板长 0.935 m。预制板的碳排放量计入下表中的混凝土工程和钢筋工程中，其中 1 m³ 预制板的钢筋用量为 0.426 kg。加固后的护岸顶宽为 0.6 m。土方工程包括原护岸后方的开挖及回填。钢筋工程包括预制板内的钢筋、锚固钢筋和压顶混凝土内所用钢筋。

(2) 方桩混凝土墙加固法：拆除原护岸上部破损结构，在原护岸前沿打设钢筋混凝土方桩，方桩尺寸 0.2 m×0.2 m×6 m，方桩上浇筑素混凝土，新浇筑的素混凝土与原护岸的下部结构形成一个共同的基础平台。在平台上部浇筑一层 0.2 m 的混凝土层，该混凝土层内布置直径 14 mm 的钢筋。在混凝土层上部砌筑混凝土墙身，墙身底宽 1.3 m，顶宽 0.8 m，加固部分的高度与原先拆除的相同，为 2.5 m。土方工程包括原护岸后方的开挖及回填。

(3) 方桩箱体加固法：凿除上部破损块石，清理原护岸前沿垃圾后打设钢筋混凝土小方桩 20 cm×20 cm×6 m，桩间距为 0.5 m。打设完桩后布置隔板，浇筑水下混凝土，使得新浇筑的混凝土与原护岸下部结构形成一个共同的基础平台。在平台上部浇筑一层 0.2 m 的混凝土层，该混凝土层内布置直径 14 mm 的钢筋，在浇筑的钢筋混凝土层上安放预制空箱，空箱为透空结构，箱体高 2.3 m，箱体的壁厚 0.2 m，截面尺寸：宽 1.4 m，长 2 m。箱壁中布置少量钢筋以提高箱体在后方土体下的抗挤压能力和满足吊运要求。在新旧结构形成的基础上安放好箱体后，箱体内下部填充之前凿除的上部拆旧块石，然后在其上填埋 0.3 m 厚的泥土。在工程量计算时，将预制箱体部分的工程折算到混凝土工程和钢筋工程，因此钢筋工程的钢筋是用于预制沉箱和现浇混凝土层的。土方工程包括原护岸后方的开挖及回填和护岸前沿底部的疏浚。由于方桩箱体方案利用了原护岸的部分拆旧块石，该部分不再需要专门运送至废弃点，因而拆除工程的碳排放量低于方桩混凝土墙加固法和冲沉桩板加固法的碳排放量。

第二类部分拆除原护岸的加固各方案碳排放量见表 8.11。与第一类中的方案相比，第二类加固碳排放量都有所增加，因而从减少碳排放角度出发，在护岸使用中出现破损需及时修补，避免第二类破坏。

8 绿色航道养护技术

表 8.11 第二类(部分拆除)护岸加固方案

各类分项工程单位工程量碳排放			第二类(部分拆除)护岸加固方案					
			方桩混凝土墙加固法		冲沉桩板加固法		方桩箱体加固法	
分项工程		单位工程量的碳排放量	工程量(3)	分项工程产生的碳排放量(5)=(1)×(3)	工程量(4)	分项工程产生的碳排放量(6)=(1)×(4)	工程量(5)	分项工程产生的碳排放量(7)=(2)×(5)
		(1) (2)						
围堰工程		0.478 kg/m³	0	0	0	0	0	0
土方工程		0.512 kg/m³	8.63 m³	4.42 kg	8.92 m³	4.57 kg	9.11 m³	4.7 kg
地基工程	钢筋混凝土方桩 20 cm×20 cm ×6 m	791.2 kg/m³	0.48 m³	379.8 kg	0.13 m³	104.7 kg	0.48 m³	379.8 kg
	工字钢筋砼方桩 35 cm×40 cm ×6 m	805.7 kg/m³						
拆除工程	混凝土护岸	22.14 kg/m³	5.875 m³	35.06 kg	5.875 m³	35.06 kg	5.875 m³	19.5 kg
	块石类护岸	5.968 kg/m³ 3.32 kg/m³						
混凝土工程		0.537 t/m³	3.491 m³	1 874.7 kg	7.175 m³	3 853 kg	2.6 m³	1 396.2 kg
块石工程		9.94 kg/m³	0	0	1.3 m³	12.92 kg	0	0
钢筋工程		2.26 kg/kg	9.68 kg	19.36 kg	3.4 kg	7.684 kg	35.3 kg	70.6 kg
碳排放量总计				2 313.3 kg		4 017.9 kg		1 870.8 kg

注:表中块石类护岸拆除碳排放分两类,(2)中能耗更低指循环利用拆除下来的块石不需运输。

在拆除部分护岸的三种方案中,冲沉桩板加固法加固每延米护岸产生的碳排放量最大,主要由于该加固形式中拆除重建部分的混凝土用量大。方桩混凝土墙加固法由于拆除重建部分的结构尺寸相对较小,碳排放量仅为冲沉板桩加固法的一半左右。方桩箱体加固法利用拆旧材料填充箱体代替使用混凝土,一方面减少了使用混凝土产生的碳排放,另一方面也减少了拆旧材料运输的碳排放量,箱内填土种植绿色植物也提高了加固结构的生态性。

8.5 航标维护的低碳模式

8.5.1 航标维护的现状模式

传统的航标维护模式是,航标管理人员通过现场巡航或船民举报发现航标损坏、漂移或遗失,上报相关部门及领导,而后制定维修方案,现场维修。与现今日渐发展成熟的新型航标维护技术相比,传统航标维护模式不仅耗时耗力、成本高,还会增加碳排放,不利于航道养护低碳目标的实现。

江苏省内河航标维护已基本不再使用传统模式,而是积极引进节能、环保、低碳的新型航标维护技术,主要是:日常观测以航标遥测遥控为主,现场巡查为辅,其中现场巡查水上用船,陆上用车;航标维修方式,标体材质主要为钢质热镀锌贴反光膜,能源主要为太阳能结合锂电池,光源主要为LED。航标维护现状模式的工作流程及碳排放来源如图8.8所示。

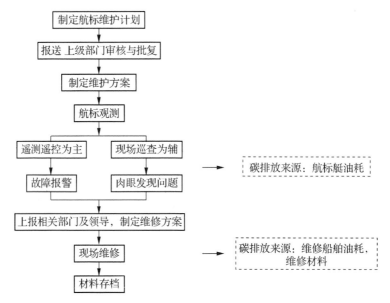

图 8.8　航标维护现状模式的工作流程及碳排放来源

对于航标日常观测的频次,《江苏省内河航标管理实施细则》规定:航标的日常维护和检查,应当做到每月查标四次,其中包括夜航1次。两次检查维护时间间隔一般为7天。采用太阳能电源的,其航标检查次数可减少为3次,其中包括夜航1次。航道全线使用航标遥控遥测系统的,航标检查次数可减少为每季度1次,但半年需夜航1次。遇汛期、暴风、雨雪等情况应当及时组织航标检查。航标遥控遥测系统应当每日白天和夜里各自动遥测航标1次。航标管理人员应当及时对有关数据进行处理分析。航标遥控遥测数据保存三年。

8.5.2 航标维护的低碳模式构建

1) 航标观测信息化的低碳模式

目前我国多省航道管理部门加强了低碳化航标的应用工作,遥测遥控技术比较普及。近年江苏省全面推进包括遥测遥控系统在内的航标观测信息化技术,构建航标观测信息化的低碳模式。首先对全省范围的内河航标都实行遥测遥控;其次研究开发遥测遥控系统的辅助观测技术,比如现场视频监控,尽可能减少航标的现场巡查;再者还研究航标观测的其他信息化技术,比如防碰撞、防偷盗技术及虚拟航标技术等。

(1) 航标遥测遥控技术

航标遥测遥控技术是通过手机、市话、微机等对远离航道部门的航标进行远程遥测和监控,从而减轻航标维护人员的劳动强度,减少航标艇查标的燃料费用和设备消耗费用,确保航标发光率的一种新型航标维护技术。航标遥测遥控技术可以使航标维护人员在不到达航标现场的情况下,随时了解航标状况,及时收到故障报警信号,实时分析航标动态,及时采取应对措施,实现了航标智能化管理。

航标遥测遥控技术的使用,降低了航标巡查周期,减轻了航标管理人员的工作强度,提高了航标维护的质量和效率,航标运行安全得到有效保障。同时,还减少了航标艇调用及其燃料消耗,也就降低了航标维护的碳排放。

(2) 现场视频监控技术

利用现场视频监控作为航标遥测遥控的辅助观测手段,主要是考虑到在现行的航标遥测遥控观测模式下,仍然不能避免驾驶巡逻艇(车)或航标艇到现场巡查,仍会出现船舶(车辆)耗油、产生碳排放的情况。倘若能在航标本身或其邻近设施上安装视频监控设备,航标维护人员只需通过室内的显示屏就能观测到航标灯器运行情况及标体情况,大大减少了航标巡查工作量,降低了因船、车调用而产生的碳排放,而且该种方式能够实现全天候、24 h 的观测与记录,可以更快、更及时地发现问题并采取应对措施,大大提高了航标维护工作效率。

(3) 其他信息化技术(航标防碰撞、防偷盗技术和虚拟航标技术)

研究航标防碰撞、防偷盗技术,有助于减少航标碰撞、偷盗的事故,从而减少这部分碳排放。比如 2007 年长江上运用的浮标防撞"黑匣子"探测系统,该系统安装在各种浮标和灯船上,只要江面上有船舶等活动物体靠近浮标或灯船约 20 m 左右,它就会进行摄像记录,最多可保存 64 幅图像,推旧存新,一旦遭遇碰撞即刻切断电源,对图像进行存储保留,以供有关部门取样取证。

虚拟航标是综合应用计算机技术、卫星导航定位技术、电子海图、AIS 等现代高新技术的新兴航标应用技术。与实物航标不同,虚拟航标是没有实际航标存在而在 AIS 信息显示屏上的特定位置显示航标符号,作为船舶航行的助航标志,其维护、设置、更改都是在基站的 AIS 设备上完成,速度快,几乎没有直接费用。虚拟航标的设置不受天气条件的限制,不会出现标位漂移等问题,不存在因灯浮漂移而造成船舶搁浅的因素,导航精度更高。虚拟航标在提供安全助航的同时,避免了实物航标使用电池及调用航标船作业,不仅节约了大量人力、物力和能源,减少了环境污染,还降低了航标维护的碳排放。

2) 航标维修的低碳模式

航标维修的低碳模式是指在航标维修中,采用新技术、新材料、新工艺等,减少航标维修过程的碳排放。主要从以下几点着手:

(1) 太阳能一体化航标灯技术

旧式的白炽灯不仅寿命短、故障率高、维护成本大,而且耗电量多,既不节能又不环保。太阳能一体化航标灯使用的 LED 光源发光稳定,灯光明亮,色质鲜明,灯器故障维修率低,耗电量少,使用寿命长,不仅有良好的节能减排效果,还能产生很大的经济和社会效益。

太阳能一体化航标灯集航标灯座、透镜、闪光器、充放电保护器、LED 光源、内外遥测系统装置于一体,将先进的太阳能光电技术、照明技术、高能量锂电池组合技术、微电脑闪光器控制技术集成一体,与航标管理系统对接后,提供故障即时警报、数据定时上报和实时数据查询三种数据模式,实现航标的智能化管理。该技术的低碳性在于除了可以安装航标遥测遥控系统之外,采用的能源和光源也十分具有节能减排效果。

太阳能一体化航标灯的能源包括两部分:太阳能电池板和锂电池。太阳能电池板可360°接收太阳能的辐射,充电效果好,光电转换效率高,是公认的清洁能源。锂电池是目前较为先进的可回收再利用的绿色环保新能源,具有高能量、性能稳定、体积小、重量轻、使用寿命长的特点,既耐用又环保。在白天,太阳能电池板从不同方位接收太阳光的辐射,将光能转换为电能,为锂电池充电,把电能储存在电池内;在夜间,锂电池给航标灯供电,确保航标灯正常发光。太阳能一体化航标灯采用太阳能充电,锂电池供电,是无污染的清洁能源,减少了使用电力的充电环节,以及更换电池的燃油消耗、材料消耗环节,具有很好的节能减排效果。

(2) 标体维修技术

在航标维护中,采用的标体结构和材料应经久耐用,使用寿命长,后续的重复维修次数少,有利于减少碳排放。目前江苏省内河航标标体材质多为钢质,并使用热镀锌技术进行防腐处理,贴反光膜标示颜色。在标体损坏进行维修时也多使用该种方式。相对于原先钢质标体涂油漆的方式,现有方式不仅延长了标体使用寿命,而且以贴反光膜代替涂油漆来标示颜色,能减少因油漆脱落而产生的现场保养,也就减少了船舶调动所产生的燃油消耗和碳排放。航标维护的低碳模式见图 8.9。

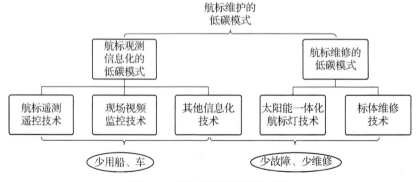

图 8.9　航标维护的低碳模式图

8.5.3 不同模式的碳排放计算与比较

计算航标维护碳排放时,暂不考虑航标维修部分,只计算航标观测船艇油耗产生的碳排放。对于航标防碰撞、防偷盗技术和虚拟航标技术减少的碳排放也难以计算,因此也不考虑。现有模式:以航标遥测遥控为主,每年现场巡查 4 次。低碳模式:航标遥测遥控+现场视频监控,由于采用现场视频监控技术,可将航标巡查减少为一年 2 次,分别在洪、枯季进行。长江南京航道局南京处航标观测模式的碳排放计算结果见表 8.12。

表 8.12 长江南京航道局南京处航标观测模式碳排放表

观测模式种类	单次里程/km	年度次数/次	船艇单位里程的碳排放/(kg·km^{-1})	分项碳排放量/kg
现有模式	630.06	4	9.854 9	24 836.71
低碳模式	630.06	2	9.854 9	12 418.36

根据表中数据,采用低碳模式后,南京处航标观测的碳排放可以减少 50%。进一步测算整个江苏省,可减少碳排放大约 471.96 t。如果对船艇采用节能减排的改造措施,碳排放量将进一步减少。

参考文献

[1] 董哲仁,孙东亚,赵进勇,等.河流生态系统结构功能整体性概念模型[J].水科学进展,2010,21(4):550-559.

[2] 李天宏,丁瑶,倪晋仁,等.长江中游荆江河段生态航道评价研究[J].应用基础与工程科学学报,2017,25(2):221-234.

[3] 许士国,石瑞花,黄保国,等.平原河道生态护坡工程评价和方案决策方法[J].水利学报,2008,39(3):325-331.

[4] 邓聚龙.灰色系统基本方法:汉英对照[M].武汉:华中科技大学出版社,2005.

[5] 李亮.评价中权系数理论与方法比较[D].上海:上海交通大学,2009.

[6] 陈凯,徐得潜,王梅婷.城市河道生态护坡模糊层次综合评价研究[J].合肥工业大学学报(自然科学版),2011,34(6):877-881.

[7] 刘金林,张世宝,王二平.生态航道系统内涵及评价方法[J].华北水利水电大学学报(自然科学版),2020,41(4):80-83.

[8] 刘念,李天宏,匡舒雅.长江中下游武安段生态航道评价[J].北京大学学报(自然科学版),2021,57(3):489-495.

[9] 严登华,窦鹏,崔保山,等.内河生态航道建设理论框架及关键问题[J].北京师范大学学报(自然科学版),2018,54(6):755-763.

[10] 陈一梅,宋绍华,马骏.海积相土地区生态型护岸结构研究[J].水利水运工程学报,2012(5):62-66.

[11] 李攀,邵琪,沈建霞.浅谈我国绿色航道发展现状及问题对策[C]// 2018世界交通运输大会论文集.北京,2018.

[12] 杨蕊.中国"大运河"遗产廊道景观地域比较研究[J].市场周刊(理论研究),2017(2):60-61.

[13] 侯珏,刘芳,陈征.基于熵权和灰色关联分析的航道绿色水平综合评价方法[J].大连海事大学学报,2016,42(3):56-62.

[14] 王春叶.基于遥感的生态系统健康评价与生态红线划分:以浙江省海岸带为例[D].上海:上海海洋大学,2016.

[15] 廖鹏,丁天平,郑龙,等.箱体与插板组合型生态护岸消浪试验研究[J].东南大学学报(自然科学版),2018,48(5):815-820.

[16] 王淮.生态航道的建设研究与应用:以杨林塘航道生态护岸整治工程为例[D].苏州:苏州科技学院,2016.

[17] 鄢俊.植草护坡技术的研究和应用[J].水运工程,2000(5):29-31.

[18] 周亿迎,贾远明,李静.内河航道绿色施工技术应用与效益分析[J].港口科技,2015(8):1-3.

[19] 褚超. 浙北平原生态河道绿化树种筛选与应用示范研究[D]. 杭州:浙江农林大学,2017.

[20] 王菁菁. 杭州市城市河道生态护岸景观营造及评价研究[D]. 杭州:浙江大学,2016.

[21] 张一超. 基于生态修复理念的城市河流生态廊道设计研究:以保定漕河廊道景观设计为例[D]. 北京:中国林业科学研究院,2017.

[22] 郭怀成,黄凯,刘永,等. 河岸带生态系统管理研究概念框架及其关键问题[J]. 地理研究,2007(4):789-798.

[23] 吴健,王敏,吴建强,等. 滨岸缓冲带植物群落优化配置试验研究[J]. 生态与农村环境学报,2008(4):42-45.

[24] 陶锋. 基于绿色廊道的宁波城市社区生态景观优化设计[J]. 宁波大学学报(人文科学版),2015,28(4):129-132.

[25] 郭建列,胡亚芳,陈珍,等. 水城融合的"3-3-3"规划策略探讨:以绍兴市河道(湖泊)岸线保护与利用规划为例[J]. 规划师,2018,34(12):147-154.

[26] 马雨涵. 近自然理念下唐山青龙河绿廊景观规划设计[D]. 北京:北京林业大学,2020.

[27] 李伟,俞孔坚,李迪华. 遗产廊道与大运河整体保护的理论框架[J]. 城市问题,2004(1):28-31.

[28] 陈吉泉. 河岸植被特征及其在生态系统和景观中的作用[J]. 应用生态学报,1996,7(4):439-448.

[29] 吴建强. 不同坡度缓冲带滞缓径流及污染物去除定量化[J]. 水科学进展,2011(1):112-117.

[30] 夏继红,严忠民. 生态河岸带研究进展与发展趋势[J]. 河海大学学报(自然科学版),2004(5):252-255.

[31] 李洪远,鞠美庭. 生态恢复的原理与实践[M]. 北京:化学工业出版社,2005.

[32] 曾立雄,黄志霖,肖文发,等. 河岸植被缓冲带的功能及其设计与管理[J]. 林业科学,2010(2):128-133.

[33] 李佳皓,拾兵,郭云辉. 植物护岸对船行波消减效能的试验研究[J]. 海洋湖沼通报,2020,4(1):50-55.

[34] 陈宇. 京杭运河苏北段电子航道图建设及应用研究[J]. 中国水运,2021,4(5):68-70.

[35] 何乐. 长江航道要素感知设备布设[J]. 水运工程,2016,4(1):48-51.

[36] 吴关胜,钟丽. 长江航道要素感知系统研究[J]. 中国水运·航道科技,2016,4(4):72-76.

[37] 邓乾焕. 坚持绿色发展理念推动长江航道高质量发展[J]. 中国水运,2019,4(7):20-21.

[38] 李巧生,徐汉江,王新明,等. 内河航道碍航桥梁顶升改造研究综述[J]. 工程与建设,2021,35(1):31-34.

[39] 倪兵,刘重威,廖鹏. 内河航道服务区功能配置的调查与分析[J]. 珠江水运,2020,4(13):71-73.

[40] 毛礼磊,陈一梅,李鑫.基于小波变换的内河航道船行波时频特性分析[J].东南大学学报(自然科学版),2020,50(6):1115-1122.

[41] Woo H. Trends in ecological river engineering in Korea[J]. Journal of Hydro-environment Research, 2010, 4(4):269-278.

[42] Kesel R H. Human modifications to the sediment regime of the Lower Mississippi River flood plain[J]. Geomorphology, 2003, 56(3/4):325-334.

[43] Cech T V. Principles of water resources: History, development, management, and policy [M]. New York:John Wiley & Sons, 2002.

[44] Barmuta L A. Imperilled rivers of Australia: Challenges for assessment and conservation[J]. Aquatic Ecosystem Health & Management, 2003,6(1):55-68.

[45] Andy G. Coir rolls combat bank erosion on monmouthshire & brecon Canal [J]. British Waterways, 2005(6): 1-4.

[46] Mayer P M, Reynolds S K H, McCutchen M D, et al. Meta-analysis of nitrogen removal in riparian buffers[J]. Journal of Environmental Quality, 2007,36(4): 1172-1180.

[47] Shi R H, Xu S G, Li X G. Assessment and prioritization of eco-revetment projects in urban rivers[J]. River Research and Applications, 2009, 25(8): 946-961.

[48] Palicot J, Zhang H, Moy C. On the road towards green radio[J]. Ursi Radio Science Bulletin, 2017, 86(4):40-56.

[49] Gonzalez Aregall M, Bergqvist R, Monios J. A global review of the hinterland dimension of green port strategies[J]. Transportation Research Part D: Transport and Environment, 2018, 59:23-34.

[50] Jia Y T, Chen Y F. River health assessment in a large river: bioindicators of fish population[J]. Ecological Indicators, 2013, 26: 24-32.

[51] Marzin A, Delaigue O, Logez M, et al. Uncertainty associated with river health assessment in a varying environment: the case of a predictive fish-based index in France[J]. Ecological Indicators, 2014, 43: 195-204.